高等院校会计专业（新准则）通用规划教材
上海财经大学优秀教材一等奖

基础会计

Fundamental Accounting

第四版

朱小英　编著

上海财经大学出版社

图书在版编目(CIP)数据

基础会计/朱小英编著．—4 版．—上海：上海财经大学出版社，2020.8

(高等院校会计专业(新准则)通用规划教材)

ISBN 978-7-5642-3498-0/F·3498

Ⅰ.①基… Ⅱ.①朱… Ⅲ.①会计学-高等学校-教材 Ⅳ.①F230

中国版本图书馆 CIP 数据核字(2020)第 140597 号

□ 责任编辑　王　芳

□ 封面设计　贺加贝　杨雪婷

基础会计

(第四版)

朱小英　编著

上海财经大学出版社出版发行

(上海市中山北一路 369 号　邮编 200083)

网　址：http://www.sufep.com

电子邮箱：webmaster@sufep.com

全国新华书店经销

上海华教印务有限公司印刷装订

2020 年 8 月第 4 版　2020 年 8 月第 1 次印刷

787mm×1092mm　1/16　18.25 印张　467 千字

印数：28 001—32 000　　定价：48.00 元

第四版前言

随着社会经济的发展、全球经济一体化的推进和人们投资理财意识的不断增强，会计知识正日益成为人们经济生活的必备常识，会计更是成为经济信息系统和国际通用的商业语言。“基础会计”是高等院校会计专业的入门课程，也是高等院校经济类、管理类专业的必修课程。为了适应不断变化的经济业务发展的需要，满足学生对会计专业知识的更新，更好地将专业教学服务于职业发展规划的需求，编著者对本教材进行了修订和补充。

修订过程结合作者长期的教学经验和体会，以财政部颁布执行的《企业会计准则》和《小企业会计准则》为依据，充分考虑管理学专业学生和会计实务工作的特点，并结合会计专业考试的要求。希望学习者在完成本课程的学习后，能够了解会计基础工作的全过程，为进一步学习后续会计专业课程奠定基础。

本书共分为十章，通过会计的产生和发展过程，阐明会计的含义、会计职能、会计核算假设等会计学基本理论；以工业企业的会计核算方法为例，按照凭证、账簿和报表的程序，系统阐述账户设置、复式记账、凭证编制、账簿登记、财产清查和编制报表等基本的会计操作技术和记账方法；并简要介绍了会计工作的组织和选择合理的账务处理程序的意义。

本书主要针对高等院校会计专业以及其他经济类、管理类专业学生会计基础知识的教学，也可以作为其他会计基础知识学习者的学习用书。内容侧重于基本会计理论的阐述、基本核算方法的运用和基本操作技术的训练，将会计的基本理论与会计核算的实践需要相结合，力求通俗易懂和具有实用性。为了更好地理解和巩固所学的内容，在每章正文之前，有本章学习指南；在每章正文之后，根据需要配备了一定量的复习思考题、自我测试题和练习题，并附有部分参考答案。学习者可以根据实际情况选用，以检查学习效果。

在编写和修订过程中，作者结合了会计准则的最新变化和税收政策改革内容，参阅了诸多相关资料，但一定会存在错误和不足之处，期待大家对本教材提出宝贵的意见，以便不断修正和更新。

作者

2020 年 8 月

目　录

第一章　总　论

本章学习指南

会计是随着社会生产的发展而产生，并随着人类生产实践的发展和经济管理要求的提高而不断发展、完善的。经济越发展，会计越重要。通过本章的学习，要求结合会计的产生和发展历程，在理解会计的含义和会计目标、会计职能等会计基础理论的基础上，掌握会计核算的基本假设、会计核算基础，以及会计信息决策有用性信息应具备的质量要求，具体了解会计核算方法体系及会计学科体系的内容。

会计是以货币为主要计量单位，利用专门的方法和程序，完整、连续、系统地反映和监督经济活动过程，提供财务信息，参与经营决策的管理活动。社会再生产过程中发生的、能够用货币表现的经济活动，都是会计的对象。现代会计的职能主要包括反映、监督和参与经营决策。会计核算的假设包括会计主体、持续经营、会计期间和货币计量，并将权责发生制作为会计确认、计量、报告的基础。我国《企业会计准则》规定，企业财务报告的目标是向财务会计报告使用者提供与企业财务状况、经营成果和现金流量等有关的会计信息，反映企业管理层受托责任履行情况，有助于财务报告使用者做出经济决策。

会计信息质量要求是对企业财务报告中所提供会计信息质量的基本要求，它主要包括可靠性、相关性、可理解性、可比性、实质重于形式、重要性、谨慎性和及时性等。

会计核算方法主要包括填制和审核凭证、设置账户、复式记账、登记账簿、成本计算、财产清查和编制会计报表七种，它们之间构成一个完整的方法体系。

第一节　会计的产生和发展

会计发展的历史源远流长，并不断经受着社会经济发展的冲击和推动。时至今日，依然面临着重大的挑战和发展机遇。会计发展史表明，会计的发展与社会经济环境、法律政治环境和信息科学技术的发展密切相关。企业组织形式的变化和经济管理要求的提高，对会计提出了更新、更高的要求；电子计算机在会计领域的应用，也对会计的发展有着重要影响，促使会计应用领域不断拓展、会计程序和方法不断优化、会计理论方法体系日趋完善，同时也促使会计学科不断发展。

一、会计的产生

会计是人类社会生产发展到一定历史阶段的产物。人类要生存，就要进行物质资料的生产，以满足人类衣、食、住、行的需求。从事生产活动，一方面创造了物质财富，另一方面要发生劳动耗费，包括人力、物力和财力的耗费。因此，劳动耗费与劳动成果之间的关系成为人们关注的问题，如何以尽可能少的劳动耗费获取更多的劳动成果，也成为人类生产实践的发展动力。

在人类历史的早期，人类对劳动耗费和劳动成果的关注只是停留在物质生产的数量方面，凭借头脑进行记忆。随着生产的发展，生产力水平不断提高，劳动耗费和劳动成果的种类和复杂程度也不断增加，人类开始意识到，要想以较少的劳动耗费获取更多的劳动成果，更好地进行劳动成果的分配和剩余物资的储备，单凭头脑记事已经无法满足生产实践和生活实践的需求，这就迫使人们寻找更好的方式和方法。在物质生产的同时，把生产过程记录下来，这就引发了人类早期的会计思想和会计行为的产生。考古发掘的文物可以证实，在人类发明数字和文字之前的旧石器时代的中晚期，人类就开始用符号和结绳记事的方法对劳动工具、劳动成果以及分配情况进行计量和记录。这些原始的记录和计量行为，都意味着会计萌芽的产生。

在相当长的历史时期，会计始终属于生产职能的附属部分，人们只是在生产活动之余附带记录和计算生产耗费、劳动成果和分配情况。随着社会生产力的提高、生产规模的扩大，尤其是有了剩余产品之后，会计才逐渐从生产职能中分离出来，成为独立的、由专职人员从事的职能。

二、会计的发展

回顾会计发展史，我们可以发现，会计是随着社会生产的发展而产生，随着人类生产实践的发展和经济管理要求的提高而不断发展、完善的。会计的发展经历了古代会计、近代会计和现代会计三个阶段。

无论是在中国还是在外国，会计作为一项记录、计算和考核收支的工作，很早以前就已经出现了。根据马克思的考证，早在远古的印度公社时期，就已经有了专门的农业记账员，负责登记和记录与农业项目有关的一切事项。而在中国，会计也有着悠久的历史。据史籍记载，在西周时代(公元前1100年至公元前770年)，《周礼》一书中就出现了"会计"一词，设置了较为严格的古代官厅会计的会计机构和"司会"之职："逆群吏之治而听其会计"，即"司会"接受朝廷和地方百官的会计文书而进行考核，为朝廷掌管财物赋税，并建立"日成、月要、岁会"的报告的雏形。到了宋代，朝廷的财政收支分为元管、新收、已支、现在四个部分，以计算财产的增减变化情况。这一方法到了元代传入民间，并逐步形成了"四柱清册"的记账和报账方法。所谓"四柱"，是指旧管、新收、开除和实在，相当于现代会计术语中的期初结存、本期收入、本期支出和期末结存，通过"旧管＋新收－开除＝实在"的平衡公式进行的结账方法，称为"四柱清册"法。

明末清初，商业和手工业日趋繁荣。为了适应这一社会环境的需要，出现了以四柱为基础的"龙门账"。龙门账把全部账目分为进(各项收入)、缴(各项支出)、存(各项资产结存)、该(资产和各项负债)四大类，运用"进－缴＝存－该"的平衡公式计算盈亏，分别编制进缴表和存该表，并通过其平衡关系审核盈亏计算的正误和勾稽全部账目，如果等式成立，则称为账目"合龙门"。进入清代以后，资本主义经济关系逐渐萌芽，商品经济进一步发展，又产生了"天地合账"。在这种方法下，现金、存货、往来等一切账项都要在账簿上记录两笔，以反映同一账项的来龙去脉。账簿采用垂直书写，分上、下两格，上格记收，称为天方；下格记付，称为地方；上、下两格所记数额必须相等，即谓"天地合"。四柱清册、龙门账和天地合账形成了会计发展史上传统中式簿记的特色，在中国历史上发挥了积极的作用。

人类会计方法的演进，经历了从实物计量到货币计量、由单式记账法向复式记账法转化的过程。从会计产生到应用复式借贷记账法之前，称为古代会计。古代会计的发展是十分缓慢的。由于社会生产力水平仍然比较低，商品经济尚不发达，直到15世纪之前，会计都是单式记账法，账户、账簿的设置不完善，会计还很不成熟，也没有形成一套专门的方法。

近代会计的发展可以追溯到13世纪。从13世纪开始，地中海沿岸的一些城市随着商业和手工业的发展，经济已较为繁荣，单式记账法已不适应需要，逐渐产生了复式借贷记账法。一直到1494年，意大利数学家卢卡·帕乔利(Luca Pacioli)在其所著的《算术、几何及比例概要》一书中，对复式记账法进行了系统说明，从而使复式借贷记账方法先在欧洲，继而在全球范围内广泛流传并得以应用。《算术、几何及比例概要》一书的出版与复式记账法的应用，被认为是会计发展史上的重要里程碑，它为近代会计奠定了基础，也为会计学作为一门学科奠定了发展的方向。

在较长的一段时期，尽管我国会计学家积极引进西方会计，在20世纪30年代也曾经发起了改良中式簿记运动，但由于社会制度的制约和经济发展缓慢等原因，一直存在"中式簿记"与"西式簿记"并存的局面。

从单式记账法过渡到复式记账法，是近代会计开始的标志。复式记账法的出现，使会计有了质的飞跃，使经济活动得以被全面、科学地进行记录，会计才逐步成为一门独立的学科。

但是，19世纪以前，会计的发展仍然比较缓慢，会计的主要职能还是记录和计算。进入20世纪以后，西方国家企业的数量不断增加，股份制企业大量涌现，科学技术迅速发展，社会生产力大幅度提高，企业竞争更趋激烈，加之各国《税法》《商法》《公司法》的颁布和完善，对会计的要求越来越高，会计与管理的关系越来越密切。经济的发展和管理要求的提高，促使会计理论、会计方法、会计规范体系的进一步健全和完善。到了20世纪50年代，会计开始与管理直接结合，在原来以提供财务信息为主的传统财务会计基础上，分离出为企业成本、资金、利润、价格方面进行预测、决策、控制、分析、考核等管理服务的管理会计。管理会计的出现，是现代会计产生的主要标志。

外国及中国的会计发展历史表明，会计是人类生产实践的产物，经济越发展，会计越重要。

课堂讨论题1

结合我国会计的发展，探讨会计发展经历了哪几个阶段以及会计的发展受哪些因素的影响。

第二节　会计的含义和目标

会计的含义，即会计的本质，从不同的侧面进行考察，可以有不同的认识。上述会计产生和发展的历史过程说明，会计作为一门正在发展的学科，从不同的角度看，具有不同的特点；在不同的历史发展时期，也有其特殊的会计目标。在现代市场经济条件下，企业的最终目标是追求企业价值最大化，因此，需要企业有足够的资金和有效的管理。规划、组织、执行、控制、评价的每一个环节都离不开会计的参与。

一、会计的含义及特点

会计是以货币为主要计量单位，以凭证为依据，借助于专门的技术方法，对一定会计主体的经济活动进行全面、综合、连续、系统的核算和监督，并向信息使用者提供会计信息的完整的方法体系。同时，会计以货币作为主要计量单位，全面、系统地反映和监督经济活动中占用的财产物资和发生的劳动耗费，为企业管理过程提供服务，因此，会计也是一种管理活动。

因此，人们可以从不同的角度、不同的侧面了解会计的含义，认识会计的本质和特点：

（一）会计是以货币作为计量单位的计量技术

会计离不开计量，早期的会计只是实物计量会计，简单地用实物数量和劳动量度进行记录和计算。随着商品的出现、货币的产生和商品经济的发展，实物和货币两种计量方式逐渐发展到以货币作为计量单位，综合提供财产物资、生产耗费和劳动成果及其分配情况的总括财务信息。因此，会计是以货币作为价值尺度的计量技术。

（二）会计是一个信息系统

会计通过货币计量对一个会计主体的整个经济活动过程的数据进行记录、加工、整理，提供其财务状况和经营成果的信息，满足投资者、债权人、政府机构和社会公众等会计信息使用者的决策需求。这些信息反过来又帮助会计信息使用者根据与决策相关的信息，作出合理的决策，调整宏观经济政策，这将重新构成会计主体新的经济活动。这样不断循环，构成了一个信息系统。因此，会计也是一个以提供财务信息为主的经济信息系统。

（三）会计的本质是一种管理活动

会计虽然是以货币量度，全面、系统、连续地计量和记录一个会计主体在经济活动过程中已经发生的经济业务和财务成果，提供财务信息，反映受托责任的履行情况，但是，计量、记录、分析、检查以及提供财务信息，反映受托责任的履行情况，并不是会计的最终目的，而只是会计所用的手段以及利用这些手段所产生的结果。会计的目的是通过这些手段和提供的财务信息，达到管理的目的，以尽可能少的耗费取得最大的经济效益，并实现企业价值最大化的最终目标。因此，从会计所能发挥的作用和要求达到的目的看，会计是企业经济管理活动的重要组成部分，会计的本质是一种管理活动。

课堂讨论题 2

结合会计的含义，你认为会计是(　　)。

A. 一种计量技术　　B. 一个信息系统

C. 一种管理活动　　D. 一种社会现象

E. 企业经济管理活动的组成内容　　F. 与社会经济环境密切相关

二、财务报告目标

财务报告作为企业对外披露会计信息的手段，其目标随环境变化，从经管责任观转向决策有用观。在以反映经营责任为目标的情况下，财务报告只要能客观和公允地反映管理人员的历史性业绩，就能满足业主决策上的信息需要。因此，会计信息更多地强调可靠性，会计计量也主要采用历史成本。而决策有用规则强调企业会计信息的相关性。

根据我国《企业会计准则——基本准则》的规定，我国企业财务报告的目标是向财务会计报告使用者提供与企业财务状况、经营成果和现金流量等有关的会计信息，反映企业管理层受托责任的履行情况，有助于财务报告使用者做出经济决策。

虽然企业的财务报告由企业管理者编制，但是，会计信息的使用者却并不仅限于企业管理部门，企业外部的利益相关主体同样是企业经营成果、财务状况及现金流量等信息的使用者。因此，明确会计信息使用者及其对信息的需求，对会计信息披露目标的实现是至关重要的。

财务会计报告的使用者多种多样，他们对会计信息的需求和目的也各不相同。一般而言，会计信息的使用者主要包括投资者和潜在投资者、债权人、企业管理当局、政府及其职能机构、社会中介服务机构和社会公众等。

现实经济生活中，财务会计信息使用者的许多信息需求是共同的。通常情况下，如果财务报告能够满足投资者的会计信息需求，就基本可以满足其他使用者的信息需求。

除了提供信息之外，在强调企业所有权与经营权相分离的现代企业制度下，财务报告应当反映企业管理层受托责任的履行情况，以有助于外部投资者和债权人等评价企业的经营管理责任和资源使用的有效性，并据以做出决策。

课堂讨论题 3

会计信息使用者包括(　　)。

A. 企业管理层　　B. 政府及其职能机构
C. 债权人　　D. 投资者和潜在投资者
E. 社会公众　　F. 社会中介服务机构

课堂讨论题 4

结合经济发展的需要，会计信息披露的目标是(　　)。

A. 反映企业管理层受托责任的履行情况　　B. 为投资者提供信息
C. 为债权人提供信息　　D. 为潜在投资者提供信息
E. 为政府部门和社会公众提供信息　　F. 为企业管理人员提供信息

第三节　会计的职能和对象

职能是事物本身所固有的功能，是某一事物存在于世间所能发挥作用的内在因素。因此，会计的职能是指会计作为一项经济管理活动在客观上所能发挥的功能。它源自会计能够适应社会经济生活的需要所具备的能力，是会计的本质属性之一。正如马克思在《资本论》中指出的："过程越是按社会的规模进行，越是失去纯粹个人的性质，作为对过程的控制和观念总结的簿记就越是必要。"这很好地诠释了会计最基本的职能是反映和监督。

一、会计的职能

如前所述,会计的职能也随着经济和社会环境的变化而不断发展和完善,因此,现代会计的职能主要包括反映、监督和参与经营决策。

(一)反映

会计的反映职能是指会计利用货币计量,综合反映一个特定会计主体的经济活动情况,为满足投资者、债权人、政府机构和社会公众等信息使用者提供可靠的、相关的会计信息。

反映职能是会计最基本的职能。会计通过对经济业务的确认、计量、记录和报告,从数量方面反映一个特定单位已经发生或完成的经济活动。

现代会计的反映应该具有连续性、完整性和系统性的特点。连续性是指会计对发生的经济业务应当按照时间顺序依次、不中断地进行记录;完整性是指凡是属于会计反映的内容,都必须没有遗漏地进行记录;系统性是指会计提供的数据资料在科学分类的基础上相互联系地进行记录。只有连续、完整、系统地记录已经发生或完成的经济业务,才能全面、科学、客观地反映已经发生的经济活动情况。

会计的反映职能主要是对已经发生业务的事后反映,但对过去的反映,可以成为未来分析、预测和决策的基础,预测和决策是对未来的反映。因此,会计的反映职能不仅要求会计如实提供已经发生的经济业务情况,而且通过分析揭示客观事物之间的内在联系,进一步了解和把握事物变化的内在原因,并以此预测未来,为企业未来的发展提供前瞻性的信息,为未来的经济控制提供依据。随着电子信息技术在会计领域的广泛应用,会计的反映方式也从手工簿记系统逐渐发展到电子数据处理系统,极大地增强了会计信息的传输和沟通能力,使得会计信息更加完善、及时和准确,并朝着"即时会计信息系统"的方向发展。

(二)监督

会计的监督职能是指会计利用反映所提供的信息,对一个特定单位的经济活动过程进行预测、计划、记录、分析和控制,保证其经济活动符合规定的要求和实现预定的目标。

会计的监督职能也是会计最基本的职能。会计工作必须规范化,《企业会计准则》是会计工作的行为规范,也是评价会计工作的准绳。在会计确认、计量、记录和报告时,都必须严格遵循会计准则,严格执行会计制度,从而保证各项经济活动的合规性和合法性。

会计监督的最基本内容是会计的事后监督,即对已经发生或已经完成的经济业务进行合规性和合法性检查。此外,会计监督还体现在经济业务发生过程中的事中控制,如分析和控制预算执行过程;以及尚未发生之前的事前监督,如对于预算、计划的审定。

会计的监督职能还体现在对经济活动的效益性进行监督。在监督合规性和合法性的同时,充分考虑发生合法、合理又未必合算的情况,从局部和全局多方面考虑企业的经济效益和社会效益、短期利益和长远利益的关系,并进行决策。

(三)参与经营决策

会计参与经营决策的职能是随着会计的发展在反映和监督两个基本职能的基础上派生出

来的，是现代会计的重要职能。参与经营决策是指在组建管理团队、筹集资金、投资、生产、营销、分配等决策中，根据会计反映职能提供的会计信息和客观现实情况，对企业的各种方案进行比较、分析和判断，帮助企业决策者筛选最优方案的过程。

现代企业经营的成败，在很大程度上取决于经营决策的正确与否，而这些决策都离不开会计的数据支持。只有通过会计反映职能提供的会计信息和客观现实情况，进行会计预测，从经济效益和企业价值的角度比较各种方案的利弊，才能使企业决策者选择最优方案。因此，会计在决策中扮演了十分重要的角色。

会计的职能客观地存在于会计之中。人们可以根据会计的职能，结合一定时期经济环境的需要，赋予会计一定的任务和目标。会计的任务体现了人们的主观意图，因此不是一成不变的，不同时期、不同单位可以赋予会计不同的任务。但任务要受会计职能的制约，人们不能超越会计职能的范围来确定会计的任务。就企业而言，会计完成了任务，也就发挥了会计的作用。

会计作为一种管理活动，综合地利用货币量度，并交叉地通过预测、计划、记账、计算、分析、控制、检查、监督和反馈等各个工作环节实现其职能。在实现管理职能的过程中，首先要掌握情况，其次要制订管理目标，并把实际业绩和预定目标进行比较，借以检查经济活动的有效性和合法性。

二、会计的对象和内容

会计对象是指会计作为一项经济管理活动所反映和监督的内容，它决定了会计的任务和方法。只有明确了会计反映和监督的内容，才能有针对性地采取适当的方法，充分发挥会计在经济管理中的职能和作用。

概括地说，会计的一般对象是社会再生产过程中的经济活动。在社会再生产过程中，每个企业、行政、事业单位或其他组织，虽然它们的业务性质、工作任务不同，但是，它们在经济活动中都在不同程度上与商品的生产、交换、分配和消费有关，它们都是社会再生产过程中不同环节的组成部分，必然会产生使用价值的生产和交换，而且表现为价值的形成、实现和分配。会计主要是利用货币量度进行计量，对再生产过程中的经济活动进行反映和监督的一种管理工作。因此，再生产过程发生的、能够用货币表现的经济活动，就是再生产过程的资金运动，都是会计的对象。

就一般的内容而言，由于各个企业、事业单位的业务性质不同，经济活动的内容也不同。即使就企业而言，因其所处的行业不同，如制造行业、建筑行业、贸易行业、金融行业、新闻娱乐行业等，会计的具体对象也不尽相同。下面我们以工业企业为例，说明工业企业会计的具体核算内容。

工业企业的生产经营活动过程，同时也是企业的资金运动过程。工业企业的生产经营活动主要包括生产准备、产品生产和产品销售三个环节，每个环节都涉及资金的运动。资金进入企业的循环，是通过吸收投资、发行股票或向银行借款、发行债券等筹措方式得到的资金。企业拥有的资金按照生产准备、产品生产和产品销售三个过程周而复始地周转和循环，在不停的运动中增值。从货币资金形态出发，企业以现金、银行存款等建造厂房、购置机器设备和购买各种材料物资，从而使货币资金转化为以固定资产、原材料形态存在的固定资金和生产储备资金。产品的生产过程，是生产耗费的过程，也是资金存在形态转变的过程。在生产过程中，随着生产资料中劳动手段和劳动对象（如机器设备和原材料）的投入、人工的耗费以及其他间接生产费用的发生，企业的储备资金、固定资金等转化为生产资金、成品资金。销售过程是企业销售产品、取得销售收入的过程。通过产品销售的过程和款项结算，成品资金最后又回到货币资金形态。同时，也有一部分资金以投资的返还、红利的分配、债务的清偿、利息的支付和税费的上缴等形式退出企业，从而使企业的资产和权益同时减少。

随着企业生产经营活动的持续进行，企业的资金从货币资金形态出发，最后又回到货币资金形态的这一转化过程也不断地循环和周转。在这个不断循环和周转的过程中，资金会随着利润的形成而实现价值的增值，因此，企业的生产经营活动过程，也是资金循环、周转和价值的增值过程。企业的生产经营过程可以用图 1—1 表示如下：

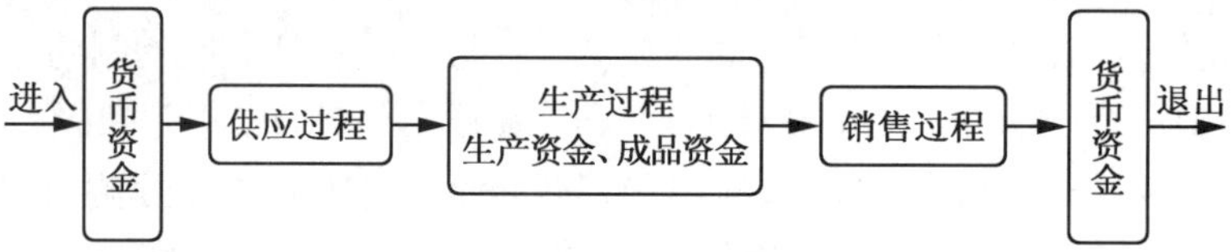

图 1—1　工业企业生产经营过程

第四节　会计核算方法体系

会计方法是用来反映和监督会计对象、完成会计任务的手段。正确运用会计方法，对提高会计工作质量、完成会计任务具有重要意义。会计方法是在长期的会计工作实践中逐步建立和完善的，现已有了一整套科学、有效的会计方法体系，包括会计核算方法、会计分析方法、会计预测方法、会计决策方法和会计检查方法等。其中，会计核算方法是最基本的方法。会计分析、会计预测、会计决策等都是在会计核算基础上利用会计核算提供的资料进行的，它们是会计核算方法的延续和发展。基础会计主要介绍会计核算方法，而其他的会计方法将在后续有关课程中介绍。

会计核算方法是指会计对于发生的经济业务进行连续、完整、系统的反映和监督，提供会计信息所应用的方法。会计核算方法主要包括填制和审核凭证、设置账户、复式记账、登记账簿、成本计算、财产清查和编制会计报表七种。下面简要说明各种会计核算方法的意义及其相互关系。

一、填制和审核凭证

会计凭证是记录经济业务、明确经济责任，并作为记账依据的书面证明。填制和审核凭证是为了保证会计记录真实、可靠，检查经济业务是否合理、合法而采用的一种会计核算方法，同时也是会计检查的一种方法。记账必须有根据，任何一笔经济业务的发生，都必须先填制凭证，填制的会计凭证都需经过会计部门和有关部门审核，以检查经济业务的合理性和合法性。只有经过审核无误的会计凭证，才能作为记账的依据。填制和审核凭证是会计工作的第一步，对保证会计核算的质量具有重要意义，也是实行会计监督的重要方面。

二、设置账户

账户是对会计对象的具体内容所做的分类。设置账户是为了科学、系统地对会计对象的具体内容进行分门别类的反映和监督而采用的一种会计核算方法。会计对象的具体内容复杂繁多，如果不进行分类记录，势必影响会计信息的有用性。因此，需要对各项经济业务涉及的会计要素进行科学的分类，分为若干个项目，即设置不同的账户，以反映会计对象具体内容的增减变化情况及其结果，有利于提供管理所需要的会计核算资料。

三、复式记账

复式记账是指对任何一项经济业务，都要以相等的金额在两个或两个以上的账户中相互联系地进行登记。复式记账是为了科学、全面地反映每一项经济业务的来龙去脉而采用的一种会计核算方法。通过复式记账，不仅可以完整地反映经济业务的全貌，了解经济业务的来龙去脉，而且可以通过账户的平衡关系检查账簿记录正确与否。

四、登记账簿

账簿是由具有一定格式、相互联系的账页所组成的，用于全面、系统、分类记录各项经济业务的簿籍。登记账簿就是为了连续、完整、科学地记录和反映经济业务而采用的一种会计核算方法。登记账簿要以会计凭证为依据，利用账户和复式记账的方法，将全部经济业务分门别类而又相互联系地在账簿中加以全面反映，以便提供完整而又系统的会计信息，是编制会计报表的主要依据。

五、成本计算

成本计算是把经营过程中发生的各种费用，按照一定的成本计算对象，采用一定的计算方法进行分配归集，以确定各成本计算对象的总成本和单位成本的一种会计核算方法。通过成本计算，可以提供费用、成本的实际数据资料，考核企业成本计划的执行情况，分析成本升降的原因，以挖掘降低成本、提高效益的潜力。通过成本计算，可以对企业资产进行正确计价，并确定盈亏；同时，也可以为制定价格提供依据。

六、财产清查

财产清查是指通过对财产物资及库存现金的实地盘点，以及对银行存款和债权债务的询证核对，来确定各项财产物资、货币资金、债权债务的实有数，并查明实有数与账面数是否相符的一种会计方法。由于种种原因，财产物资的账面记录往往与实际结存情况不尽一致，这就需要定期或不定期盘点实物、核对账目，进行财产清查。在财产清查中如发现实物与账面记录不符，应进一步查明原因，并及时调整账面记录，以保证账实相符。同时，通过财产清查，可以明确经济责任，加强对财产物资的管理，有利于保证账簿记录和会计报表提供信息的真实性。

七、编制会计报表

会计报表是总括反映一个特定会计主体在一定日期或一定会计期间财务状况、经营成果、现金流量和权益变动的一整套书面报告文件。它是财务报告系统文件的主要组成内容。编制会计报表是以账簿记录为依据,对日常核算资料进行加工、整理而产生的报告文件。会计报表所提供的各项财务信息指标,不仅是投资者、债权人、社会公众决策的依据,是管理者最重要的分析、考核预算执行情况和进行预测、决策的主要依据,也是行政管理机构和宏观经济政策制定者的重要参考资料。

根据《企业会计准则》,会计报表至少应当包括资产负债表、利润表、现金流量表和所有者权益变动表等。

2011 年 10 月 18 日正式发布、2013 年 1 月 1 日起在小企业范围内施行的《小企业会计准则》规定,小企业的财务报表包括资产负债表、利润表和现金流量表及其报表附注。现金流量表的编制是必需的,不再具有可选择性。

以上各种会计核算方法是相互联系、有机结合的,形成了一个完整的会计核算方法体系。我们知道,会计的目标是为信息使用者提供经营管理的会计信息,这就需要有真实的依据进行记账,并通过会计报表的形式提供信息。因此,在实际工作中,对日常发生的经济业务,都要由经办人员或有关单位填制凭证,按照"凭证—账簿—报表"的会计基本模式进行处理。在账务处理过程中,需要设置账户,以审核后的会计凭证为依据,采用复式记账的方法将所有的经济业务分门别类地登记在具有一定格式的账簿中,全面、系统地反映经济业务的内容。对企业,会计还必须根据账簿记录进行成本计算,以正确计量资产和确定盈亏,并最终以会计报表的形式提供会计信息。为了保证会计报表提供信息的真实性,就需要对账簿记录的客观性进行检查,通过财产清查核对账实是否一致。如果账实不一致,就需要填制凭证,调整账簿记录。在确定账实相符的情况下,可以根据账簿记录编制会计报表。会计核算方法之间的关系可以用图 1—2 来表示。

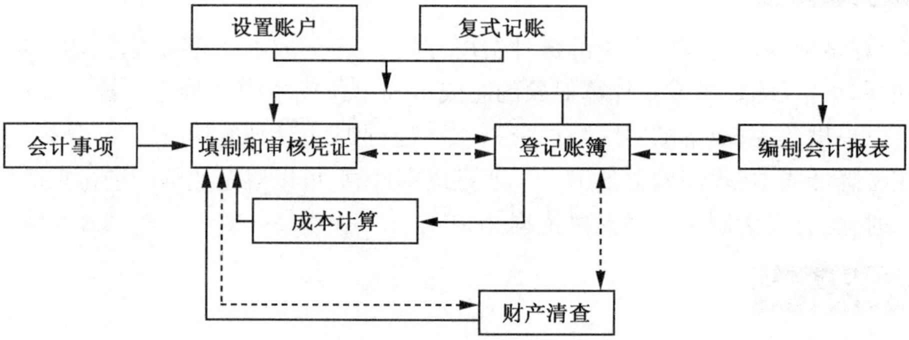

图 1—2 会计核算方法

第五节 会计假设和会计信息质量要求

一、会计假设

我国《企业会计准则》规定,会计核算的基本假设包括会计主体、持续经营、会计分期和货币计量,并将权责发生制作为会计确认、计量、报告的基础。

会计假设，是对会计活动在时间、空间和量度方面进行限定的理论，这种为保证会计工作的顺利进行和会计信息质量而进行的限定，会因为社会经济、政治、法律环境等不确定性的存在而产生认识的不完善，因而根据客观、正常的情况或趋势，进行合乎常理的判断并规定一个前提，称为假设。因此，会计假设是人们根据对事物的认识和客观正常情况所做出的合理判断，是组织财务会计核算工作应具备的前提条件。

（一）会计主体

我国《企业会计准则——基本准则》第五条规定："企业应当对其本身发生的交易或者事项进行会计确认、计量和报告。"

会计主体又称会计个体，是指会计工作为之服务的特定单位或组织，它界定了会计工作和提供会计信息的空间范围。在会计主体这一前提下，会计核算应当以会计主体发生的各项交易事项为对象，记录和反映会计主体本身的经济活动。

在实际业务中，不仅要将特定会计主体的经济活动与其他会计主体的经济活动区别开来，而且还要严格区分会计主体与其所有者的个人的经济活动。而且会计报表所反映的信息，应该是特定会计对象的财务状况、经营成果以及现金流量的信息。

需要强调的是，会计主体不同于法律上的法人概念。法人可以是会计主体，但会计主体并不一定是法人，它可以是一个独立的法律主体，如企业法人，也可以不是一个独立的法律主体，如基金管理公司管理的、需要独立核算但无法人资格的下属每只基金，企业集团公司下属的子公司、企业内不独立核算的单位，甚至可以是企业不独立核算的某一部门。但为了全面地反映企业的财务状况、经营成果以及现金流量的信息，还应该在必要时将整个企业作为会计主体，编制合并报表。

会计主体的假设为会计人员在会计核算中对会计业务的正确判断、会计方法和会计程序的正确选择提供了依据。

（二）持续经营

我国《企业会计准则——基本准则》第六条规定："企业会计确认、计量和报告应当以持续经营为前提。"

持续经营是指会计核算以企业持续、正常的生产经营为前提。假设在可以预见的未来，企业的资产将正常运行，负债将正常偿还，会计主体的经营活动将根据既定的方针和目标继续经营下去，没有面临破产的威胁。只有在持续经营的前提下，会计才能建立起非清算基础上的会计确认和计量的原则，如历史成本原则、权责发生制等，会计处理上的方法和程序才能保持稳定，会计核算工作才能正常进行。

持续经营只是一种假设，并不要求生搬硬套，企业破产清算的风险始终存在。因此，持续经营的假设并不排除企业在有迹象表明已经面临破产清算时，采用破产清算的会计程序和方法。如果企业已经无法继续生存下去，依据这一前提假设条件采用的会计处理方法和程序也不再适用。

（三）会计分期

会计分期是指将会计主体持续不断的经营活动人为地划分成若干间距相等的时间间隔，

即会计期间，以分期核算每一个会计期间的收入、费用和利润，据以结账并编制会计报告。

在实际工作中，企业生产经营活动持续不断地进行，无论是企业内部管理当局，还是企业外部的会计信息使用者，都需要定期了解企业的财务状况和经营成果，作为业绩考核和进行决策的依据。

会计期间分为年度和中期。中期是指短于一个完整的会计年度的报告期间。半年度、季度和月度统称为中期。根据会计准则，以日历年度为会计年度，即从每年的 1 月 1 日起至当年的 12 月 31 日止为一个会计年度。在有些国家，会计年度按营业年度划分，即从每年的 7 月 1 日起至次年的 6 月 30 日止为一个会计年度。同样地，在有些企业，由于其经营活动比较特殊，如造船企业、大型机械制造企业，生产过程复杂，经营周期可能长于 1 年，就要以一个经营周期作为一个会计年度。

会计分期假设对企业会计核算有重大影响。由于设定了会计期间，在会计处理上必须对每一个会计期间的收入和费用进行确认、配比，从而产生了制定有关费用和收入的确认、计量的会计原则（如权责发生制原则、配比原则、划分收益性支出和资本性支出等原则）的必要性。

（四）货币计量

货币计量假设是指会计主体在核算中采用货币作为计量单位，计量、反映和报告企业的经济活动，并假设货币价值保持不变。

对企业经济活动的计量，存在着多种计量单位，如实物、货币、重量、长度、体积等。为了连续、系统、全面、综合地反映企业的经济活动，客观上要求一种统一的计量单位作为会计核算的基础。而货币作为一般等价物，成为会计核算计量单位的最好选择。

作为企业会计核算的计量单位，本身要满足两个条件：一是作为计量单位的货币，其内在价值要稳定；二是计量标准的单位要统一才能进行汇总和比较。如果企业的经济业务涉及多种货币，就需要确定一种货币作为记账本位币。在我国，会计核算一般要求以人民币作为记账本位币；业务收支以外币为主的企业，也可采用某种外币作为记账本位币，但编制的会计报表仍然应当折算为人民币反映。

上述会计核算的假设前提相互依存、相互补充，它们从核算时间、空间、方法和量度的界限对会计的核算做出了合理设定。没有会计主体，就不存在持续经营；不能持续经营，就没有必要进行会计分期；没有货币计量，就无法全面、综合地为信息使用者提供会计主体的财务状况、经营成果等信息，无法实现财务会计的目标。

二、会计核算基础

在实务中，会计分期假设，使得企业收入和费用的收支期间与应归属期间不一定完全一致。例如，款项已经收到，但销售并未实现；或者款项已经支付，但并不是为本期生产经营活动而发生的；费用已经发生，但本期并未支付等。在收支期间与应归属期间不一致时，产生了制定有关费用和收入的确认、计量的会计核算基础，如权责发生制和收付实现制。

我国《企业会计准则》明确规定，为了更加真实、公允地反映特定会计期间的财务状况和经营成果，企业在会计确认、计量和报告中应当以权责发生制为基础。

权责发生制是以应收应付为标准，确认收入和费用的会计处理方法。按权责发生制原则的要求，凡是本期已经实现的收入和已经发生或应当负担的费用，不论款项是否收付，都应当作为本期的收入和费用；凡是不属于本期的收入和费用，即使款项已经收付，也不作为本期的收入和费用。

收付实现制是与权责发生制相对应的一种确认基础，它是以实际收到或支付现金为标准，确认收入和费用的会计处理方法。

目前，我国的行政单位会计采用收付实现制，事业单位会计除经营业务可以采用权责发生制外，其他大部分业务采用收付实现制。

课堂讨论题 5

根据权责发生制的要求，应该确认为本期收入和费用的分别是(　　)。

A. 收到上月销货款　　B. 预收下季度房租

C. 支付下月保险费　　D. 支付本季度修理费

E. 本月销售产品，款未收　　F. 下月初支付的本月职工薪酬

三、会计信息的质量要求

财务会计的目标在于提供信息以帮助投资者和债权人做出经济决策。满足这种需要，首先要了解与决策有用的信息应具备的质量要求。会计信息质量要求是对企业财务报告中所提供会计信息质量的基本要求，它主要包括可靠性、相关性、可理解性、可比性、实质重于形式、重要性、谨慎性和及时性等。

(一)可靠性

可靠性要求企业应当以实际发生的交易或者事项为依据进行确认、计量和报告，如实反映符合确认和计量要求的各项会计要素及其他相关信息，保证会计信息真实可靠、内容完整。

会计信息要有用，必须以可靠为基础，如果财务报告所提供的会计信息是不可靠的，就会给投资者等使用者的决策产生误导甚至损失。

(二)相关性

相关性要求企业提供的会计信息应当与财务报告使用者的经济决策需要相关，并有助于投资者等财务报告使用者对企业过去、现在或者未来的情况做出评价或者合理预测。

会计信息是否有用、是否具有价值，关键是看所提供的会计信息与使用者的决策需要所具有的相关程度。因此，相关的会计信息不仅应当具有反馈价值，能够有助于使用者评价企业过去的决策，证实或者修正过去的有关预测；还应当具有预测价值，有助于使用者根据财务报告所提供的会计信息预测企业未来的财务状况、经营成果和现金流量。会计信息质量的相关性要求企业在确认、计量和报告会计信息的过程中，充分考虑使用者的决策模式和信息需要。会计信息在可靠性前提下，尽可能地做到相关性，以满足投资者等财务报告使用者的决策需要。

(三)可理解性

可理解性要求企业提供的会计信息应当清晰明了，便于投资者等财务报告使用者理解和

使用。

要使使用者能够有效使用企业提供的会计信息，就要求财务报告所提供的会计信息应当清晰明了，易于理解。只有这样，才能提高会计信息的有用性，实现财务报告的目标，满足向投资者等财务报告使用者提供决策有用信息的要求。

（四）可比性

可比性要求企业提供的会计信息应当相互可比。这主要包括两层含义：

1. 同一企业不同时期的纵向可比

比较企业在不同时期的财务报告信息，投资者等财务报告使用者就可以全面、客观地评价过去、预测未来，了解企业财务状况、经营成果和现金流量的变化趋势，从而做出决策。会计信息质量的可比性要求同一企业不同时期发生的相同或者相似的交易或者事项，应当采用一致的会计政策，不得随意变更。但是，如果根据需要进行会计政策变更，则有关会计政策变更的情况应当在附注中予以说明。

2. 不同企业相同会计期间的横向可比

会计信息质量的可比性要求不同企业同一会计期间发生的相同或者相似的交易或者事项，应当采用规定的会计政策，确保会计信息口径一致、相互可比，以使不同企业按照一致的确认、计量和报告要求提供有关会计信息。

（五）实质重于形式

实质重于形式要求企业应当按照交易或者事项的经济实质进行会计确认、计量和报告，不仅仅以交易或者事项的法律形式为依据。

企业发生的交易或事项在多数情况下其经济实质和法律形式是一致的。但在有些情况下，会出现不一致。例如，以融资租赁方式租入的资产，虽然从法律形式来讲，企业并不拥有其所有权，但是从其经济实质来看，企业能够控制融资租入资产所创造的未来经济利益，在会计确认、计量和报告上就应当将以融资租赁方式租入的资产视为企业的资产，列入企业的资产负债表。

（六）重要性

重要性要求企业提供的会计信息应当反映与企业财务状况、经营成果和现金流量有关的所有重要交易或者事项。

在实务中，如果会计信息的省略或者错报会影响投资者等财务报告使用者据此做出决策的，该信息就具有重要性。重要性的应用需要依赖职业判断，企业应当根据其所处环境和实际情况，从项目的性质和金额大小两方面加以判断。例如，我国上市公司要求对外提供季度财务报告，但可以不披露详细的附注信息。

（七）谨慎性

谨慎性要求企业对交易或者事项进行会计确认、计量和报告应当保持应有的谨慎，不应高估资产或者收益、低估负债或者费用。

根据会计信息质量的谨慎性要求，需要企业在面临不确定性因素的情况下做出职业判断时，应当保持应有的谨慎，充分估计各种风险和损失，既不高估资产或者收益，也不低估负债或者费用。例如，要求企业对可能发生的资产减值损失计提资产减值准备、对售出商品承担可能发生的保修义务等。

谨慎性的应用也不允许企业设置秘密准备，如企业故意低估资产或者收益，或者故意高估负债或者费用等行为，是会计准则所不允许的。

(八)及时性

及时性要求企业对于已经发生的交易或者事项，应当及时进行确认、计量和报告，不得提前或者延后。

会计信息的价值在于帮助信息使用者做出经济决策，具有时效性。即使是可靠、相关的会计信息，如果不及时提供，就失去了时效性。在实务中，一方面要做到及时收集会计信息，同时要求及时处理会计信息，而且要求及时传递会计信息，才能有利于信息使用者的及时使用和决策。

如何在及时性与可靠性之间作相应的权衡，其判断标准就是更好地满足投资者等财务报告使用者的经济决策需要。

第六节 会计学及其分支

随着人类社会的不断进步和商品经济的不断发展，企业的组织形式、生产规模也在不断发展。尤其是产业革命出现以后，会计越显得重要，会计方法也日益丰富和完善。人们不仅把长期累积的实践经验上升到理论的高度，同时吸收了现代经济学和财务管理的基本理论，不仅会计的内涵在不断深入，会计的外延也在不断拓展，并逐渐形成了一个比较科学、完整的会计学理论、方法体系。从发展历程看，会计在我国起源较早，但一直未得到应有的重视。直到 19 世纪末，西方会计知识传入中国，才慢慢把会计上升到理论的高度，作为专门的学科进行传授和研究。

会计学属于管理学科，侧重于价值管理、资金管理和成本管理内容，是经济管理体系的重要组成部分。近代会计学充分运用数学和数理统计的方法，更加提升了会计核算和定量分析的准确性，延展了财务数据和会计信息的应用范围。

会计学按其学科知识结构和研究内容，主要可以分为基础会计、财务会计、成本会计、管理会计、审计学等。

一、基础会计

基础会计研究会计学的基本问题，阐明会计的基础理论知识、基本方法体系和基本操作技术等，包括会计的基本循环，即会计凭证——账户、账簿——会计报表，以及会计的基本概念、会计工作的组织、会计方法的应用等。

二、财务会计

财务会计以会计准则或制度为依据，采用一系列专门的方法，阐述财务会计基本理论和方法。财务会计受会计规范所约束，需严格遵循“凭证→账户(簿)→报表”的会计基本模式，概括性地提供全面、系统、完整的财务信息，并对数据的正确性有着严格的要求。内容侧重于会计要素的确认、初始计量、后续计量以及相关经济业务的会计实务处理。并通过会计报告的方式，提供企业特定日期和会计期间的财务状况、经营成果以及现金流量的信息，满足信息使用者的需求，有助于他们做出合理有效的决策。包括流动资产、长期投资、固定资产、无形资产、投资性房地产、递延资产和其他资产；流动负债和长期负债；所有者权益；收入，费用，利润的确定和分配等内容。同时还包括一些专题性的领域和业务，如融资租赁、所得税、外币折算、退休养老金、物价变动、衍生金融工具、企业合并和合并报表，以及企业改组、破产清算等业务的会计。在高等院校的会计教学中，往往将这些内容分为中级财务会计和高级财务会计两个部分——中级财务会计主要涉及会计要素的确认、计量和报告的基本理论和方法，高级财务会计主要涉及一些专题性业务的会计处理。财务会计的目标是提供决策相关信息。

三、成本会计

成本会计研究成本预测、成本决策、成本计划、成本控制、成本计算、成本责任和成本考核的基本理论和技术方法。研究成本管理，根据成本核算及其他相关资料，采用数学和数理统计的原理和方法，针对不同业务，建立数学化的管理技术，用来帮助人们按照成本最优化的要求，对企业的生产经营活动进行成本预测、决策、核算、控制、考核分析，以促进企业的生产经营实现最优化运转。主要内容包括成本预测的方法、目标成本的制定、成本计划的编制、制造成本的计算和核算、成本分析和控制的方法选择等。

成本会计在企业管理中得到进一步的应用和发展，范围从成本扩大到产品价格、资金、利润等方面，从而逐步形成了与财务会计平行的一门新兴科学，即管理会计，或称现代成本会计。成本会计是管理会计产生的基础，管理会计是成本会计内容的延伸。成本会计与财务会计的目的不同，它与管理会计一样，主要是为企业内部管理服务的。由于现代成本会计与管理紧密结合，所以它实际上已经包括了成本管理的各个环节。从这一点讲，成本会计也是管理会计的重要组成部分。为了便于教学，在课程设置上分为成本会计和管理会计，成本会计教材侧重成本核算、成本控制和成本分析，而将成本预算、决策、考核等放在管理会计教材中阐述。

四、管理会计

管理会计研究如何结合企业经营管理，综合利用企业内部会计信息及其他相关外部信息的基本理论和方法，以提高企业的生产经营效率，达到企业预定的目标，实现企业价值最大化。管理会计的目标是满足企业内部管理需要。主要内容包括成本预测、战略管理与创造价值、决策的制定和选择、各种经营业务的计划和控制、责任会计和绩效评价等。

五、审计学

审计学研究检查监督经济活动的合法性、合规性、合理性以及经济效益等内容的基本理论和方法，包括外部审计和内部审计。外部审计包括财务审计和经济效益审计。财务审计主要对会计信息的可靠性提出审计意见，应当由具有注册会计师资格的人员参与并提出报告意见；经济效益审计主要在于改善管理，提高企业经济管理水平和资源利用效率，以提高经济效率。企业内部审计的重点在于评价企业内部控制制度，以及对内部主要责任及其履行情况进行监督和评价。

此外，会计学还有其他分支。例如，研究会计产生和发展历史的“会计史”；专门研究探讨会计本质、对象、职能、属性、概念、准则、确认、计量、报告等一系列理论问题的“会计理论”；用专门的比较方法研究并阐述国际或国外会计理论和方法，比较中国与其会计之间相同、相似及差异之处，并作为借鉴的“比较会计”；研究会计方法与会计工作组织原则和形式的“会计制度设计”等。

会计学按其所处理的特殊领域业务的性质，可分为租赁会计、外贸业务会计、税务会计、破产清算会计、电算化会计、环境会计、人力资源会计、衍生金融工具会计、物价变动会计，以及以探讨外汇业务的处理、国际内部转移价格的作用和制定、国际税务、国际合并报表的编制以及国际会计准则等为主要内容的国际会计等。

会计学按其应用的范围和行业，可分为工业会计、农业会计、商业会计、施工企业会计、交通运输会计、金融企业会计、服务行业会计、预算会计等。

会计学按其涉及的领域，可分为营利组织会计和非营利组织会计。营利组织会计即企业会计。非营利组织会计，即服务于各种非营利组织和机构的会计，如政府机关、学校、医院、图书馆、科研机构、社会团体及各种慈善机构等。

本教材阐述会计的基本理论和方法，会计记账方法的应用以企业会计为例，作为后续的财务会计、成本会计、管理会计、审计学及其他会计学科的学习基础。

课堂讨论题 6

如何理解会计学按其学科知识结构和研究内容进行的分类？

重要术语

会计——以货币为主要计量单位，以凭证为依据，借助于专门的技术方法，对一定会计主体的经济活动进行全面、综合、连续、系统的核算和监督，并向信息使用者提供会计信息的完整的方法体系。同时，会计以货币作为主要计量单位，全面、系统地反映和监督经济活动中占用的财产物资和发生的劳动耗费，为企业管理过程提供服务，因此，会计也是一种管理活动。

会计的职能——会计作为一项经济管理活动在客观上所能发挥的功能，源自会计能够适应社会经济生活的需要所具备的能力，是会计的本质属性之一。

会计的对象——会计作为一项经济管理活动所反映和监督的内容。

会计的目标——根据我国《企业会计准则——基本准则》的规定，我国企业财务报告的目标是向财务会计报告使用者提供与企业财务状况、经营成果和现金流量等有关的会计信息，反映企业管理层受托责任的履行情况，有助于财务报告使用者做出经济决策。

会计核算方法体系——会计对于发生的经济业务进行连续、完整和系统的反映和监督，提供会计信息所应用的方法体系。

会计假设——进行会计核算工作首先必须明确的前提条件，是人们对会计所处的客观环境做出的合理判断。

会计主体——会计工作为之服务的特定单位或组织，它界定了会计工作和提供会计信息的空间范围。

持续经营——会计主体在可以预见的未来将根据既定的方针和目标继续经营下去的一种假设。

会计分期——将会计主体持续不断的经营活动,人为地划分成若干间距相等的时间间隔,即会计期间,以分期核算每一个会计期间的收入、费用和利润,据以结账并编制会计报告。

货币计量——会计主体在会计核算过程中应采用统一的货币作为计量单位,以综合反映和监督会计主体的各种交易或者事项的经营活动的全过程。

权责发生制——以应收应付为标准,确认本期收入和费用的会计核算基础。

可靠性——信息使用者可以对会计信息给予充分信赖。企业提供会计信息的目的是为了满足会计信息使用者的决策需要,因此,就应做到内容真实、数字准确、资料可靠。

相关性——会计提供的信息应当与信息使用者的经济决策相关,并且产生影响。一项会计信息是否具有相关性,由预测价值、反馈价值和及时性三个组成因素所决定。

可比性——会计核算必须按照规定的会计处理方法和程序,提供口径一致、相互可比的会计资料。可比性要求企业提供的会计信息应当相互可比。

谨慎性——也称稳健原则,要求企业对交易或者事项进行会计确认、计量和报告应当保持应有的谨慎,不应高估资产或者收益、低估负债或者费用。

重要性——要求企业提供的会计信息应当反映与企业财务状况、经营成果和现金流量有关的所有重要交易或者事项。对会计核算过程中的交易或事项,要根据其重要性程度区别对待。

可理解性——要求企业提供的会计信息应当清晰明了,便于投资者等财务报告使用者理解和使用。

实质重于形式——要求企业按照交易或事项的经济实质进行会计确认、计量和报告,而不应当仅仅按照它们的法律形式作为会计核算的依据。

及时性——要求企业对于已经发生的交易或者事项,应当及时进行确认、计量和报告,不得提前或者延后。

会计报表——总括反映一个特定会计主体在一定日期或一定会计期间财务状况、经营成果、现金流量和权益变动的一整套书面报告文件,是财务报告系统文件的主要组成内容。

复习思考题

1. 会计的产生和发展受到哪些因素的影响?为什么说经济越发展,会计越重要?
2. 如何结合会计的特点理解会计的含义?
3. 什么是会计的职能?会计的职能有哪些?
4. 根据会计学科体系,会计如何进行分类?
5. 会计核算方法有哪些?它们之间有什么联系?
6. 会计核算工作的前提条件包括哪些内容?
7. 如何根据权责发生制确认本期的收入和费用?
8. 会计信息质量的要求包括哪些方面?

9. 如何理解会计信息的实质重于形式原则？

10. 如何提高会计信息的可比性？

自我测试题

一、单项选择题

1.“会计”一词最早出现于我国的（　　）。

A. 西周　　B. 宋朝　　C. 明朝　　D. 清朝

2. 组织会计核算工作、进行会计处理的基本前提条件是（　　）。

A.《会计法》　　B. 会计假设

C.《企业会计准则》　　D. 会计人员管理条例

3. 复式记账法的出现和应用，是（　　）开始的标志。

A. 现代会计　　B. 古代会计　　C. 近代会计　　D. 管理会计

4. 根据《企业会计准则》，进行会计确认、计量报告的基础是（　　）。

A. 会计期间　　B. 持续经营　　C. 收付实现制　　D. 权责发生制

5.《资本论》中指出：“过程越是按社会的规模进行，越是失去纯粹个人的性质，作为对过程的控制和观念总结的簿记就越是必要。”意图表明（　　）。

A. 会计越来越重要　　B. 会计的职能在变化

C. 会计最基本的职能是反映和监督　　D. 会计是一个控制过程

6. 确定会计核算空间范围的基本前提是（　　）。

A. 持续经营　　B. 会计主体　　C. 货币计量　　D. 会计分期

7. 确定会计核算时间范围的基本前提是（　　）。

A. 持续经营　　B. 会计分期　　C. 货币计量　　D. 会计主体

8. 企业在收到预收货款当期不确认收入，而在实际发出商品时确认收入，体现的会计核算基础是（　　）。

A. 持续经营　　B. 权责发生制　　C. 会计主体　　D. 会计分期

9. 会计期间提及的会计中期是指（　　）。

A. 年度　　B. 月度

C. 季度　　D. 月度、季度和半年度

10. 企业分别按主营业务收入和其他业务收入进行核算，是基于会计信息质量要求的（　　）。

A. 相关性　　B. 重要性　　C. 可比性　　D. 可理解性

11. 下列说法中，体现可比性要求的是（　　）。

A. 发出存货的计价方法一经确定，不得随意改变，如有变更，需在财务报告中说明

B. 企业、事业单位会计的一般对象都是资金运动

C. 会计的反映和监督职能不会改变

D. 交易性金融资产采用公允价值计量

12. 将以融资租赁方式租入的资产视为企业的资产确认，体现会计信息质量要求的（　　）。

A. 相关性　　B. 重要性

C. 实质重于形式　　D. 可理解性

二、多项选择题

1. 现代会计的职能主要包括（　　）。

A. 反映　　B. 监督　　C. 编制报表　　D. 参与经营决策

2. 下列组织可以作为一个会计主体进行核算的有（　　）。

A. 母公司　　B. 销售门店

C. 非单独核算的分公司　　D. 学校

3. 企业进行会计核算的基本假设包括（　　）。

A. 会计主体　　B. 会计期间　　C. 持续经营　　D. 货币计量

4. "四柱清册"中的"旧管"和"新收"，相当于现代会计术语中的（　　）。

A. 期初结存　　B. 本期支出　　C. 本期收入　　D. 期末结存

5. 按照会计学科分类方法，下列属于特殊领域会计的有（　　）。

A. 人力资源会计　　B. 环境会计

C. 衍生金融工具会计　　D. 财务会计

6. 非营利组织和机构包括（　　）。

A. 政府机关　　B. 各种慈善机构

C. 科研机构　　D. 学校

7. 我国企业财务报告的目标是（　　）。

A. 提供会计信息　　B. 反映企业管理层受托责任的履行情况

C. 进行行业比较　　D. 明确工作目标

8. 在实务中，为保证及时提供企业会计信息，必须（　　）。

A. 及时收集会计信息　　B. 及时处理会计信息

C. 及时传递会计信息　　D. 及时使用和决策

9. 会计核算方法主要包括（　　）。

A. 设置账户、复式记账　　B. 填制和审核凭证、登记账簿

C. 成本计算、财产清查　　D. 编制会计报表

10. 作为企业会计核算的计量单位，货币本身要满足的条件是（　　）。

A. 在全球范围内统一　　B. 折算汇率不变

C. 内在价值要稳定　　D. 计量标准的单位要统一

三、判断题

1. 根据《企业会计准则》，权责发生制和重要性原则是会计确认、计量、报告的基础。（　　）

2. 会计只能以货币作为计量单位。（　　）

3. 企业的所有财务报告都需要永久保存。 ( )

4. 会计的职能和目标是不会随环境的变化而改变的。 ( )

5. 会计期间提及的会计中期是指半年度。 ( )

6. 一般情况下以日历年度为会计年度，有些企业由于其经营活动比较特殊，可以一个经营周期作为一个会计年度。 ( )

7. 财务会计和管理会计的特点不同，但其目标是一致的。 ( )

8. 即使可以判断企业不能持续经营，仍可以持续经营的基本假设编制财务报告。 ( )

9. 会计信息质量的可比性仅要求同一企业不同会计期间发生的相同或者相似的交易或者事项，应当采用规定的会计政策，确保会计信息口径一致、相互可比。 ( )

10. 会计报表是总括反映一个特定会计主体一定会计期间财务状况、经营成果、现金流量和权益变动的一整套书面报告文件。 ( )

练习题

一、目的：熟悉权责发生制和收付实现制。

二、资料：某公司 2020 年 6 月有关经济业务如下：

项　目	收付实现制		权责发生制	
	收　入	费　用	收　入	费　用
支付上月的水电费 5 000 元				
收到上月的销售收入 50 000 元				
预付下半年的房屋租金 36 000 元				
采购本月办公用品费 2 000 元，款未付。				
支付本季度借款利息 24 000 元				
本月分摊已付的财产保险费 6 000 元				
预收销货款 20 000 元				
通过银行转账支付本月工资 30 000 元				
销售产品一批，售价 80 000 元，其中通过银行收回货款 20 000 元				
合　计				

三、要求：分别按收付实现制和权责发生制填表计算本月份的收入和费用。

第二章　会计要素和会计等式

本章学习指南

通过本章学习，要求掌握会计要素的内容，理解会计等式的含义和作用，掌握经济业务的类型及其对会计等式的影响。

会计要素是对会计核算对象进行的基本分类，是设置会计科目的基本依据。我国《企业会计准则》将会计要素划分为资产、负债、所有者权益、收入、费用和利润六大类。其中，资产、负债和所有者权益三个要素反映企业的财务状况。资产代表企业拥有或者控制的、预期会给企业带来经济利益的资源；负债是预期会导致经济利益流出企业的现时义务；企业资产扣除负债后的剩余权益，就是所有者权益。收入、费用和利润三个要素反映企业的经营成果，各种收入和费用配比相抵后的差额，就是利润，它反映企业在一定会计期间的经营成果。

会计要素之间特定的平衡关系可以用会计等式来表示。会计等式是设置账户、复式记账和编制会计报表的理论依据。企业的经济业务即会计事项，可以归纳为四大类、九种情况。经济业务的发生会引起各项资产、负债和所有者权益发生增减变动，但是，无论发生什么经济业务，都不会破坏会计等式的平衡关系。因此，会计等式不仅是静态的平衡，也是动态的平衡。

会计要素的确认和计量，是将某一项目作为一项资产、负债、所有者权益、收入、费用或其他要素，同时以文字和数字加以描述，正式地列入财务报表的过程。会计意义上的计量，是指为了在资产负债表和利润表中确认和计列有关财务报表的要素而确定其货币金额的过程。这一过程涉及取决于计量单位和计量属性等计量基础的选择。

可以选择的计量属性有历史成本、重置成本、可变现净值、现值和公允价值等。

第一节　会计要素

会计要素是对会计核算对象进行的基本分类，是会计核算对象的具体化。会计对象是再生产过程中的资金运动，具体表现为各个会计个体的经济业务。从会计实务和具体操作角度考虑，为了全面、系统、正确地反映和监督各个会计主体的经济业务，需要对会计对象进一步具体化，按一定的标准加以系统、科学的分类，以便客观、及时地提供会计信息，满足会计信息使用者的需求。会计上将这种对会计核算对象进行的基本分类，称为会计要素。因此，会计要素是账户所要核算和监督内容的高度概括，它不仅是设置会计科目、进行会计确认和计量的依据，也是设定财务报表结构和内容的基础。

根据《企业会计准则》的规定，会计要素按照其性质分为资产、负债、所有者权益、收入、费用和利润。其中，资产、负债和所有者权益要素侧重于反映企业一定日期的财务状况，是资金运动的静态体现；收入、费用和利润要素则侧重于反映企业一定时期的经营成果，是资金运动的动态体现。

事业单位的会计要素分为资产、负债、净资产、收入和支出五大类。

一、资产

资产是指由于过去的交易或者事项形成的、由企业拥有或者控制的、预期会给企业带来经济利益的资源。拥有或控制一定数量的资产，是企业、事业单位或非营利组织等会计主体进行日常经营活动必要的物质条件和前提。资产可以是有形的实物资产，也可以是无形的金融资产、无形资产或债权等。

（一）资产的特征

根据资产的定义，它具有以下几个方面的特征：

1. 资产是由过去的交易或事项形成的

资产必须是企业通过已经完成的交易或事项取得的现实资产。这里的交易或事项包括购买、生产、建造、接受投资等活动，但企业预期在未来发生的交易或者事项，如谈判中的交易或计划中的经济业务可能形成的预期资产，不能确认为企业的资产。

2. 资产是企业拥有或控制的

企业享有某项资源的法定所有权，由此就拥有从资产中获取经济利益的权利。或者虽然在法律上企业不拥有该经济资源，但这些资源完全能够被企业控制和支配，并从中获取经济利益。例如融资租入的固定资产，虽然企业并不拥有其法定所有权，但是承租企业有权支配资产并从中获得经济利益。

3. 资产预期能给企业带来经济利益

资产应该具有直接或者间接导致现金和现金等价物流入企业的潜力。能够为企业带来经济利益，是确认为资产的前提条件。给企业带来经济利益的最终表现是直接或间接地引起企业现金或现金等价物的净流入。如货币资金可以用于购买所需要的物资、用于归还债务、用于利润分配；固定资产、无形资产能给企业带来生产能力，债权可以收回货款等，都是为企业带来经济利益。

4. 资产应该是能用货币计量的经济资源

在对会计要素进行定性的同时，要进行定量。而货币计量的会计假设要求资产应该能够用货币进行计量。有些经济资源，如人力资源、企业自创的商誉等，尽管能给企业带来经济利益，但如果无法用货币计量，也不能确认为资产。

（二）资产的内容

资产按其流动性不同，通常可分为流动资产和非流动资产。所谓流动性，是指资产的变现能力。

1. 流动资产

流动资产是指预计在 1 年内或超过 1 年的一个营业周期内变现、出售或耗用的资产，主要包括库存现金、银行存款、交易性金融资产、应收账款、应收票据、预付账款、其他应收款、存货、合同资产、持有待售资产等。

2. 非流动资产

非流动资产是指流动资产以外的资产，主要包括长期债权投资、其他债权投资、其他权益工具投资、长期应收款、长期股权投资、投资性房地产、开发支出、使用权资产、固定资产、在建工程、无形资产、长期待摊费用、递延所得税资产、其他非流动资产等。

其中，库存现金、银行存款、应收账款、应收票据、债权投资、股权投资、贷款、基金投资等属于金融资产。

课堂讨论题 1

根据资产的特点，下列项目中，属于企业资产的有(　　)。

A. 委托外单位加工的材料

B. 企业新聘用的经理所带来的庞大客户资源

C. 引起人们慕名抢购的企业新产品的口碑

D. 融资租入的生产设备

二、负债

负债是指企业过去的交易或事项所形成的、预期会导致经济利益流出企业的现时义务。

企业的债务需要在未来用货币资产或实物资产进行偿还，也可以用提供劳务的方式予以清偿，并导致经济利益流出企业。

(一)负债的特征

根据负债的定义，负债具有以下几个方面的特征：

1. 负债是企业承担的现时义务

负债必须是企业承担的现时义务，它是负债的一个基本特征。其中，现时义务是指企业在现行条件下已承担的义务，未来发生的交易或者事项将要形成的义务，不应当确认为负债。

现时既可以是法定义务，也可以是推定义务。例如，企业向银行贷款形成的借款、企业按照《税法》规定应当交纳的税款等，是在法律意义上需要强制执行的、具有约束力的合同或者法律法规规定的法定义务。推定义务是指根据企业多年来的习惯做法、公开的承诺或者公开宣布的政策而导致企业将承担的责任，例如，根据销售政策规定企业预期将为售出商品提供的售后保修服务。

2. 负债的清偿会导致经济利益流出企业

预期会导致经济利益流出企业也是负债的一个本质特征。只有企业在履行义务时会导致经济利益流出企业的，才符合负债的定义；如果不会导致企业经济利益流出的，就不符合负债的定义。在履行现时义务清偿负债时，导致经济利益流出企业的形式多种多样，例如用现金偿还或以实物资产形式偿还，以提供劳务形式偿还，以部分转移资产、部分提供劳务形式偿还，将负债转为资本等。

3. 负债是由过去的交易或事项形成的

负债是由于企业过去发生的交易或事项所产生的现时义务。如从银行取得借款、从供货方赊购商品、预收客户货款等过去实际发生的交易或事项，才能构成企业的负债；如果只是计划、协议中的经济业务或谈判中的交易事项，就不能确认为企业的负债。

课堂讨论题 2

根据战略发展规划，企业需要筹集 30 亿元左右的资金，用于收购大股东矿产资源，制定的融资方式包括争取银行贷款 1 亿元，已通过董事会及股东大会决议，启动再融资计划，计划以每股 3 元的价格增发股票 10 亿股，实际增发价定为 2.8 元。银行贷款额度已得到批准，实际到账金额 6 000 万元，应该确认的负债是(　　)亿元。

A. 1　　B. 0.6　　C. 30　　D. 29　　E. 31　　F. 28.6

(二)负债的内容

负债按照流动性，可分为流动负债和非流动负债。这里的流动性，是指债务偿还期的长短。

流动负债是指将在 1 年或者超过 1 年的一个营业周期内偿还的债务，包括短期借款、交易性金融负债、应付票据、应付账款、预收账款、应付职工薪酬、应交税费、其他应付款等。

非流动负债是指偿还期在 1 年或超过 1 年的一个营业周期以上的债务，包括长期借款、长期应付款、预计负债、递延收益、递延所得税负债等。

三、所有者权益

所有者权益是指企业资产扣除负债后，由所有者享有的剩余权益，即所有者对企业净资产的要求权，在数量上等于企业全部资产减去全部负债后的余额。公司的所有者权益又称股东权益。

所有者权益既可反映所有者投入资本的保值增值情况，又体现了保护债权人权益的理念。

负债人格化为债权人，企业所有者人格化为股份公司的股东、合伙企业的合伙人和独资企业的业主。他们把资源投入企业，供企业在生产经营中运用。从广义的角度，他们都是投资者，预期从投资中得到经济利益，具体表现为债券利息或股票股利，并希望将来能收回本金。

所有者权益的来源包括所有者投入的资本、直接计入所有者权益的利得和损失、企业实现的留存收益等，具体包括实收资本(或股本)、资本公积(含股本溢价或资本溢价、其他资本公积)、盈余公积、其他综合收益和未分配利润。商业银行等金融企业在税后利润中提取的一般风险准备，也构成所有者权益。

所有者投入的资本是指所有者投入企业的所有资本部分，它既包括构成企业注册资本或者股本部分的金额，也包括投入资本超过注册资本或者股本部分的金额，即资本溢价或者股本溢价。

直接计入所有者权益的利得，是指由企业非日常活动所形成的、会导致所有者权益增加的、与所有者投入资本无关的经济利益的流入。直接计入所有者权益的损失，是指由企业非日常活动所发生的、会导致所有者权益减少的、与向所有者分配利润无关的经济利益的流出。

留存收益是企业历年实现的净利润留存于企业的部分，主要包括累计计提的盈余公积和未分配利润。

上述反映企业财务状况的资产、负债和所有者权益三个要素，构成企业资产负债表的内容。

四、收入

收入是指企业在日常活动中形成的、会导致所有者权益增加的、与所有者投入资本无关的经济利益的总流入。即企业在日常销售商品、提供劳务及让渡资产使用权等活动中形成的经济利益的总流入，具体表现为资产的取得或债务的清偿，并最终引起所有者权益的增加。会计准则中的收入概念，主要是指企业的营业收入，包括主营业务收入和其他业务收入。

根据收入的定义，收入具有以下几方面的特征：

(一)收入是企业在日常活动中形成的

日常活动是指企业为完成其经营目标所从事的经常性活动以及与之相关的活动。例如，工业企业制造并销售产品、商业企业销售商品、保险公司签发保单、咨询公司提供咨询服务、软件企业为客户开发软件、商业银行对外贷款等，均属于企业的日常活动。明确界定日常活动是为了将收入与利得区分，因为企业非日常活动所形成的经济利益的流入不能确认为收入，而应当计入利得。

(二)收入是与所有者投入资本无关的经济利益的总流入

收入应当会导致经济利益的流入，从而导致资产的增加。例如，企业销售商品，应当收到现金或者在未来有权收到现金，才表明该交易符合收入的定义。但是在实务中，经济利益的流入有时是由所有者投入资本的增加所导致的，所有者投入资本的增加不应当确认为收入，应当将其直接确认为所有者权益。

(三)收入会导致所有者权益的增加

与收入相关的经济利益的流入应当会导致所有者权益的增加。不会导致所有者权益增加的经济利益的流入不符合收入的定义，不应确认为收入。企业对于因借入款项所导致的经济利益的增加，不应将其确认为收入，应当确认为一项负债。

收入有广义和狭义之分。狭义的收入是指营业收入，指企业在日常活动中形成的、会导致所有者权益增加的、与所有者投入资本无关的经济利益的总流入。它包括商品销售收入、劳务收入、利息收入、使用费收入、租金收入、股利收入等。从广义的角度看，投资收益和营业外收入也会引起企业经济利益的流入，应该与营业收入一样，属于企业的收入，但由于不属于企业的日常经营活动，通常不纳入准则意义上的收入范畴，而是称为利得。

根据新的收入准则，企业应当在履行了合同中的履约义务，即在客户取得相关商品控制权时确认收入。取得相关商品控制权，是指能够主导该商品的使用并从中获得几乎全部的经济利益。并设定了统一的收入确认计量的五步法模型，即客户取得相关商品控制权时确认收入，通常要区分以下五个步骤：识别与客户订立的合同、识别合同中的单项履约义务、确定交易价格、将交易价格分摊至各单项履约义务、履行每一单项履约义务时确认收入。

课堂讨论题 3

下列情况中,应该确认为企业收入的事项有(　　)。

A. 最终导致客户购买了产品的免费服务

B. 企业签订了预售产品的合同

C. 收到房屋出租的保证金

D. 因为提供了一周的送货服务而免去了以前的欠款

五、费用

费用是指企业在日常活动中发生的、会导致所有者权益减少的、与向所有者分配利润无关的经济利益的总流出。即企业在生产和销售商品、提供劳务等日常经营活动中为获取经济利益而发生的经济利益的流出。费用是企业获取收入的必要代价,费用的发生必然会引起资产的减少或负债的增加,并最终导致企业所有者权益的减少。

费用也有广义和狭义之分。狭义的费用是指营业费用,指企业在日常活动中发生的、会导致所有者权益减少的、与向所有者分配利润无关的经济利益的总流出。它包括与销售商品等所产生的收入直接相关的销售成本以及与具体收入无关但与一定期间总收入相关的费用,如管理费用、财务费用和销售费用等。广义的费用除包括狭义的费用外,还包括非日常活动中所形成的、与向所有者分配利润无关的经济利益的流出,即损失。

费用与成本既有区别,又有联系。简单地说,费用是某段期间所发生的资源的耗费,而成本是取得资源的代价,或是对象化的费用。

企业为生产产品、提供劳务等发生的可归属于产品成本、劳务成本等的费用,应当在确认产品销售收入、劳务收入等时,将已销售产品、已提供劳务的成本计入当期损益。

六、利润

利润是企业在一定会计期间的经营成果,是企业在经营过程中各种收入和费用配比相抵后的净额、直接计入当期利润的利得和损失等。其中,收入减去费用后的净额反映的是企业日常活动的业绩,直接计入当期利润的利得和损失反映的是企业非日常活动的业绩。直接计入当期利润的利得和损失,是指应当计入当期损益、最终会引起所有者权益发生增减变动的、与所有者投入资本或者向所有者分配利润无关的利得或者损失。

利润往往是评价企业管理层业绩的一项重要指标,也是投资者等财务报告使用者进行决策时的重要参考。企业应当严格区分收入与利得、费用与损失之间的区别,以更加全面地反映企业的经营业绩。

利润的构成内容按其不同层次,可分为营业利润、利润总额和净利润。营业利润,是指营业收入减去营业成本(主营业务成本、其他业务成本)、税金及附加、销售费用、管理费用、财务费用、资产减值损失,并考虑公允价值变动收益、其他收益、投资收益后的差额。利润总额是指营业利润加上营业外收入,减去营业外支出后的金额。净利润是指利润总额减去所得税费用后的金额。

上述反映企业经营成果的收入、费用和利润三个要素，构成企业利润表的内容。

从会计原理或基础工作规范角度来看，各类单位基本相同，但行政事业单位的经济活动采用的是收付实现制而不是权责发生制，导致行政事业单位会计要素的设置及其定义与企业有所区别。行政事业单位要求编制资产负债表以及收入和支出表(类似企业的利润表)，并相应设置五项会计要素，包括资产、负债、净资产、收入和支出。本书主要以企业为例进行说明。

会计对象按会计要素进行科学分类，是设置会计科目的基本依据，对正确进行会计核算、编制会计报表具有重要意义。

从会计要素的角度来看，不仅资产、负债和所有者权益三要素之间，以及收入、费用和利润三要素之间的关系密不可分，而且反映企业财务状况的三要素与反映企业经营成果的三要素之间也有着内在的联系。它们之间的关系，可以用会计等式来表示。

第二节　会计等式

如前所述，会计要素之间有着必然的联系。作为一个会计主体，无论其所有制形式和组织方式如何，要从事经济活动，实现其经营目标，都要有一定数量的经济资源作为物质基础。经济资源必然有其具体的表现形式和存在形式，分布在日常经营活动的各个方面，可以是有形的，也可以是无形的。

一、会计等式的含义

企业的经济资源必然有其取得的来源，或是投资者投入的资本，或是企业生产经营过程中形成的利润，或是债权人提供的借入资金，或是处于结算中的欠款等。同时，在投资者投入或债权人提供一定数量的资源时，也享有对企业资源的要求权，即权益。权益是资产提供者对企业资产拥有的要求权，包括债权人权益和所有者权益。债权人拥有要求按期还本付息的权利，称为债权人权益，会计上将债权人权益称为企业的负债。企业的投资者对企业净资产的要求权，称为所有者权益或股东权益。

企业的资产和权益代表着资源的两个方面：资产是企业经济资源的占用形式，表明企业拥有哪些经济资源和拥有多少经济资源；权益是对企业资产享有的要求权，表明是谁提供了这些经济资源，谁对这些经济资源享有要求权。所以，没有资产就没有权益，没有权益也就没有资产。一个企业有多少资产，就有多少权益，权益的大小是以资产的金额来计量的；反之，负债和所有者权益的多少，也代表着企业的资产规模和生产能力。因此，从货币计量角度看，一个企业的资产总量应等于负债和所有者权益的总量。

会计要素之间这种特定的平衡关系用公式表示，通常称为会计等式，或称为会计恒等式，即：

资产＝权益

或

资产＝负债＋所有者权益

如果一个企业没有负债，所有的资源全部由投资人提供，企业的所有资产全部归投资人所有，则企业的权益总额就是所有者权益合计。

会计等式不仅表明了资产、负债和所有者权益三个会计基本要素之间的数量关系，同时也包含着收入、费用和利润的因素。因为收入会引起资产的增加或负债的减少，并增加利润；费用的发生会引起资产的减少或负债的增加，并减少利润；而利润则是企业各种收入和费用配比相抵后的差额，利润的实现必然会引起资产或负债的变动，并最终导致所有者权益的变动。在会计期末，各种收入和费用配比相抵后所计算的利润按规定程序进行分配以后的留存收益，会使得企业的所有者权益增加。如果收入不足以抵补费用而发生亏损，则使得企业的所有者权益减少。变动以后，会计等式仍会保持平衡。

因此，会计等式不仅反映了资产、负债和所有者权益的关系，而且也反映了收入、费用和利润的增减变动结果。即：

收入－费用＝利润

在任何时候、任何场合，会计要素之间这种特定的平衡关系始终存在。

会计等式是设置账户、复式记账和编制会计报表的理论依据，在会计核算中有着重要地位。

二、经济业务对会计等式的影响

会计等式中资产、负债和所有者权益的金额，反映的是某一特定日期会计要素的静态指标和数量关系，表明该日期企业财务状况的基本结构。

（一）会计事项

企业在生产经营过程中必然会发生各种各样的经济业务，在会计上称为会计事项。会计事项可以分为内部会计事项和对外会计事项。凡是不涉及企业本身以外的会计个体的会计事项，称为内部会计事项。内部会计事项主要是企业内部费用、成本、收入等事项的确认、调整和结转。例如，领用材料、固定资产折旧的计提、应收账款坏账准备的计提、利润的结转等。凡是以会计主体为中心而与外界发生的交易行为，即涉及企业本身以外会计个体的业务，称为对外会计事项。例如，购买原材料、向供货方支付货款、归还银行借款、向客户销售产品、向债权人筹集资金等。

会计事项的发生必然会对会计要素产生影响，引起各项资产、负债和所有者权益发生增减变动。但是，无论发生什么经济业务，都不会破坏会计等式中各个会计要素之间的平衡关系。

（二）会计事项对会计等式的影响

下面举例说明企业的经济业务对会计等式的影响。

（1）假设艾米公司 2020 年 10 月 31 日的资产、负债和所有者权益的状况如表 2－1 所示。

表 2－1　　**艾米公司资产负债表**

2020 年 10 月 31 日　　单位：元

资　产	金　额	负债及所有者权益	金　额
库存现金	500	短期借款	5 000
银行存款	70 000	应付账款	12 000

续表

资 产	金 额	负债及所有者权益	金 额
应收账款	30 000	应付票据	20 000
原材料	30 000	实收资本	450 000
固定资产	500 000	资本公积	30 000
无形资产	19 500	未分配利润	133 000
总 计	650 000	总 计	650 000

(2)该公司11月发生以下经济业务：

[业务1] 从小规模纳税人处购买材料，取得的发票金额为2 000元，货款未付。

这项业务发生后，资产项目“原材料”增加了2 000元，资产总额变为652 000元；货款未付，则使得负债(权益)项目“应付账款”增加了2 000元，权益总额同时变为652 000元。变动以后，资产与权益的总额仍保持平衡关系。它对会计等式的影响如下：

	资 产	=	负 债	+	所有者权益
	原材料		应付账款		
(1)	+2 000		+2 000		
变动额	2 000	=	2 000		

[业务2] 接受投资者投入一项专利技术，合同中确认价值为20 000元，与公允价值基本一致，该项专利已经投入使用。

这项业务的发生，一方面，使得企业无形资产增加20 000元，资产总额变为672 000元；另一方面，使得企业的实收资本，即所有者权益增加20 000元，权益总额变为672 000元。变动以后，资产与权益的总额仍保持平衡关系。它对会计等式的影响如下：

	资 产		=	负 债	+	所有者权益
	原材料	+无形资产		应付账款	+	实收资本
原变动	+2 000			+2 000		
(2)		+20 000				+20 000
新变动	2 000	+20 000	=	2 000		+20 000

[业务3] 开出支票，偿还短期借款4 000元。

这项业务发生后，银行存款减少了4 000元，资产总额变为668 000元；短期借款也减少了4 000元，权益总额变为668 000元。变动以后，资产与权益的总额仍保持平衡关系。它对会计等式的影响如下：

	资 产					=	负 债			+	所有者权益
	银行存款	+	原材料	+	无形资产		应付账款	+	短期借款	+	实收资本
原变动			+2 000		+20 000		+2 000				+20 000
(3)	−4 000								−4 000		
新变动	−4 000		+2 000		+20 000	=	+2 000		−4 000		+20 000

[业务4] 以银行存款购买一项管理用设备，确认成本并投入使用固定资产10 000元。

这项业务发生后，固定资产增加了10 000元，同时银行存款减少了10 000元。该项业务的发生，引起资产内部两个项目之间以相等的金额发生增减变动，是资产形态的转化，并没有引起资产总额的变动，更不涉及负债和所有者权益项目。因此，资产与权益的总额仍保持平衡关系。它对会计等式的影响如下：

	资产				=	负债		+所有者权益
	银行存款 +	原材料 +	无形资产 +	固定资产		应付账款 +	短期借款	+ 实收资本
原变动	−4 000	+2 000	+20 000			+2 000	−4 000	+20 000
(4)	−10 000			+10 000				
新变动	−14 000	+2 000	+20 000	+10 000	=	+2 000	−4 000	+20 000

[业务5]　开出面值为6 000元、期限为60天的不计息商业承兑汇票，抵付应付的材料款。

这项业务发生后，应付账款减少了6 000元，同时应付票据增加了6 000元。该项业务的发生，引起负债(权益)内部两个项目之间以相等的金额发生增减变动，即一种负债(权益)转化为另一种负债(权益)，并没有引起负债和所有者权益总额的变动，更不涉及资产项目。因此，资产与权益的总额仍保持平衡关系。它对会计等式的影响如下：

	资产				=	负债			+所有者权益
	银行存款 +	原材料 +	无形资产 +	固定资产		应付账款 +	短期借款 +	应付票据 +	实收资本
原变动	−14 000	+2 000	+20 000	+10 000		+2 000	−4 000		+20 000
(5)						−6 000		+6 000	
新变动	−14 000	+2 000	+20 000	+10 000	=	−4 000	−4 000	+6 000	+20 000

[业务6]　公司将资本公积10 000元转增资本。

这项业务会引起所有者权益内部两个项目之间以相等的金额发生增减变动，即一种所有者权益转化为另一种所有者权益，使资本公积减少10 000元，实收资本增加10 000元，但资产与权益的总额仍保持平衡关系。它对会计等式的影响如下：

	资产				=	负债			+所有者权益	
	银行存款+	原材料 +	无形资产+	固定资产		应付账款+	短期借款+	应付票据+	实收资本+	资本公积
原变动	−14 000	+2 000	+20 000	+10 000		−4 000	−4 000	+6 000	+20 000	
(6)									+10 000	−10 000
新变动	−14 000	+2 000	+20 000	+10 000	=	−4 000	−4 000	+6 000	+30 000	−10 000

[业务7]　因经济危机的影响，公司缩减投资规模，退回公司投资人15 000元，用银行存款支付。

这项业务会引起资产项目"银行存款"和所有者权益项目"实收资本"同时以相等的金额减少15 000元，使资产与权益的总额减少为653 000元，但仍保持平衡关系。它对会计等式的影响如下：

	资产				=	负债			+所有者权益	
	银行存款+	原材料 +	无形资产+	固定资产		应付账款+	短期借款+	应付票据+	实收资本+	资本公积
原变动	−14 000	+2 000	+20 000	+10 000		−4 000	−4 000	+6 000	+30 000	−10 000
(7)	−15 000								−15 000	
新变动	−29 000	+2 000	+20 000	+10 000	=	−4 000	−4 000	+6 000	+15 000	−10 000

[业务8]　由于特殊原因，公司确认一项应付票据6 000元无法归还。

这项业务会引起资产和所有者权益两个项目的变化，在引起负债项目“应付票据”减少6 000元的同时，引起所有者权益项目“未分配利润”以相等的金额增加，即一项负债转化为一项所有者权益，但资产与权益的总额仍保持平衡关系。它对会计等式的影响如下：

	资　产				＝ 负　债			＋所有者权益		
	银行存款＋	原材料	＋无形资产＋	固定资产	应付账款＋	短期借款＋	应付票据＋	实收资本＋	资本公积＋	未分配利润
原变动	−29 000	＋2 000	＋20 000＋	10 000	−4 000	−4 000	＋6 000	＋15 000	−10 000	
(8)							−6 000			＋6 000
新变动	−29 000	＋2 000	＋20 000＋	10 000 ＝	−4 000	−4 000	＋0	＋15 000	−10 000	＋6 000

［业务9］ 公司宣告分配现金股利8 000元。

这项业务会引起资产和所有者权益两个项目的变化，在引起负债项目“应付股利”增加8 000元的同时，引起所有者权益项目“未分配利润”以相等的金额减少，即一项所有者权益转化为一项负债，但资产与权益的总额仍保持平衡关系。它对会计等式的影响如下：

	资　产				＝ 负　债			＋所有者权益		
	银行存款＋	原材料	＋无形资产＋	固定资产	应付账款＋	短期借款＋	应付股利＋	实收资本＋	资本公积＋	未分配利润
原变动	−29 000	＋2 000	＋20 000	＋10 000	−4 000	−4 000		＋15 000	−10 000	＋6 000
(9)							＋8 000			−8 000
新变动	−29 000	＋2 000	＋20 000	＋10 000＝	−4 000	−4 000	＋8 000	＋15 000	−10 000	−2 000

(3)这些经济业务引起的资产、负债和所有者权益的增减变动及结果可以用表2—2和表2—3表示。

表2—2　　艾米公司2020年11月30日有关账户的发生额　　单位：元

账户名称	借方发生额	贷方发生额
库存现金	0	0
银行存款	0	29 000
应收账款	0	0
原材料	2 000	0
固定资产	10 000	0
无形资产	20 000	0
短期借款	4 000	0
应付账款	6 000	2 000
应付票据	6 000	6 000
应付股利	0	8 000
实收资本	15 000	30 000
资本公积	10 000	0
未分配利润	8 000	6 000
合　计	81 000	81 000

表 2—3　　艾米公司资产、负债及所有者权益的增减变动及结果　　单位:元

会计要素	资　产				负债及所有者权益				
项　目	增减前金额	增加金额	减少金额	增减后金额	项　目	增减前金额	增加金额	减少金额	增减后金额
库存现金	500			500	短期借款	5 000		(3)4 000	1 000
银行存款	70 000		(3)4 000	41 000	应付账款	12 000	(1)2 000	(5)6 000	8 000
			(4)10 000		应付票据	20 000	(5)6 000	(8)6 000	20 000
			(7)15 000		应付股利		(9)8 000		8 000
应收账款	30 000			30 000	实收资本	450 000	(2)20 000 (6)10 000	(7)15 000	
原材料	30 000	(1)2 000		32 000					465 000
固定资产	500 000	(4)10 000		510 000	资本公积	30 000		(6)10 000	20 000
无形资产	19 500	(2)20 000		39 500	未分配利润	133 000	(8)6 000	(9)8 000	131 000
总　计	650 000	32 000	29 000	653 000	总　计	650 000	52 000	49 000	653 000

从表 2—3 中可以看出,经济业务发生后,资产的合计数与权益的合计数仍然相等。

(4)结论。

上述举例证明,经济业务的发生会导致资产、负债和所有者权益的增减变动,但不会破坏会计等式中资产、负债和所有者权益之间的平衡关系。

(三)经济业务的类型

(1)一个企业的经济业务纷繁复杂,但从引起的资产项目和权益项目的增减变动来看,不外乎以下四大类:

第一类,经济业务的发生,引起资产项目与负债及所有者权益项目同时增加,左右双方增加的金额相等,资产与权益的总额仍保持平衡关系,如业务 1 和业务 2。

第二类,经济业务的发生,引起资产项目与负债及所有者权益项目同时减少,左右双方减少的金额相等,资产与权益的总额仍保持平衡关系,如业务 3 和业务 7。

第三类,经济业务的发生,引起资产项目之间以相等的金额发生增减变动,是一种资产转化成另一种资产,没有引起资产总额与权益总额的任何变动,所以,等式仍然保持平衡关系,如业务 4。

第四类,经济业务的发生,引起负债或所有者权益项目同时以相等的金额发生增减变动,是一种权益转化成另一种权益,没有引起资产总额与权益总额的任何变动,所以,等式两边的资产总额与权益总额仍保持平衡关系,如业务 5、业务 6、业务 8 和业务 9。

以上四种类型可表示为图 2—1。

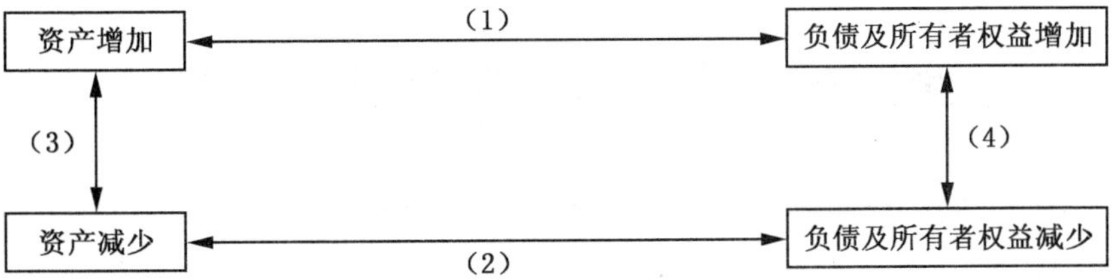

图 2—1　经济业务的类型

(2)将上述四种类型的经济业务进一步分类,具体表现为以下九种情况:

①一项资产增加,一项负债增加,会计等式左右两方同时等额增加,如业务 1。

②一项资产增加,一项所有者权益增加,会计等式左右两方同时等额增加,如业务 2。

③一项资产减少,一项负债减少,会计等式左右两方同时等额减少,如业务 3。

④一项资产减少,一项所有者权益减少,会计等式左右两方同时等额减少,如业务 7。

⑤一项资产增加,另一项资产减少,资产总额不变,会计等式左右两方总额不变,如业务 4。

⑥一项负债增加,另一项负债减少,负债总额不变,会计等式左右两方总额不变,如业务 5。

⑦一项所有者权益增加,另一项所有者权益减少,所有者权益总额不变,会计等式左右两方总额不变,如业务 6。

⑧一项负债减少,一项所有者权益增加,会计等式左右两方总额不变,如业务 8。

⑨一项负债增加,一项所有者权益减少,会计等式左右两方总额不变,如业务 9。

课堂讨论题 4

是否所有的会计事项都会引起会计要素的增减变动,并导致企业资产总额的增加或减少?取得收入和发生费用的业务是如何影响会计等式的?

(四)收入与费用的增减变动对会计等式的影响

当企业发生确认收入的业务时,或者表现为资产要素和收入要素同时增加,或者在增加收入时使得企业负债相应减少。例如,企业因提供劳务取得了 3 000 元的现金收入,会使得企业的现金资产和营业收入同时增加 3 000 元。而营业收入的增加,最终会使得本年利润项目增加。

企业发生了费用,会引起资产要素的减少和费用要素的增加,或者在增加费用时增加负债。例如,企业支付本月房屋租金 2 800 元,会使得企业的资产项目中的银行存款减少 2 800 元,管理费用增加 2 800 元,而费用增加最终会使得所有者权益项目中的本年利润减少,由此引起资产和权益同时减少了 2 800 元。

期末,利润按规定程序进行分配以后的留存收益,会使得企业的所有者权益增加。变动以后,会计等式仍会保持平衡。

综上所述,每一项经济业务的发生,都会引起会计要素的增减变动:或是引起会计等式某一会计要素增加的同时,另一会计要素等额地减少;或是引起会计等式左右两方同时发生等额的增减变化。但是,无论怎样变化,都不会破坏会计等式中各会计要素之间的平衡关系。所以说,会计等式是一个恒等式,它不仅是一个静态平衡,而且能保持动态平衡。

第三节 会计要素的确认与计量

对于会计主体的经济活动过程的会计处理,实际上可以归纳为对前述会计要素的确认、计量及报告的过程。

一、会计要素的确认

所谓确认，是将某一项目作为一项资产、负债、所有者权益、收入、费用或其他要素，同时以文字和数字加以描述，正式地列入财务报表的过程。一个已被确认的项目，其金额一定包括在财务报表的项目中。

而广义上的确认概念可以把会计上的记录、计量和在财务报表上的报告这三个过程都包括在内。具体表现为两个方面：第一，通过记账确定记录的时间、金额和要素名称；第二，通过结账和编制财务报表确定列入财务报表项目的时间和金额。

会计要素确认时间的选择会涉及职业判断，尤其是收入的确认。同时，会计要素的确认还涉及计量问题，因为如果某一项目符合定义，但无法计量，也就无从确认。此外，确认还涉及人们对会计信息质量的评价和侧重。例如，当重视会计信息的可靠性时，就会采用权责发生制为确认标准，包括平时记录或财务报表上的披露，都倾向于按历史成本来表现。也就是说，必须按一个确定性的时间和金额来确认一项要素。而当侧重会计信息的相关性时，就会考虑并确认价格变动的影响，其结果又反过来影响计量基础的选择。

我国会计准则对会计要素的确认要求是，即使资产或负债符合资产或负债的定义，如果不能同时满足经济利益很可能流入或流出企业，以及金额能够可靠计量这两个条件，仍然不能确认为资产负债表上的资产或负债。这也为资产负债表的未来扩展提供了基础。

二、会计要素的计量

计量问题是财务会计的核心问题。会计意义上的计量，是指为了在资产负债表和利润表中确认和计列有关财务报表的要素而确定其货币金额的过程。这一过程涉及取决于计量单位和计量属性等计量基础的选择。

从基本概念来说，计量主要是由计量单位和计量属性两方面内容所构成。计量属性是指计量对象所具有的性质和特征。如购买一项生产用固定资产，其特征应当是使用；而购买一项投资性房地产，则其特征应当是出售或出租。前者人们关注的是使用价值的问题，而对价值的变动可能不太关心，而后者的价值变动则是人们关注的重点。在货币充当记账单位或通用标准的前提下，可以选择的计量属性有历史成本、重置成本、可变现净值、现值和公允价值等。

1. 历史成本

在历史成本计量下，资产是按照购置它们所付出的现金或现金等价物的金额，或是按照购置资产时所付出的对价的公允价值加以记录的。负债是按照因承担现时义务而实际收到的款项或者资产的金额，或者承担现时义务的合同金额，或者按照日常活动中为偿还负债预期需要支付的现金或者现金等价物的金额加以记录的。

2. 重置成本

重置成本也称现时成本。在重置成本计量下，资产是按照目前购买相同或类似资产所需支付的现金或现金等价物的金额加以记录的；负债则是按照目前偿付该项债务所需支付的现金或现金等价物的金额加以记录的。

3. 可变现净值

在可变现净值计量下，资产是按照目前其在正常对外销售所能收到现金或现金等价物的金额，并扣减该资产至完工时估计将来发生的成本、估计的销售费用以及相关税费后的金额加以记录的。

4. 现值

在现值计量下，资产按照预计从其持续使用和最终处置中所产生的未来净现金流入量的折现金额计量；负债按照预计期限内需要偿还的未来净现金流出量的折现金额计量。

5. 公允价值

在公允价值计量下，资产和负债按照在公平交易中熟悉情况的交易双方自愿进行资产交换或者债务清偿的金额计量。

计量属性的选择取决于财务报告使用者的信息需要。由于各种不同类型的使用者对信息的需求情况是不可能完全相同的，因此，对计量属性的选择也就存在着差别。

因此，企业在对会计要素进行计量时，一般应当采用历史成本，而在采用重置成本、可变现净值、现值或公允价值计量时，应当保证所确定的会计要素金额能够取得并可靠计量。

重要术语

会计要素——对会计核算对象进行的基本分类，是会计核算对象的具体化。

资产——由于过去的交易或者事项形成的、由企业拥有或者控制的、预期会给企业带来经济利益的资源。

负债——企业过去的交易或事项所形成的、预期会导致经济利益流出企业的现时义务。

所有者权益——企业资产扣除负债后由所有者享有的剩余权益，即所有者对企业净资产的要求权，在数量上等于企业全部资产减去全部负债后的余额。公司的所有者权益又称股东权益。

收入——企业在日常活动中形成的、会导致所有者权益增加的、与所有者投入资本无关的经济利益的总流入，即企业在日常销售商品、提供劳务及让渡资产使用权等活动中形成的经济利益的总流入。

费用——企业在日常活动中发生的、会导致所有者权益减少的、与向所有者分配利润无关的经济利益的总流出，即企业在生产和销售商品、提供劳务等日常经营活动中为获取经济利益而发生的经济利益的流出。

利润——企业在一定会计期间的经营成果，是企业在经营过程中各种收入和费用配比相抵后的净额、直接计入当期利润的利得和损失等。

会计等式——用公式表示的会计要素之间特定的数量平衡关系，即“资产＝负债＋所有者权益”，它是设置账户、复式记账和编制会计报表的理论依据。

内部会计事项——企业在经营过程中发生的不涉及企业本身以外会计个体的各种经济业务。

对外会计事项——企业经营过程中发生的涉及企业本身以外会计个体的各种经济业务。

会计确认——将某一项目作为一项资产、负债、所有者权益、收入、费用或其他要素，同时以文字和数字加以描述，正式地列入财务报表的过程。

会计计量——为了在资产负债表和利润表中确认和计列有关财务报表的要素而确定其货

币金额的过程。计量属性是指计量对象所具有的性质和特征。

历史成本——在历史成本计量下,资产是按照购置它们所付出的现金或现金等价物的金额,或是按照购置资产时所付出的对价的公允价值加以记录的。负债是按照因承担现时义务而实际收到的款项或者资产的金额,或者承担现时义务的合同金额,或者按照日常活动中为偿还负债预期需要支付的现金或者现金等价物的金额加以记录的。

重置成本——也称现时成本。在重置成本计量下,资产是按照目前购买相同或类似资产所需支付的现金或现金等价物的金额加以记录的。负债则是按照目前偿付该项债务所需支付的现金或现金等价物的金额加以记录的。

可变现净值——在可变现净值计量下,资产是按照目前其在正常对外销售所能收到现金或现金等价物的金额,并扣减该资产至完工时估计将来发生的成本、估计的销售费用以及相关税费后的金额加以记录的。

现值——在现值计量下,资产按照预计从其持续使用和最终处置中所产生的未来净现金流入量的折现金额计量;负债按照预计期限内需要偿还的未来净现金流出量的折现金额计量。

公允价值——在公允价值计量下,资产和负债按照在公平交易中熟悉情况的交易双方自愿进行资产交换或者债务清偿的金额计量。

复习思考题

1. 什么是资产?举例说明企业的流动资产和非流动资产项目。
2. 什么是负债?试列举几项具体的负债项目。
3. 什么是所有者权益?试列举几项具体的所有者权益项目。
4. 什么是权益?简述资产与权益的关系。
5. 收入、费用分别与所有者权益有何关系?
6. 什么是会计等式?会计等式有什么意义?
7. 为什么经济业务的发生不会破坏会计等式的平衡关系?
8. 如何理解会计要素确认的含义?
9. 会计计量属性有哪些?
10. 如何理解不同会计计量属性的含义?

自我测试题

一、单项选择题

1. 所有者对企业净资产的要求权,称为(　　)。

A. 资产　　B. 负债　　C. 所有者权益　　D. 权益

2. 下列业务中,引起资产和所有者权益同时增加的是(　　)。

A. 赊购原材料　　B. 从银行提取现金

C. 从银行取得借款　　D. 销售产品,款未收

3. 对会计核算对象进行的基本分类,称为(　　)。

A. 会计科目　　B. 会计要素　　C. 会计分录　　D. 会计账户

4. 企业用现金支付本月办公用品费500元,对会计要素的最终影响是(　　)。

A. 资产和负债同时增加　　B. 资产和负债同时减少

C. 资产减少,所有者权益增加　　D. 资产和所有者权益同时减少

5. 企业资产总额为120 000元,负债总额为50 000元,则企业所有者权益总额为(　　)元。

A. 120 000　　B. 50 000　　C. 70 000　　D. 170 000

6. 根据资产的定义,下列各项中,不属于资产特征的是(　　)。

A. 资产是企业拥有或控制的经济资源　　B. 资产能够可靠地计量

C. 资产预期会给企业带来未来经济利益　　D. 资产是由企业过去交易或事项形成的

7. 比较收入和利得,表述正确的是(　　)。

A. 收入和利得都一定会使利润增加

B. 收入源于日常活动,利得源于非日常活动

C. 收入会导致经济利益的流入,利得不一定会导致经济利益的流入

D. 收入会导致所有者权益的增加,利得不会导致所有者权益的增加

8. 以下事项中,不符合企业收入概念的是(　　)。

A. 提供劳务取得的收入　　B. 销售商品取得的收入

C. 出租投资性房地产取得的收入　　D. 报废固定资产取得的净收益

9. 资产按现在购买相同或者相似资产所需支付的现金或现金等价物的金额计量的属性称为(　　)。

A. 公允价值　　B. 重置成本　　C. 可变现净值　　D. 历史成本

10. 以下不属于企业资产的是(　　)。

A. 在途材料　　B. 融资租入的固定资产

C. 经营性租入的生产设备　　D. 企业申请的专利

二、多项选择题

1. 反映财务状况的会计要素包括(　　)。

A. 资产　　B. 负债　　C. 所有者权益　　D. 收入

2. 属于企业流动负债的项目包括(　　)。

A. 预收账款　　B. 短期借款　　C. 应付职工薪酬　　D. 应交税费

3. 企业所有者权益包括(　　)。

A. 实收资本　　B. 资本公积　　C. 未分配利润　　D. 盈余公积

4. 企业的期间费用包括(　　)。

A. 管理费用　　B. 销售费用　　C. 生产费用　　D. 财务费用

5. 下列业务中,引起资产和权益同时增加的是(　　)。

A. 购买生产设备,款未付　　B. 从银行提取现金

C. 从银行取得借款　　D. 确认本期实现的营业收入,款已收

6. 下列各项中，不符合资产会计要素定义的有(　　)。

A. 计划购买的生产设备　　B. 预付款项

C. 在途物资　　D. 预收款项

7. 企业的资产必须具备的基本特征包括(　　)。

A. 企业拥有所有权或控制权　　B. 具有可辨认性

C. 由过去的交易或事项形成　　D. 预期会给企业带来经济利益

8. 以下属于企业资产的有(　　)。

A. 经营租入的固定资产　　B. 融资租入的固定资产

C. 企业申请的专利权　　D. 交易性金融资产

9. 以下事项中，属于企业收入的有(　　)。

A. 销售商品所取得的收入　　B. 提供劳务所取得的收入

C. 罚款收入　　D. 出租机器设备取得的收入

10. 下列各项中，属于利得的有(　　)。

A. 报废固定资产的净收益　　B. 出租无形资产取得的收益

C. 库存现金的溢余　　D. 以现金清偿债务形成的债务重组收益

三、判断题

1. 财务状况是指企业一定日期的资产、负债和所有者权益情况，是企业资金运动相对静止状态时的表现。(　　)

2. 资产是指由企业拥有或者控制的、预期会给企业带来经济利益的实物资源。(　　)

3. 企业的债务必须在未来用货币资产或实物资产偿还。(　　)

4. 企业经济利益的总流入，统称为收入。(　　)

5. 任何经济业务的发生，都会引起会计要素的增减变动，并导致企业资产总额的增加或减少。(　　)

6. 一般情况下，对于会计要素的计量，应采用历史成本计量属性。(　　)

7. 对于会计要素的计量，应当采用公允价值计量属性。(　　)

8. 收入最终会导致所有者权益的增加。(　　)

9. 费用导致经济利益的流出，包括向所有者分配的利润。(　　)

10. 负债是企业承担的义务。(　　)

练习题

习题一

一、目的：熟悉资产、负债、所有者权益的内容。

二、资料：安妮公司 2020 年 11 月 30 日有下列资产、负债和所有者权益项目，各项目的金额如下(单位：元)：

库存现金	500	银行存款	120 000
存货	12 500	固定资产	300 000
交易性金融资产	13 000	投资性房地产	250 000
应交税费	4 000	应付账款	5 000
应收账款	4 000	长期借款	20 000
短期借款	3 000	本年利润	60 000
应付票据	8 000		
实收资本	600 000		

三、要求：

1. 分别列示资产类、负债类和所有者权益类所属的项目。

2. 计算资产、负债及所有者权益的总额，并对该结果加以简要说明。

习题二

一、目的：熟悉会计要素的内容。

二、资料：安雅公司 2020 年 11 月 30 日资产、负债和所有者权益状况如表 2—4 所示。

表 2—4　安雅公司 2020 年 11 月 30 日资产、负债和所有者权益状况　单位：元

序号	项目内容	金额	资产类项目	负债类项目	所有者权益类项目
1	生产车间用房屋	192 000			
2	向银行借入的短期借款	18 000			
3	运输用汽车	60 000			
4	生产用机器设备	21 000			
5	行政管理用房屋	109 000			
6	库存现金	1 000			
7	存在银行的款项	89 000			
8	支付租借包装物的押金	1 000			
9	尚未缴纳的税金	2 000			
10	尚未收取的甲客户货款	16 000			
11	库存原材料及辅助材料	10 000			
12	库存修理用备件	1 200			
13	库存产成品	58 800			
14	仓库中的自制半成品	1 500			
15	未完工的在产品	4 500			
16	仓库用房屋	30 000			
17	应付给购货单位的款项	11 000			
18	公司发行的债券	200 000			

续表

序号	项目内容	金额	资产类项目	负债类项目	所有者权益类项目
19	应收销售给乙客户的货款	6 000			
20	国家投入资本	1 600 000			
21	企业提取的盈余公积	20 000			
22	未分配利润	50 000			
23	从二级市场购入的、准备赚取差价的股票投资	60 000			
24	已经出租的办公楼	800 000			
25	对子公司的股权投资	440 000			

三、要求：

1. 分别列示资产类、负债类和所有者权益类项目。
2. 分别加计资产、负债及所有者权益的总额，并对该结果做简要说明。

习题三

一、目的：熟悉经济业务的类型。

二、资料：EMILY 公司 2020 年 12 月发生下列交易事项：

(1)收到甲投资者作为追加投资交来的转账支票一张，金额为 300 000 元。

(2)外购修理用备件一批，价值 8 000 元，货款尚未支付。

(3)采购管理用机器设备一台，共支付价款 150 000 元。

(4)签发商业承兑汇票一张，抵偿对客户所欠的货款 4 000 元。

(5)通过银行转账支付本月份水电费 2 500 元、本月办公用房屋租金 17 500 元。

(6)偿还到期的不带息票据款 3 000 元。

(7)销售商品一批，应确认收入 50 000 元，货款尚未收到。

(8)分配并支付给甲投资者应得的现金股利为 3 000 元。

(9)公司将资本公积 23 000 元转增为资本。

(10)公司处置一项无形资产，净收益 7 000 元转为资产处置损益。

三、要求：根据上述资料，分析每项经济业务的类型和种类。

第三章　账户和复式记账

本章学习指南

通过本章学习，要求了解会计科目和账户的设置，掌握复式记账和借贷记账法的含义和特点，掌握借贷记账法下账户的具体结构、记账规则，熟练掌握总分类账户和明细分类账户的平行登记。

会计科目是对会计要素的具体内容所做的进一步分类的单元。企业可以根据实际情况自行增设、分拆、合并会计科目。小企业可结合本企业的实际情况自行确定其他会计科目的编号。

企业可以通过设置账户，分门别类地记录和反映经济业务所引起的会计要素具体内容的增减变动情况和结果。任何账户都包括一个名称和基本结构，并设有"借方"和"贷方"两方，用于记录会计要素具体内容的增加和减少，但具体哪一方记增加数、哪一方记减少数，则由账户的经济内容决定。借贷记账法的记账规则是"有借必有贷，借贷必相等"。根据借贷记账规则可以进行账户的试算平衡，以检查账户记录的正确性。对每笔经济业务都要编制会计分录，会计分录可以分为简单会计分录和复合会计分录。账户的分类就是在账户体系中把具有共性的同类账户加以归纳和总结。账户可以按其性质分类，从中了解账户所反映的经济内容。账户也可以按用途和结构分类，从中了解账户提供怎样的信息，以及如何运用账户提供信息。

企业不仅要开设总分类账户，提供总括性的会计资料，同时也要设置明细分类账户，提供详细的数据资料，以满足不同信息使用者的需求。账户平行登记的要点包括原始依据相同、期间相同、方向相同、金额相等。进行总分类账和明细分类账的平行登记，有利于确保账户记录的正确性。

第一节　会计科目及其设置

一、设置会计科目的意义

如前所述，会计核算的主要对象是企业的经济业务。在理论上，这些经济业务可以按资产、负债、所有者权益、收入、费用和利润六大类项目进行基本分类，并结合会计等式进行反映和记录。但在实际工作中，企业的经济业务纷繁复杂，资产和负债的种类繁多，在不同企业组织形式下的所有者权益又各不相同，每个企业对收入和费用的确认和计量标准方法更是多种多样。如果将企业纷繁复杂的经济业务仅仅按会计要素和会计等式进行反映和记录，则提供的会计信息会过于简单和粗略，对企业会计事项的反映和监督也失去了存在的意义，更无法满足外部会计信息使用者的决策需求。因此，会计上就需要采用设置会计科目的方法，对会计要素的具体内容做进一步的分类。

对会计要素的具体内容进行分类核算的项目，称为会计科目。为了反映经济业务所引起的会计要素具体内容的增减变化情况和结果，我们可以在明确会计要素的前提下按会计要素的具体内容做进一步的分类，依照各自的性质分成若干个单元，分别按经济内容赋予适当的科目名称，并且限定在该科目名称下包括的核算内容和范围。

在设置会计科目时，要兼顾不同的信息需求，按其所需数据的详细程度不同，分设总分类科目和明细分类科目。通过设置会计科目对会计要素的具体内容进行科学分类，是进行会计核算和提供会计信息的基础，可以为会计信息使用者提供科学、详细的分类指标体系。

二、设置会计科目的原则

会计科目作为对会计要素内容的分类项目，其设置的科学与否，将直接影响会计核算和会计信息的科学性和系统性。因此，在设置会计科目时，应该遵循以下原则：

1. 会计科目的设置要简明、实用

会计科目的设置要讲究实用性，要符合单位自身的特点，满足会计核算的实际需要。首先，会计科目必须与其核算的内容相一致，并要简单明了、通俗易懂，而且容易记忆。同时，在设置会计科目时，必须对一个会计科目的核算内容有严格、明确的界定，即一个会计科目所要记载的事项必须是明确的。

2. 会计科目的设置应该与会计对象的特点相适应，并全面反映其内容

会计科目作为对会计对象具体内容进行分类核算的项目，是企业经济业务的缩影，其设置应能正确代表各项业务的内容，并且充分反映会计对象的特点。企业设置的会计科目，应该能够全面、系统地反映会计对象的全部内容，不能有任何遗漏。在实际工作中，除了要考虑不同企业的共性外，还可以根据各行业的会计核算内容的特点调整设置相应的会计科目。

例如，工业企业的主要经营活动是投入资金，购进各种材料，借以生产各种适销对路的产品，并实现销售。因此，必须分别对供应过程、生产过程和销售过程等的相关业务，设置相应的会计科目，进行会计处理。

商业企业的基本经营活动是购进和销售商品，因而必须设置反映商品采购、商品销售及不同环节费用的会计科目，而不必设置反映生产过程的会计科目。

行政、事业单位则应设置反映经费收支情况的会计科目。此外，会计科目的设置还应考虑与企业规模相称，即使是同一行业的企业，由于规模大小不同，也应该有区别。

根据新修订的《中小企业划型标准规定》，凡是符合重新划分的小型和微型企业标准的小微企业，如根据 2013 年实施的《小企业会计准则》，所有资产的减值准备不再需要计提，因而可以取消如资产减值准备等会计科目的设置。

3. 会计科目的设置要兼顾规范、统一与灵活性的结合

不论什么行业，凡是业务相同、会计处理方法相同的，要求设置的会计科目名称、核算说明、文字表达等，必须力求统一和规范。对涉及财务会计政策的内容以及一些基本概念和定义，均要与《企业会计准则》相一致，使得企业提供的会计信息具有横向的可比性，同时也能保证企业本身前后各期信息的一致性。这样，既能满足外部使用者的决策需要，又能符合内部经营管理的需要。

三、会计科目表

为了便于会计处理、提高工作效率，并方便会计电算化，会计科目应依照一定的标准进行排列，并且每一个会计科目必须有一个编号。会计科目的编号除了表明它们的类别和具体名称外，还有助于填制会计凭证、登记账簿，并对会计电算化的实现提供了极大的方便。

会计科目的编号是根据会计科目的分类和排序确定的。我国常用的会计科目编号一般用四位数字：第一位数字表示大类，通常是对会计要素的分类。第二位数字则表示科目在大类中的小类和顺序。第三、第四位数字表示各小类之下科目的序号。这一顺序通常就是分类账中账户排列的次序，也是会计报表上各个项目排列的次序。企业所有科目的名称及编号的表格称为会计科目表。

1.《企业会计准则——应用指南》会计科目表

我国《企业会计准则——应用指南》为会计科目设置提供了指引，具体如表3－1所示。

表3－1　　《企业会计准则——应用指南》会计科目表

顺序号	编号	会计科目名称	顺序号	编号	会计科目名称
		一、资产类	24	1311	代理兑付证券
1	1001	库存现金	25	1321	代理业务资产
2	1002	银行存款	26	1401	材料采购
3	1003	存放中央银行款项	27	1402	在途物资
4	1011	存放同业	28	1403	原材料
5	1012	其他货币资金	29	1404	材料成本差异
6	1021	结算备付金	30	1405	库存商品
7	1031	存出保证金	31	1406	发出商品
8	1101	交易性金融资产	32	1407	商品进销差价
9	1111	买入返售金融资产	33	1408	委托加工物资
10	1121	应收票据	34	1411	周转材料
11	1122	应收账款	35	1421	消耗性生物资产
12	1123	预付账款	36	1431	贵金属
13	1131	应收股利	37	1441	抵债资产
14	1132	应收利息	38	1451	损余物资
15	1201	应收代位追偿款	39	1461	融资租赁资产
16	1211	应收分保账款	40	1471	存货跌价准备
17	1212	应收分保合同准备金	41	1501	债权投资
18	1221	其他应收款	42	1502	债权投资减值准备
19	1231	坏账准备	43	1503	其他权益工具投资
20	1301	贴现资产	44	1511	长期股权投资
21	1302	拆出资金	45	1512	长期股权投资减值准备
22	1303	贷款	46	1521	投资性房地产
23	1304	贷款损失准备	47	1531	长期应收款

续表

顺序号	编号	会计科目名称	顺序号	编号	会计科目名称
48	1532	未实现融资收益	79	2201	应付票据
49	1541	存出资本保证金	80	2202	应付账款
50	1601	固定资产	81	2203	预收账款
51	1602	累计折旧	82	2211	应付职工薪酬
52	1603	固定资产减值准备	83	2221	应交税费
53	1604	在建工程	84	2231	应付利息
54	1605	工程物资	85	2232	应付股利
55	1606	固定资产清理	86	2241	其他应付款
56	1611	未担保余值	87	2251	应付保单红利
57	1621	生产性生物资产	88	2261	应付分保账款
58	1622	生产性生物资产累计折旧	89	2311	代理买卖证券款
59	1623	公益性生物资产	90	2312	代理承销证券款
60	1631	油气资产	91	2313	代理兑付证券款
61	1632	累计折耗	92	2314	代理业务负债
62	1701	无形资产	93	2401	递延收益
63	1702	累计摊销	94	2501	长期借款
64	1703	无形资产减值准备	95	2502	应付债券
65	1711	商誉	96	2601	未到期责任准备金
66	1801	长期待摊费用	97	2602	保险责任准备金
67	1811	递延所得税费用资产	98	2611	保户储金
68	1821	独立账户资产	99	2621	独立账户负债
69	1901	待处理财产损溢	100	2701	长期应付款
		二、负债类	101	2702	未确认融资费用
70	2001	短期借款	102	2711	专项应付款
71	2002	存入保证金	103	2801	预计负债
72	2003	拆入资金	104	2901	递延所得税费用负债
73	2004	向中央银行借款			**三、共同类**
74	2013	吸收存款	105	3001	清算资金往来
75	2012	同业存放	106	3002	货币兑换
76	2021	贴现负债	107	3101	衍生工具
77	2101	交易性金融负债	108	3201	套期工具
78	2111	卖出回购金融资产款	109	3202	被套期项目

续表

顺序号	编号	会计科目名称	顺序号	编号	会计科目名称
		四、所有者权益类	132	6111	投资收益
110	4001	实收资本	133	6201	摊回保险责任准备金
111	4002	资本公积	134	6202	摊回赔付支出
112	4101	盈余公积	135	6203	摊回分保费用
113	4102	一般风险准备	136	6301	营业外收入
114	4103	本年利润	137	6401	主营业务成本
115	4104	利润分配	138	6402	其他业务成本
116	4201	库存股	139	6403	税金及附加
		五、成本类	140	6411	利息支出
117	5001	生产成本	141	6421	手续费及佣金支出
118	5101	制造费用	142	6501	提取未到期责任准备金
119	5201	劳务成本	143	6502	提取保险责任准备金
120	5301	研发支出	144	6511	赔付支出
121	5401	工程施工	145	6521	保单红利支出
122	5402	工程结算	146	6531	退保金
123	5403	机械作业	147	6541	分出保费
		六、损益类	148	6542	分保费用
124	6001	主营业务收入	149	6601	销售费用
125	6011	利息收入	150	6602	管理费用
126	6021	手续费及佣金收入	151	6603	财务费用
127	6031	保费收入	152	6604	勘探费用
128	6041	租赁收入	153	6701	资产减值损失
129	6051	其他业务收入	154	6711	营业外支出
130	6061	汇兑损益	155	6801	所得税费用
131	6101	公允价值变动损益	156	6901	以前年度损益调整

2. 小企业会计科目表

小企业会计科目表是在涵盖了各类小企业的交易和事项的基础上，依据《小企业会计准则》中确认和计量的规定而制定的，如表3—2所示。

表 3—2 小企业会计科目表

顺序号	编 号	会计科目名称
一、资产类		
1	1001	库存现金
2	1002	银行存款
3	1012	其他货币资金
4	1101	短期投资
5	1121	应收票据
6	1122	应收账款
7	1123	预付账款
8	1131	应收股利
9	1132	应收利息
10	1221	其他应收款
11	1401	材料采购
12	1402	在途物资
13	1403	原材料
14	1404	材料成本差异
15	1405	库存商品
16	1407	商品进销差价
17	1408	委托加工物资
18	1411	周转材料
19	1421	消耗性生物资产
20	1501	长期债券投资
21	1511	长期股权投资
22	1601	固定资产
23	1602	累计折旧
24	1604	在建工程
25	1605	工程物资
26	1606	固定资产清理
27	1621	生产性生物资产
28	1622	生产性生物资产累计折旧
29	1701	无形资产
30	1702	累计摊销
31	1801	长期待摊费用

续表

顺序号	编 号	会计科目名称
32	1901	待处理财产损溢
	二、负债类	
33	2001	短期借款
34	2201	应付票据
35	2202	应付账款
36	2203	预收账款
37	2211	应付职工薪酬
38	2221	应交税费
39	2231	应付利息
40	2232	应付利润
41	2241	其他应付款
42	2401	递延收益
43	2501	长期借款
44	2701	长期应付款
	三、所有者权益类	
45	3001	实收资本
46	3002	资本公积
47	3101	盈余公积
48	3103	本年利润
49	3104	利润分配
	四、成本类	
50	4001	生产成本
51	4101	制造费用
52	4301	研发支出
53	4401	工程施工
54	4403	机械作业
	五、损益类	
55	5001	主营业务收入
56	5051	其他业务收入
57	5111	投资收益
58	5301	营业外收入
59	5401	主营业务成本

续表

顺序号	编 号	会计科目名称
60	5402	其他业务成本
61	5403	税金及附加
62	5601	销售费用
63	5602	管理费用
64	5603	财务费用
65	5711	营业外支出
66	5801	所得税费用

小企业在不违反会计准则中确认、计量和报告规定的前提下，可以根据本企业的实际情况自行增设、分拆、合并会计科目。小企业不存在的交易或者事项，可不设置相关会计科目。对于明细科目，小企业可以比照本附录中的规定自行设置。会计科目编号供小企业填制会计凭证、登记会计账簿、查阅会计账目、采用会计软件系统参考，小企业可结合本企业的实际情况自行确定其他会计科目的编号。

第二节　会计账户及其结构

一、会计账户的含义

会计账户是根据会计科目设置的，具有一定格式和结构，用于分类、连续反映经济业务所引起的会计要素的增减变动过程和结果的载体(简称账户)。设置账户是会计核算的重要方法之一。

会计科目只是对会计对象具体内容进行分类的项目和名称，不能进行具体的会计核算，而核算指标的具体数据资料要通过账户记录取得。因此，设置会计科目后，还必须根据规定的会计科目开设一系列账户，反映特定企业的经济业务内容。

会计科目就是账户的名称，账户和会计科目既有联系，又有区别。其共同点在于两者都要对会计对象的具体内容进行分类，说明一定的经济业务内容。但是，会计科目仅仅是分类单元，说明一定的经济业务内容，没有结构。而账户却有具体结构，以记录经济业务，可以为企业提供完整的会计信息资料。会计科目通常由会计制度统一规定，而账户则可以根据需要自行调整开设。

在实际工作中，账户和会计科目一般不严格区分，可以互相通用。

二、账户的基本结构

每一个账户都有一个名称，账户的名称取决于账户所要记录、反映的经济业务内容。由于账户是用来记录经济业务所引起的会计要素的增减变动过程和结果的，因此，账户不仅有名称，更应该有记录会计要素增减变动的结构，而账户的基本结构则是由会计要素的数量变化决定的。从数量的角度看，会计要素的变动不外乎增加和减少两种情况，因此，有必要将每一个账户相应地划分为两个部分，即左方和右方，一方登记会计要素的增加额，另一方登记会计要素的减少额。

在借贷记账法下，账户的左方称为“借方”，右方称为“贷方”，这里的“借”“贷”二字并无借入与贷出的意思，只是代表左方与右方的两个符号。

简要的账户格式如图 3—1 所示。

图 3—1　简要的账户格式

这种账户格式与英文字母“T”字非常相似，所以一般称之为 T 形账户。实际上，账户要依附于账簿，每一个账户只是账簿中的某一页，它们的基本结构一般应该包括以下内容：

(1)账户的名称；

(2)记录经济业务的日期和概括说明经济业务内容的摘要；

(3)账户记录所依据的凭证编号；

(4)增加和减少的金额和余额。

在实际工作中，总分类账户的格式一般使用三栏式，如表 3—3 所示。

表 3—3　　　　**账户名称**

年		凭证编号	摘　要	过　账	借　方	贷　方	借或贷	余　额
月	日							

上述账户的借、贷两方和“余额”栏，分别记录增加额、减少额和账户余额。但究竟哪一方登记增加的金额、哪一方登记减少的金额，则取决于账户的性质和所要记录业务的内容。

在借贷记账法中，账户的“借”(借方)用来表示资产和费用的增加数，以及负债、所有者权益和收入的减少数(或转销数)；“贷”(贷方)用来表示负债、所有者权益和收入的增加数，以及资产和费用的减少数(或转销数)。

账户余额按其表示的时间不同，分为期初余额和期末余额。因此，账户所记录的金额包括账户期初余额、本期增加额、本期减少额和账户期末余额。它们之间的关系可以表示如下：

期初余额＋本期增加额－本期减少额＝期末余额

三、账户的设置

根据统一规定的会计科目，我们可以在考虑各个会计主体的组织形式、行业特点的基础上结合会计核算要求和管理要求的不同，设置账户体系，以反映经济业务所引起的会计要素具体内容的增减变动情况和结果，取得经营所需要的核算资料。

以生产企业为例，企业设置的账户按其所反映的经济业务内容一般分为五大类，即资产类账户、负债类账户、所有者权益类账户、成本类账户和损益类账户。

一般情况下，企业通常需要设置的资产类账户有“库存现金”“银行存款”“交易性金融资产”“应收账款”“预付账款”“其他应收款”“材料采购”“原材料”“材料成本差异”“库存商品”“长期待摊费用”“债权投资”“投资性房地产”“无形资产”“固定资产”“累计折旧”“长期股权投资”等。

企业通常需要设置的负债类账户有“短期借款”“应付账款”“预收账款”“应付职工薪酬”“应交税费”“应付票据”“其他应付款”“长期借款”等。

企业通常需要设置的所有者权益类账户有“实收资本”“资本公积”“盈余公积”“本年利润”和“利润分配”等。

为了归集和分配采购和生产过程中发生的费用，并计算采购成本和产品的制造成本，企业可以设置“材料采购”“生产成本”“制造费用”“劳务成本”等账户。商业企业则不必设置“生产成本”“制造费用”等费用成本类账户。

为了反映和监督企业收入、费用和利润的增减变动，可以相应地设置“主营业务收入”“主营业务成本”“税金及附加”“管理费用”“财务费用”“销售费用”“其他业务收入”“其他业务成本”“投资收益”“所得税费用”“资产减值损失”“公允价值变动损益”等损益类账户。

在保证可比性的前提下，各个会计主体可以根据具体情况和管理要求，对账户做必要的增减。例如，在企业预付账款和预收账款不是很多的情况下，可以分别并入“应付账款”和“应收账款”账户核算。如果需要，则可以增设“预付账款”和“预收账款”账户单独核算。在保持相对稳定的同时，会计账户的设置也可以考虑经济业务发展的需要。例如，随着企业对技术研发的投入和高科技的追求，企业需要增设“研发支出”账户，以反映企业进行专有技术、专利权等无形资产研发过程中发生的资本化支出和费用化支出的增减变动情况。

根据会计核算的特点和不同管理的要求设置账户后，企业就可以在相应的账户中分门别类地记录企业所发生的经济业务，从而使得会计要素具体内容的增减变动情况和结果能够得以连续、系统而全面地反映，提供企业真实、准确和完整的会计信息资料，并在据以编制会计凭证、登记账簿和计算成本后，定期编制会计报表，及时、充分地反映其财务状况和经营成果，满足管理者、投资人、债权人以及其他信息使用者的需求，帮助他们利用决策有用信息，作出合理的决策，并对加强企业管理水平、提高企业盈利能力有所帮助。

四、账户的具体结构

如前所述，每一个账户相应地划分为两个部分：左方和右方。在借贷记账法下，账户的左方称为“借方”，右方称为“贷方”，一方登记会计要素的增加额，另一方登记会计要素的减少额。至于哪一方登记增加额、哪一方登记减少额，则取决于账户的性质和经济业务的内容。

（一）资产类账户的结构

资产类账户是反映各项资产的账户。从会计等式的角度看，企业的资产通常列在等式的左方，企业的会计报表也通常在左边反映资产项目，所以，会计上习惯将资产的增加数记入账户的左方即借方，而减少数则必然记入账户的右方即贷方。在一定时期内，记入账户借方金额

(增加数)的合计数,称为本期借方发生额;记入账户贷方金额(减少数)的合计数,称为本期贷方发生额。资产增加总额与减少总额相抵后的差额,就是账户的期末余额。

会计上的一定时期是指会计期间,在我国分为月度、季度和年度。账户的期末余额结转到下期,就形成了下期的期初余额。在登记账户时,有期初余额,应先记入期初余额,再登记本期发生额。一般情况下,资产类账户的期初余额加上其本期借方发生额(增加数),总是大于其本期贷方发生额(减少数)。所以,在正常情况下,资产类账户的期末余额总是在借方。它们之间的关系用公式表示如下:

期初余额(借方)+本期借方发生额-本期贷方发生额=期末余额(借方)

资产类账户的结构列示如图 3-2 所示。

借方	账户名称		贷方
期初余额	×××		
本期增加数	×××	本期减少数	×××
本期借方发生额	×××	本期贷方发生额	×××
期末余额	×××		

图 3-2 资产类账户

(二)负债类和所有者权益类账户的结构

反映各项负债和所有者权益的账户,分别称为负债类账户和所有者权益类账户,可以统称为权益账户。从会计等式的角度看,企业的负债和所有者权益与资产相反,通常列在等式的右方。所以,会计上习惯在账户的右方即贷方表示负债和所有者权益的增加,在账户的左方即借方表示负债和所有者权益的减少。

一般来说,负债类和所有者权益类账户的期初余额加上本期增加数(本期贷方发生额)之和,总是大于本期减少数(本期借方发生额)。所以,在正常情况下,负债类和所有者权益类账户的期末余额总是在贷方。它们之间的关系用公式表示如下:

期初余额(贷方)+本期贷方发生额-本期借方发生额=期末余额(贷方)

负债类和所有者权益类账户的结构列示如图 3-3 所示。

借方	账户名称		贷方
		期初余额	×××
本期减少数	×××	本期增加数	×××
本期借方发生额	×××	本期贷方发生额	×××
		期末余额	×××

图 3-3 负债类和所有者权益类账户

(三)收入、费用(成本)和利润账户的结构

企业在一定时期内取得的收入与为取得本期收入而发生的费用配比后的结果,就是本期的经营成果,即利润。在平时,企业的收入和费用的发生,分别设置收入及费用账户进行核算,

到了期末，为了确定该期所实现的经营成果，就要求将归集的收入和费用成本全部结转到本年利润账户，通过本年利润账户计算本期的利润或亏损。如前所述，收入的取得会使企业资产增加或负债减少，同时也导致所有者权益增加。所以，收入账户与所有者权益账户的结构相似，即本期收入的增加数记入账户的贷方，本期收入的减少数记入账户的借方。期末，将本期收入增加数减去减少数的差额，从收入账户结转至本年利润账户的贷方。结转后，收入账户一般没有期末余额。而费用和成本的发生将会使资产减少或负债增加，并导致所有者权益减少，所以，费用(成本)账户与所有者权益账户的结构相反，即本期费用(成本)的增加数记入账户的借方，本期费用(成本)的减少数记入账户的贷方。本期费用增加数减去减少数后的差额，从费用(成本)账户转入本年利润账户的借方。结转后，费用(成本)账户一般没有期末余额。

为了单独反映企业某一期间的收入与费用比较的结果，便于利润表的编制，需要单独设置一个本年利润账户。本年利润账户的贷方记录本期的收入，借方记录本期的费用(成本)，贷方的收入金额与借方的费用(成本)金额相抵后，若为贷方余额，则表示本期实现的利润；若为借方余额，则表示本期发生亏损。所以，本年利润账户的余额，既可能在借方，也可能在贷方。

收入、费用(成本)和本年利润账户的结构分别如图 3—4、图 3—5、图 3—6 所示。

借方		账户名称	贷方
本期减少数或转销数	×××	本期增加数	×××
本期借方发生额	×××	本期贷方发生额	×××

图 3—4　收入账户

借方		账户名称	贷方
本期增加数	×××	本期减少数或转销数	×××
本期借方发生额	×××	本期贷方发生额	×××

图 3—5　费用(成本)账户

借方		账户名称	贷方
期初余额(亏损)	×××	期初余额(利润)	×××
本期减少数或转销数	×××	本期增加数	×××
本期借方发生额	×××	本期贷方发生额	×××
期末余额(亏损)	×××	期末余额(利润)	×××

图 3—6　本年利润账户

为了便于掌握和使用不同的账户，我们把上述各类账户的结构进行归纳，如表 3—4 所示。

表 3—4 账户的结构

账户类别	账户		
	借方	贷方	余额
资产类账户	增加	减少	在借方
负债类、所有者权益类账户	减少	增加	在贷方
费用账户	增加	减少	一般无期末余额
收入账户	减少	增加	一般无期末余额
利润账户	减少	增加	贷方或者借方

五、账户的分类

会计工作的主要内容之一就是通过账户记录来反映和监督会计对象具体内容的增减变动情况和结果，提供经营所需要的会计核算资料。虽然各个账户核算的内容不同，用途和结构也各异，但它们之间有着密切的联系，构成了一个完整的账户体系。为了全面、系统地核算企业的经济业务，企业需要设置账户，并对所有账户进行适当的分类，以进一步了解各账户的性质和用途，更好地掌握和运用账户。

账户的分类就是在账户体系中从不同角度把具有共性的同类账户加以归纳和总结。账户可以按其性质分类，也可以按用途和结构分类。按其性质分类，是指按账户所反映的经济内容分类。如前所述，账户按经济内容可分为五大类，即资产类账户、负债类账户、所有者权益类账户、成本类账户和损益类账户。按其用途和结构分类，则是指账户能提供什么样的信息，以及如何运用账户提供信息，是账户在按经济内容分类的基础上进行的进一步分类。账户按其用途和结构，可分为盘存账户、结算账户、跨期摊提账户、调整账户、财务成果计算账户、所有者投资账户、集合分配账户、成本计算账户、收入账户、费用账户等。

(1)盘存账户是用来反映和监督可以盘点的各种财产物资和货币资金的增减变动及其结存情况的账户，如“库存现金”“银行存款”“原材料”“材料采购”(余额部分)及“库存商品”“生产成本”(余额部分)、“固定资产”等账户。借方登记各项财产物资和货币资金的增加数(收入数)；贷方登记减少数(支出数)；余额在借方，表示各项财产物资和货币资金的结存数额。盘存账户可以通过对财产实地盘点的方法确定各项财产物资和货币资金的实存数，并查明账实是否相符。

(2)结算账户是用来反映与其他企业、单位、个人之间债权和债务结算的账户。结算账户按其结构和用途，又可划分为债权结算账户、债务结算账户和债权债务结算账户。

债权结算账户，是专门用来反映企业对各个债务单位或个人之间应收的债权增减变动及其结存数的账户。常见的如“应收账款”“应收票据”“预付账款”“其他应收款”等账户。

债务结算账户，是专门用来反映企业结欠各个债权单位或个人之间债务的增减变动及其结存数的账户。常见的如“短期借款”“应付账款”“应付职工薪酬”“应付股利”“应付利息”“应交税费”“其他应付款”“预收账款”“长期借款”等账户。

债权债务结算账户兼有上述两种结算账户的特点，可以同时反映企业的债权、债务、账款往来的结算。这类账户的余额可能在借方，也可能在贷方。如在借方，表示债权大于债务的期末结存数；如在贷方，表示尚未清偿债务大于债权的期末结存数。典型的如“其他往来”账户。

(3)跨期摊提账户是用来反映应由若干个成本计算期共同负担的费用,并将这些费用在各个会计期间内分摊的账户。典型的跨期摊提账户如"长期待摊费用""未确认融资费用"等账户。

(4)调整账户与被调整账户是结合在一起的一组账户。在会计工作中,为了管理上的需要,对于某些资产、负债、所有者权益账户的原始数额,需要在账面上长期保存,这就需要另外设置一个用于记录和反映对原始数额进行调整的账户。记录和反映原始数额的账户,称为被调整账户;记录和反映对原始数额进行调整的账户,称为调整账户。将调整账户的余额同被调整账户的余额相加或相减,即可求得被调整账户的实际余额。调整账户按其调整方式的不同,可以划分为附加调整账户和备抵调整账户。

当调整账户的余额与被调整账户的余额在相反方向时,成为备抵调整账户;当调整账户的余额与被调整账户的余额在相同方向时,其调整方法与附加账户相同,起到附加调整账户的作用。例如,"固定资产"账户和"累计折旧""固定资产减值准备"账户之间,就是备抵的调整关系。"固定资产"账户按原始价值来反映其增加、减少和结存数,而计提折旧的累计数反映在"累计折旧"账户的贷方,计提固定资产减值准备的累计数反映在"固定资产减值准备"账户的贷方,三个账户相减,反映的是固定资产的净值。例如,企业年终前的"利润分配"账户就是"本年利润"账户的备抵账户。"本年利润"账户反映企业实现的累计利润,年中"利润分配"账户的借方反映实际已经分配的利润,用两个账户的差额表示未分配利润。

当材料按计划成本进行日常核算时,"材料成本差异"账户就是"原材料"账户的备抵或者附加调整账户。当"材料成本差异"账户的余额在借方时,表示材料实际成本大于计划成本的超支数,与被调整账户"原材料"账户余额的方向一致,就成为附加调整账户。用超支差异加上"原材料"账户的借方余额(计划成本)的合计数,就是库存材料的实际成本。相反,如果"材料成本差异"账户的余额在贷方时,则表示实际成本小于计划成本的节约数,与"原材料"账户余额的方向相反,就成为备抵调整账户。用节约差异抵减"原材料"账户的借方余额(计划成本)后的差额,就是库存材料的实际成本。

(5)财务成果计算账户是用来反映和监督企业最终的财务成果的账户。典型的财务成果计算账户是"本年利润"账户。"本年利润"账户的贷方登记期末从各种收入和利得账户中转入的利润的增加,借方登记期末从各种费用和损失账户中转入的财务成果的扣减项目,期末贷方余额表示企业从年初开始累计实现的利润,借方余额则表示企业发生的亏损。

(6)所有者投资账户也称资本账户,是用来反映和监督企业所有者投资的增减变动情况和结果的账户,如"实收资本""股本"账户。

(7)集合分配账户是用来归集和分配企业在生产经营过程中所发生的费用以及反映有关费用预算执行情况的账户,如"制造费用"账户。集合分配账户的借方归集各个阶段所发生的、需由多个成本计算对象共同负担的间接费用,贷方登记分配到各个成本计算对象中的费用分配数,期末一般没有余额。

(8)成本计算账户是用来归集经营过程中某一阶段所发生的全部费用,并计算各个成本计算对象实际成本的账户,如"生产成本""材料采购"等账户。成本计算账户的借方归集有关成本计算对象的全部费用;贷方登记分配并转销的成本计算对象的成本;如果期末余额在借方,表示期末尚未完成该阶段的成本计算对象的实际成本,如在途材料成本、在产品成本等。

(9)收入账户是用来反映和监督企业在一定会计期间取得的各项收益的账户。这里的收入不仅包括营业收入,如主营业务收入和其他业务收入,还包括投资收益、营业外收入、公允价值变动损益等各种利得。收入账户期末没有余额。

(10)费用账户是用来反映和监督企业在一定会计期间发生的、应计入当期损益的各项费用的账户。这里的费用是广义的概念,不仅包括营业成本,还包括所得税和各种损失。常见的费用账户有"主营业务成本""其他业务支出""税金及附加""其他业务成本""管理费用""财务费用""销售费用""营业外支出""所得税费用"等账户。费用账户期末没有余额。

账户的用途和结构取决于账户的经济内容,只有理解了账户的经济内容,才能运用这些账户。因此,账户按经济内容分类是基本的和主要的分类,而账户按用途和结构分类是在此基础上进行的,是对按性质分类的补充。进行账户分类,不仅有助于我们了解每类账户反映的经济内容,而且可以帮助我们了解如何运用账户提供信息,以便正确记录经济业务,有效运用账户所提供的核算资料。

第三节 复式记账原理

一、复式记账法的含义

记账方法是依据一定的原理和记账规则,采用一定的计量单位,在账簿中登记经济业务的一种方法,是包括账户设置、记账符号、记账方法、记账规则、对账方法和平衡方法等构成要素的、记录经济业务的手段。经济业务的发生会引起特定会计要素各项目的增减变动,在账簿中登记这些经济业务,有两种不同的方法,即单式记账法和复式记账法,但现代会计使用的都是复式记账法。

为了更好地理解复式记账法,这里先介绍一下单式记账法。单式记账法是指对发生的经济业务只在一个账户中进行记录的一种简单的记账方法。在单式记账法下,通常只设置"库存现金""银行存款"和债权债务账户,强调现金、银行存款的收付记录,以及"人欠""欠人"的债权债务事项的记录,而忽视其他业务的记录。例如,用现金购买材料,则只记载现金的减少,对于材料的收发并不记载。又如,赊购商品时,只记载所欠的商品款金额,而不记载所取得的资产金额。只有当一笔经济业务既涉及现金或银行存款,又涉及债权债务时,才同时在两个相应的账户中进行登记。例如,在收到客户欠款时,既要记录银行存款的增加,又要记录债权的减少。

这种单式记账法没有一套完整的账户体系,账户之间的记录也没有直接的联系,是一种不完整的记账方法。由于单式记账法只记载某些经济业务的一个方面,不能反映经济业务的来龙去脉,也就不能反映经济业务的全貌,必然导致会计资料和会计信息的不完整,也就不能适应会计管理的要求。因此,除个人或家庭记账外,目前,我国的企事业单位都不允许采用这种记账方法。

复式记账法是针对单式记账法而言的。复式记账法是以会计等式为依据,对于任何一笔经济业务,都要在两个或两个以上的账户中以相等的金额进行相互关联的登记的一种记账方法。如前所述,任何一项经济业务的发生,都会引起有关会计要素之间或某项会计要素内部至少两个项目发生增减变化,而且金额相等。结合会计等式看,或者是会计等式两边的会计要素有关项目同增或同减,或者是资产、负债或所有者权益有关项目的一增一减。在复式记账法下，对于每一笔经济业务涉及的会计要素有关具体项目的增减变动，都要做相互关联的登记。如上述购买材料业务，一方面，收到材料，要记录资产的增加；另一方面，付出现金，要记录资产的减少，即资产项目的一增一减都要进行记录。又如赊购商品，一方面，收到商品，要记录商品的增加；另一方面，货款未付，要记录应付账款的增加，即资产项目和负债项目的增加要同时记录。因此，为了全面、系统地反映会计对象有关具体项目的增减变动情况及其结果，要采用复式记账法。

按照记账符号、记账规则、试算平衡方法的不同，复式记账法可以分为借贷记账法、增减记账法和收付记账法。收付记账法是在我国传统的记账方法基础上发展起来的复式记账法；增减记账法是 20 世纪 60 年代我国商业系统在改革记账方法时设计并运用的一种记账方法；而借贷记账法则是最早产生的复式记账法，也是目前世界各国通用的复式记账法。

二、复式记账法的特点

复式记账法是一种建立在会计等式基础上的记账方法，与单式记账法相比，具有以下几个方面的特点：

(1)需要设置一套完整的账户体系，以保证会计核算的系统性。

(2)对任何一笔业务都要进行反映和记录，以保证会计信息的完整性。

(3)对每一笔业务，都要在两个或两个以上相互关联的账户中做双重记录，并能够通过账户记录了解经济业务的来龙去脉，保证信息资料的清晰性。

(4)经济业务发生后，都以相等的金额进行分类登记，使得对应的账户间总是保持相互平衡的关系，可据以进行试算平衡，以检查账户记录的正确性。

可见，复式记账法是一种比较科学的记账方法。复式记账法对于每笔经济业务的记录都是在两个或两个以上相互关联的账户中进行双重记录，从中不仅可以了解每一项经济业务的来龙去脉，而且在把全部经济业务登记入账以后，也可以完整、系统地反映出经济业务的具体内容及结果，并可以通过试算平衡检查账户记录的正确性。

与单式记账法相比，复式记账法的优越性是不可比拟的，因而被广泛采用。

随着 1992 年《企业会计准则》的发布，我国所有企业、行政单位、事业单位均统一采用借贷记账法。

第四节 借贷记账法

一、借贷记账法的含义

借贷记账法大约起源于 13 世纪意大利的佛罗伦萨、威尼斯等城市。“借”“贷”二字最初是从资本家的角度，表示货币资金、债权(应收款)、债务(应付款)的增减变动。随着社会经济的发展，经济活动的内容不断复杂，会计需要记录的业务也由单纯的货币资金的借贷业务扩展到财产物资、经营损益等各个方面。为了保持记账方法和标准的统一，对于非货币资金的借贷业务也以“借”“贷”记录其增减变动情况，“借”“贷”二字也因此失去了原来的含义，转化成纯粹的记账术语。借贷记账法随着 1494 年意大利数学家卢卡·帕乔利所著的《算术、几何、比及比例概要》一书的问世而广为流传，并促使借贷记账方法更加科学和完善。

借贷记账法是以“借”和“贷”作为记账符号，以“有借必有贷，借贷必相等”为记账规则，运用复式记账原理，记录反映资产、负债、所有者权益等会计要素的增减变化情况及其结果的一种记账方法。在借贷记账法下，对每一笔经济业务都要在两个或两个以上账户中，以借贷相等的金额，做相互关联的反映和记录。

二、借贷记账法的记账规则

按照复式记账原理，任何一笔经济业务都至少要在两个账户中进行登记。在借贷记账法下，对一笔经济业务，在记入一个或几个账户借方的同时，要以相等的金额，记入另一个或几个账户的贷方。即借贷记账法的记账规则是“有借必有贷，借贷必相等”。

如前所述，一个企业的经济业务可以分为四大类九种情况。下面结合经济业务的类型，举例说明借贷记账法的记账规则。

在把经济业务记入账户时，通常可以按以下步骤加以分析记载：

第一步，确定经济业务所引起变动的账户名称和性质。

第二步，确定各账户的变动究竟是增加还是减少。

第三步，根据“有借必有贷，借贷必相等”的记账规则，确定各账户的记录应记入借方还是贷方。

1. 资产与负债及所有者权益项目同时等额增加

这类业务发生时，一方面，资产增加，要记入账户的借方；另一方面，负债或所有者权益项目同时增加，要记入负债或所有者权益账户的贷方。变化由同一笔经济业务引起，金额一定相等。所以，这类经济业务符合借贷记账法“有借必有贷，借贷必相等”的记账规则。例如：

［业务 1］ 从小规模纳税企业购买材料，合计金额 2 000 元，货款未付。这笔业务可做如下分析（见表 3—5）：

表 3—5 单位：元

账　户	账户类别	金额变化	借　方	贷　方
原材料	资产	增加	2 000	
应付账款	负债	增加		2 000

因此，这笔业务可做如下登记（见图 3—7）：

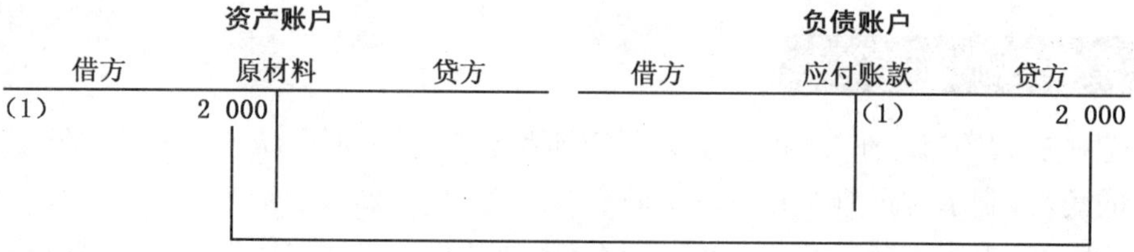

图 3—7

［业务 2］ 接受投资者投入无形资产，其公允价值为 20 000 元。这笔业务可做如下分析

(见表 3—6)：

表 3—6　　　　单位：元

账　户	账户类别	金额变化	借　方	贷　方
无形资产	资产	增加	20 000	
实收资本	所有者权益	增加		20 000

因此，这笔业务可做如下登记(见图 3—8)：

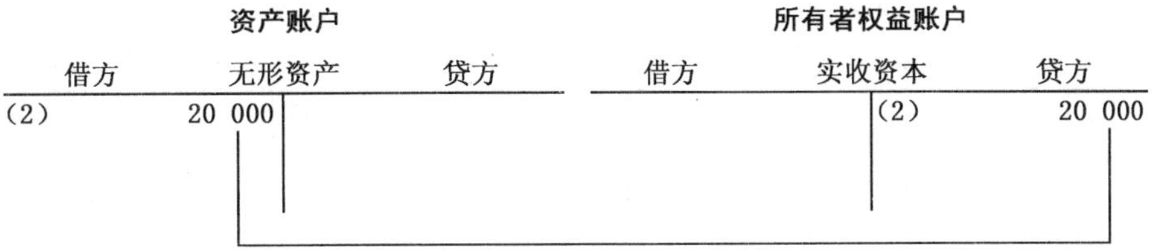

图 3—8

2. 资产与负债及所有者权益项目同时等额减少

这类业务发生时，一方面，资产减少，要记入资产账户的贷方；另一方面，负债或所有者权益项目同时减少，要记入负债或所有者权益账户的借方。变化由同一笔经济业务引起，金额一定相等。所以，这类经济业务也符合借贷记账法"有借必有贷，借贷必相等"的记账规则。例如：

[**业务 3**]　用银行存款偿还短期借款 4 000 元。这笔业务可做如下分析(见表 3—7)：

表 3—7　　　　单位：元

账　户	账户类别	金额变化	借　方	贷　方
银行存款	资产	减少		4 000
短期借款	负债	减少	4 000	

因此，这笔业务可做如下登记(见图 3—9)：

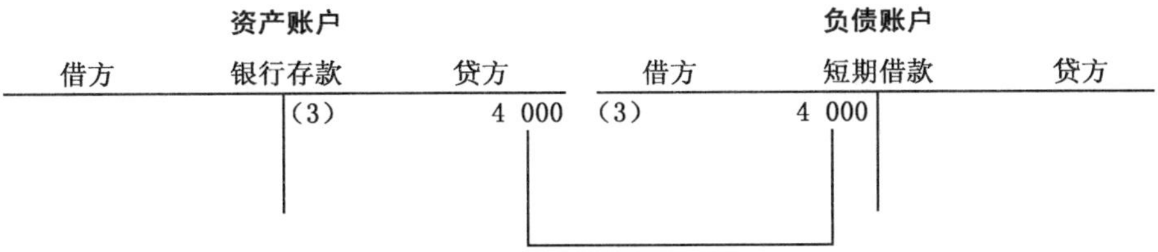

图 3—9

3. 资产项目之间以相等的金额发生等额的增减变动

这类业务发生时，一项资产增加，记入该资产账户的借方；另一项资产减少，记入该资产账户的贷方。变化由同一笔经济业务引起，金额一定相等。所以，这类经济业务符合借贷记账法"有借必有贷，借贷必相等"的记账规则。例如：

［业务4］ 以银行存款购买固定资产10 000元。这笔业务可做如下分析(见表3—8)：

表3—8 单位：元

账　户	账户类别	金额变化	借　方	贷　方
固定资产	资产	增加	10 000	
银行存款	资产	减少		10 000

因此,这笔业务可做如下登记(见图3—10)：

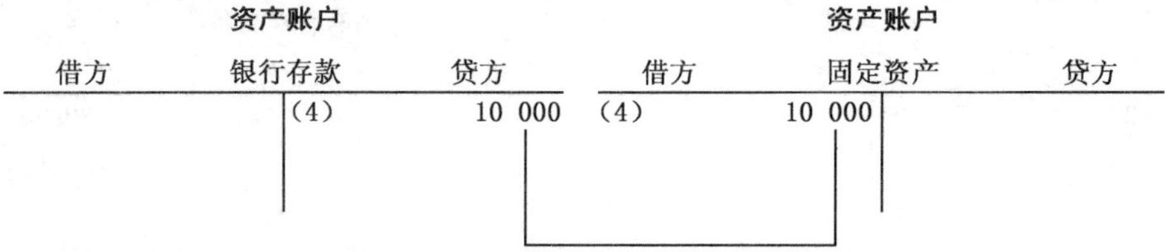

图3—10

4. 负债或所有者权益项目同时以相等的金额发生增减变动

这类业务发生时,一项负债或所有者权益增加,记入该负债或所有者权益账户的贷方;另一项负债或所有者权益减少,记入该负债或所有者权益账户的借方。变化由同一笔经济业务引起,金额一定相等。所以,这类经济业务也符合借贷记账法“有借必有贷,借贷必相等”的记账规则。例如：

［业务5］ 开出面值为6 000元、期限为60天的商业承兑汇票,抵付应付的材料款。这笔业务可做如下分析(见表3—9)：

表3—9 单位：元

账　户	账户类别	金额变化	借　方	贷　方
应付账款	负债	减少	6 000	
应付票据	负债	增加		6 000

因此,这笔业务可做如下登记(见图3—11)：

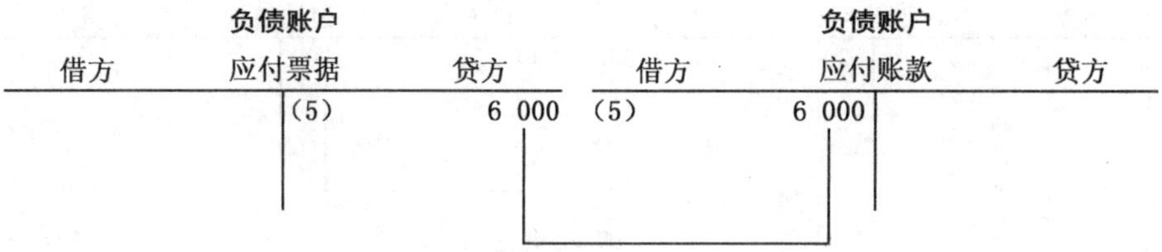

图3—11

［业务6］ 企业将资本公积10 000元转增资本。这笔业务可做如下分析(见表3—10)：

表 3—10

单位：元

账　户	账户类别	金额变化	借　方	贷　方
资本公积	所有者权益	减少	10 000	
实收资本	所有者权益	增加		10 000

因此，这笔业务可做如下登记(见图 3—12)：

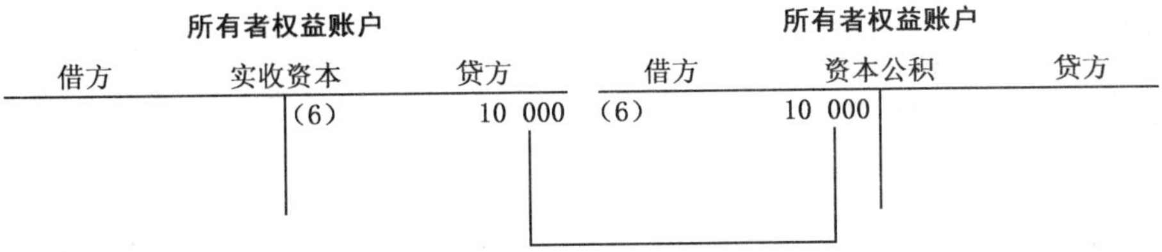

图 3—12

以上分析说明，任何经济业务的发生，都要遵循借贷记账法“有借必有贷，借贷必相等”这一记账规则。

其过程可以用图 3—13 表示。

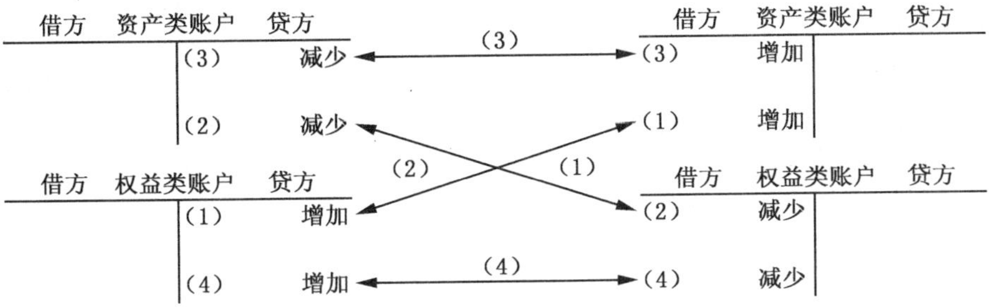

图 3—13

根据以上例子的分析过程可以看出，运用借贷记账法记账时，在同一笔业务涉及的有关账户之间会形成应借、应贷的相互关系，这种关系称为账户的对应关系。存在着对应关系的账户，称为对应账户。账户之间的对应关系，取决于所发生经济业务的内容。反过来，通过账户对应关系，又可以了解每一笔经济业务的内容，从而清楚地反映各会计要素具体项目增减变动的来龙去脉。

三、会计分录

企业的经济业务纷繁复杂，如果按前面的方式，将经济业务的内容直接记录到两个或多个分页设置的账户中，就很容易发生漏记、重记等记账错误，事后检查也很不方便。因此，为了保证账户记录的正确性，在把经济业务记入账户之前，先要编制会计分录。会计分录是对每笔经济业务列示其应借、应贷账户名称及其金额的记录。会计分录是在经济业务发生时，根据原始凭证编制的账户记录的依据。因此，会计分录的正确性直接关系到记账的正确性。

会计分录的编制应包括以下几个要点：

(1)在确定了应借、应贷的账户名称后，应先借后贷。即借项记录在上，贷项记录在下。

(2)应先将所有借项记录完毕后,再记贷项。借、贷项必须错开位,贷项比借项往右退两格。如果借项不止一项,每项各一行,上下对齐;记贷项时,向右退两格。

(3)“金额”栏与“名称”栏要分开,但金额必须与该科目在同一行记录。借方金额与贷方金额的书写也必须错开位置,不可以写在同一栏。

例1 现根据艾米公司2020年11月的业务,编制会计分录:

(1)从小规模纳税企业购买材料,合计金额2 000元,货款未付。

借:原材料 2 000

  贷:应付账款 2 000

(2)接受投资者投入一项专利技术,双方协商确认价值为20 000元,与公允价值基本一致。

借:无形资产 20 000

  贷:实收资本 20 000

(3)用银行存款偿还短期借款4 000元。

借:短期借款 4 000

  贷:银行存款 4 000

(4)以银行存款购买管理用设备一台,已投入使用,固定资产成本为10 000元。

借:固定资产 10 000

  贷:银行存款 10 000

(5)开出面值为6 000元、期限为60天的不计息商业承兑汇票,抵付应付的材料款。

借:应付账款 6 000

  贷:应付票据 6 000

(6)企业将资本公积10 000元转增资本。

借:资本公积 10 000

  贷:实收资本 10 000

(7)由于金融危机,经批准,公司缩减投资规模,退回投资人投资15 000元,用银行存款支付。

借:实收资本 15 000

  贷:银行存款 15 000

(8)公司确认一项应付票据6 000元无法归还。

借:应付票据 6 000

  贷:营业外收入 6 000

(9)公司宣告分配现金股利8 000元。

借:利润分配 8 000

  贷:应付股利 8 000

一笔经济业务涉及的对应账户可以是一借一贷的形式,也可以表现为一借多贷、多借一贷的形式。因此,会计分录也相应地分为简单会计分录和复合会计分录。简单会计分录是一个账户的借方与另一个账户的贷方相互结合的记录,即账户之间一借一贷的对应关系。上面所举的9笔都是简单会计分录。复合会计分录是几个账户的借方与一个账户的贷方，或一个账户的借方与几个账户的贷方，或几个账户的借方与另几个账户的贷方相互结合的记录。

例 2　光明公司从小规模纳税企业购买一批材料，总成本为 200 000 元，根据协议支付 60%的货款，其余款项在 3 个月后付清。这笔业务应编制会计分录如下：

借：原材料	200 000	
贷：银行存款		120 000
应付账款		80 000

例 3　业务员艾格报销差旅费 3 800 元，曾经预借了 4 000 元。这笔业务应编制会计分录如下：

借：库存现金	200	
管理费用	3 800	
贷：其他应收款		4 000

复合会计分录形成的往往是账户之间多借一贷、一借多贷、多借多贷的对应关系，通常由几笔具有相同性质或相关业务的简单分录合并而成，以简化会计分录的编制，提高工作效率，但不能随意地将简单会计分录进行合并，以免造成对应关系不明确，不能清楚地反映经济业务的来龙去脉。

四、借贷记账法的试算平衡

试算平衡是以会计等式和借贷记账规则为理论依据，根据资产与负债和所有者权益的恒等关系以及账户的对应关系，检查所有账户记录正确性的过程。它包括发生额试算平衡和余额试算平衡。

（一）发生额试算平衡

发生额试算平衡是以"有借必有贷，借贷必相等"这一记账规则为理论依据，根据所有账户的本期借方发生额合计数与本期贷方发生额合计数的恒等关系，检查本期发生额记录是否正确的方法。

如前所述，在借贷记账法下，所有的经济业务都根据"有借必有贷，借贷必相等"的记账规则，在各账户中相互联系地进行记录，以系统地反映企业资产、负债、所有者权益等各会计要素具体内容的增减变动及其结果。因此，在一定时期内，将全部经济业务登记入账后，所有账户的借方发生额合计数与贷方发生额合计数也必然相等。即：

全部账户的本期借方发生额合计数＝全部账户的本期贷方发生额合计数

利用这种平衡关系，可以汇总反映各账户资料，进行发生额试算平衡，验证账户记录的正确性。以上文中艾米公司的业务为例，将 9 笔经济业务记账以后，汇总所有账户资料，可编制发生额试算平衡表如下（见表 3—11）：

表 3—11 艾米公司本期发生额试算平衡表

2020 年 11 月 30 日 单位:元

账户名称	借方发生额	贷方发生额
库存现金	0	0
银行存款	0	29 000
应收账款	0	0
原材料	2 000	0
固定资产	10 000	0
无形资产	20 000	0
短期借款	4 000	0
应付账款	6 000	2 000
应付票据	6 000	6 000
应付股利	0	8 000
实收资本	15 000	30 000
资本公积	10 000	0
未分配利润	8 000	6 000
合　计	81 000	81 000

(二)余额试算平衡

余额试算平衡是以“资产＝负债＋所有者权益”这一会计等式为理论依据,根据本期所有账户的借方余额合计数与贷方余额合计数的恒等关系,检查本期账户记录是否正确的方法。按时间不同,又分为期初余额的试算平衡和期末余额的试算平衡。由于资产总额与权益总额必然相等,因此,各账户期初借方余额合计数与贷方发生额合计数必然相等,可以进行期初余额的试算平衡。同时,因为所有账户的本期借方发生额合计数与贷方发生额合计数相等,再应用数学上“等量加等量,其和必等”和“等量减等量,其差必等”的定理,可以计算各账户期末借方余额合计数与贷方余额合计数也必然相等,这也验证了期末会计等式的成立。即:

全部账户期初借方余额合计数＝全部账户期初贷方余额合计数

全部账户期末借方余额合计数＝全部账户期末贷方余额合计数

(三)发生额及余额试算平衡表

在实际工作中,试算平衡表可以综合本期所有账户的期初余额、本期借方发生额、本期贷方发生额和期末余额编制。同样以艾米公司的业务为例,编制本期发生额及余额试算平衡表,如表 3—12 所示。

表 3—12 艾米公司本期发生额及余额试算平衡表

2020 年 11 月 30 日 单位:元

账户名称	期初余额		本期发生额		期末余额	
	借 方	贷 方	借 方	贷 方	借 方	贷 方
库存现金	500		0	0	500	
银行存款	70 000		0	29 000	41 000	
应收账款	30 000		0	0	30 000	
原材料	30 000		2 000	0	32 000	
固定资产	500 000		10 000	0	510 000	
无形资产	19 500		20 000	0	39 500	
短期借款		5 000	4 000	0		1 000
应付账款		12 000	6 000	2 000		8 000
应付票据		20 000	6 000	6 000		20 000
应付股利		0	0	8 000		8 000
实收资本		450 000	15 000	30 000		465 000
资本公积		30 000	10 000	0		20 000
未分配利润		133 000	8 000	6 000		131 000
合 计	650 000	650 000	81 000	81 000	653 000	653 000

从表 3—12 可以看出,全部账户的期初借、贷方余额合计数相等,为 650 000 元;全部账户的期末借、贷方余额合计数相等,为 653 000 元;全部账户的本期借、贷方发生额合计数也相等,为 81 000 元。通过编制本期发生额及余额试算平衡表,核查日常的会计分录与记账工作是否正确、完整,应该注意以下几个方面:

首先,要保证所有账户的发生额和余额都已经记入试算平衡表,否则就会影响结果。

其次,要及时发现错误并及时更正。因为如果借、贷方不平衡,说明记账工作肯定有错误,要及时查明原因,予以更正。

另外,发生额和余额试算平衡,并不一定说明记账肯定正确。例如:(1)对某笔经济业务重复记账;(2)漏记某笔经济业务;(3)对某笔经济业务涉及的有关账户发生错误;(4)借贷方向颠倒;(5)对几笔经济业务涉及的有关账户金额发生的错误正好相互抵销等。这些错误并不影响借贷双方的平衡关系。因此,要认真核对账户记录,不能完全依靠试算平衡表验证其正确性。

五、借贷记账法的特点

根据借贷记账法的含义,结合前面有关账户结构、记账规则和试算平衡方法的举例分析,可以将借贷记账法的特点归纳如下:

(1)以“借方”和“贷方”作为记账符号,明确记账方向。

(2)以“有借必有贷,借贷必相等”作为记账规则,可以根据账户的对应关系了解经济业务的内容,反映各会计要素具体项目增减变动的来龙去脉。

(3)以会计等式和借贷记账规则为理论依据,采用试算平衡方法检查账户记录的正确性。

(4)账户的适应性强,可以设置一些共同性账户。在设置账户时,除了按会计要素分别设置外，还可以设置一些如“其他往来”“内部往来”“待处理财产损溢”等共同性账户，既可以反映资产或费用的增减变动，也可以反映权益或收入的增减变动。共同性账户的性质根据其余额而定，如果余额在借方，就是资产类账户；如果余额在贷方，就是负债类账户。有时候，“应收账款”等账户也具有双重性质。如果“应收账款”明细账户的余额在借方，表示应收未收的债权，是资产，属于资产类账户；如果“应收账款”明细账户的余额在贷方，表示预收账款，是一种债务，属于负债类账户。又如，“财务费用”“投资收益”等账户，如果余额在借方，就表示利息支出和投资损失；如果余额在贷方，就表示利息收入和投资收益。

因此，在借贷记账法下，账户的分类并不是固定的，它们常常具有双重性质。

第五节　总分类账户和明细分类账户

每个企业都会根据会计制度规定的会计科目，结合企业经济业务的特点和规模等方面的因素设置账户，以连续、系统地反映企业的经济业务，提供会计信息。但是，不同的信息使用者对会计资料和信息的需求是不同的。提供以货币性指标为主的总括资料，一般能满足外部信息使用者的需求，但在企业内部组织和管理过程中，则需要利用更多详细和具体的数据资料进行分析，以寻求降低成本、提高效益、实现企业目标的措施。因此，企业不仅要开设总分类账户，提供总括性的会计资料，同时也要设置明细分类账户，提供详细的数据资料，以满足不同信息使用者的需求。

一、总分类账户和明细分类账户的含义

总分类账户又称一级账户，是对会计对象的具体内容做总括核算、提供总括核算资料的账户，主要以货币为计量单位。明细分类账户是以货币、实物等作为计量单位，对总分类账的经济内容进行分类核算，提供具体而详细的核算资料的账户。例如，“原材料”总分类账户提供的主要是金额指标，在“原材料”账户下按照原材料的品种设置明细分类账户，就能够提供各个品种的材料收入、发出和结存的数量、单价和金额等详细的核算资料。

如果总分类账户下的明细分类账户太多，企业可以根据具体经济业务和管理要求，在总分类账户和明细分类账户之间设置二级账户进行分层控制和核算，即在总分类账户下设置二级账户，在二级账户下再设置三级明细分类账户。例如，在“原材料”账户下按原材料的类别设置二级账户，再在不同类别的二级材料账户下按品种设置三级明细分类账户（见图 3—14）。

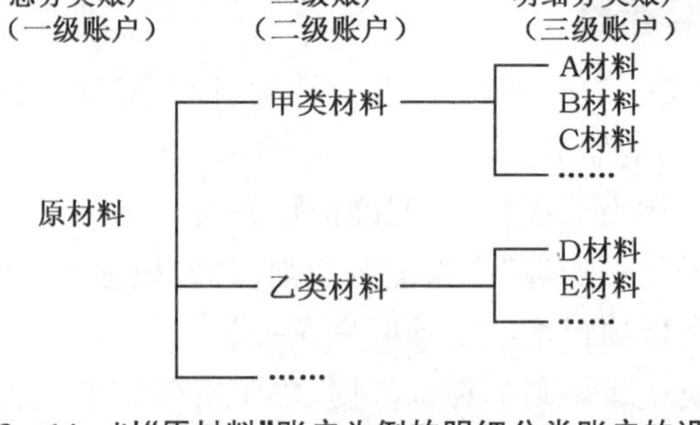

图 3—14　以“原材料”账户为例的明细分类账户的设置

但是,并不是所有的总分类账户都要设置明细分类账户。有些核算内容较为单一的库存现金、银行存款等,就可以不设置明细分类账户。

二、总分类账户和明细分类账户的关系

总分类账户和明细分类账户是对同一经济业务内容进行分层次控制和核算而设置的,所以,它们之间存在相互联系、相互制约的统驭和从属的关系,因而形成了控制(统驭)和被控制的关系。它们既有区别,又有联系。它们的区别表现在:

1. 反映经济业务内容的详细程度不同

总分类账户提供的是总括核算资料,而明细分类账户提供的是具体而详细的核算资料。例如,"应收账款"总分类账户提供的是企业所有债权的增减变动情况和结果。但具体哪个客户的款项已经收回,哪个客户又增加了多少,在"应收账款"总分类账户里无法反映。在这种情况下,只能按照客户名称设置明细分类账,随时了解每一个客户"应收账款"增减变动的详细情况和结果。

2. 作用不同

提供总括资料的总分类账户作为一级账户,属于控制(统驭)账户,对所属二级账户和明细账户起着控制和统驭的作用;二级账户和三级账户是对总分类账户的经济内容所做的进一步分类,属于被控制的从属账户,对总分类账户起着补充说明的作用。例如,"应收账款"按照客户名称设置的明细分类账,对于有效进行应收账款管理、减少坏账损失有极大的帮助。当然,控制和被控制是一个相对概念,如二级账户相对总分类账户而言是被控制的从属账户;而相对明细分类账户来说,则成了起统驭作用的控制账户。

虽然总分类账户与明细分类账户的详细程度不同,所起的作用也不同,但总分类账户和明细分类账户所反映的经济业务内容是相同的,每个明细分类账户反映的内容都是总分类账户的组成部分。总分类账户登记的金额与所属明细分类账户登记的金额应当相等。而且,在记账时,总分类账户与明细分类账户的依据也相同,即都是以原始凭证和记账凭证为记账依据,进行平行登记的。

三、总分类账户和明细分类账户的平行登记

为了使总分类账户与所属的明细分类账户之间能起到控制和补充说明的作用,就应该采用平行登记的方法,便于进行核对,并确保账户记录的正确性。平行登记是指对所发生的每一笔经济业务,都要以会计凭证为依据,在登记总分类账户的同时,以相等的金额,在相同的方向登记明细分类账户。平行登记的基本要点可以概括如下:

1. 期间相同

对每一笔经济业务,在记入总分类账户的同时,要登记明细分类账户。不能只记一方,漏记另一方。即登记总分类账户和明细分类账户的会计期间应一致,不能只登记总分类账户,不登记明细分类账户;反之亦同。

2. 方向相同

对同一笔经济业务,登记总分类账户和明细分类账户的方向应该相同。即总分类账户记入借方,明细分类账户也应记入借方;总分类账户记入贷方,明细分类账户也应记入贷方。

3. 金额相等

记入总分类账户的金额,应与记入所属明细分类账户的金额合计数相等。即总分类账户的本期借方发生额与其所属明细分类账户的本期借方发生额合计数相等,总分类账户的本期贷方发生额与所属明细分类账户的本期贷方发生额合计数相等。

4. 原始依据相同

尽管登记总分类账户和明细分类账户所采取的具体方法和时间先后可能不同,但两者都要以相同的会计凭证作为原始依据。例如,明细分类账户可以根据原始凭证和记账凭证逐笔登记,总分类账户可以根据记账凭证或汇总记账凭证定期登记,但在同一会计期间,双方都应直接以会计凭证作为原始依据进行登记,不能相互转记。

现举例说明总分类账户和明细分类账户的平行登记。

例 4 某企业为小规模纳税人,2020 年 11 月 1 日,"原材料"账户的余额为 30 000 元,"应付账款"账户的余额为 160 000 元,其有关明细账户的余额如表 3—13、表 3—14 所示。

表 3—13 "原材料"明细账户的余额 单位:元

材料名称	计量单位	期初结存数量	单 价	金 额
甲材料	千克	5 000	2	10 000
乙材料	千克	4 000	5	20 000
合 计				30 000

表 3—14 "应付账款"明细账户的余额 单位:元

供应单位	应付账款余额
A	100 000
B	60 000
合 计	160 000

该企业 11 月发生以下几笔涉及原材料和应付账款的经济业务(为简化起见,所购材料单价均为含税价,其成本直接记入"原材料"账户):

(1)5 日,向 A 公司购入甲材料 3 000 千克,每千克 2 元,货款未付。会计分录为:

借:原材料——甲材料 6 000

　贷:应付账款——A 公司 6 000

(2)9 日,向 B 公司购入乙材料 4 000 千克,每千克 5 元,货款未付。会计分录为:

借:原材料——乙材料 20 000

　贷:应付账款——B 公司 20 000

(3)14 日,根据发料汇总表,本月发出甲材料 2 600 千克,每千克 2 元,计 5 200 元;发出乙材料 3 600 千克,每千克 5 元,计 18 000 元。材料均用于产品生产。会计分录为:

借:生产成本 23 200

　贷:原材料——甲材料 5 200

　　　　——乙材料 18 000

(4)24日,以银行存款偿还A公司货款60 000元,偿还B公司货款30 000元,合计90 000元。会计分录为:

借:应付账款——A公司　　60 000

　　　　——B公司　　30 000

　贷:银行存款　　　　　　90 000

将上述期初余额和本月发生额记入“应付账款”“原材料”总分类账户和所属有关明细分类账户,如表3—15至表3—20所示。

表3—15　　总分类账

账户名称:原材料　　单位:元

2020年		凭证号码	摘　要	借　方	贷　方	借或贷	余　额
月	日						
11	1		月初余额			借	30 000
	5	1	购入材料	6 000		借	36 000
	9	2	购入材料	20 000		借	56 000
	14	3	生产领用材料		23 200	借	32 800
11	30		本月合计	26 000	23 200	借	32 800

表3—16　　原材料明细分类账

账户名称:甲材料　　数量单位:千克

2020年		凭证号码	摘　要	收　入			发　出			结　余		
月	日			数量	单价	金额	数量	单价	金额	数量	单价	金额
11	1		月初余额							5 000	2	10 000
	5	1	购入材料	3 000	2	6 000				8 000	2	16 000
	14	3	生产领用				2 600	2	5 200	5 400	2	10 800
11	30		本月合计	3 000		6 000	2 600		5 200	5 400	2	10 800

表3—17　　原材料明细分类账

账户名称:乙材料　　数量单位:千克

2020年		凭证号码	摘　要	收　入			发　出			结　余		
月	日			数量	单价	金额	数量	单价	金额	数量	单价	金额
11	1		月初余额							4 000	5	20 000
	9	2	购入材料	4 000	5	20 000				8 000	5	40 000
	14	3	生产领用				3 600	5	18 000	4 400	5	22 000
11	30		本月合计	4 000		20 000	3 600		18 000	4 400	5	22 000

表 3—18 **总分类账**

账户名称:应付账款 单位:元

2020 年		凭证号码	摘　要	借　方	贷　方	借或贷	余　额
月	日						
11	1		月初余额			贷	160 000
	5	1	购料欠款		6 000	贷	166 000
	9	2	购料欠款		20 000	贷	186 000
	24	4	偿还欠款	90 000		贷	96 000
11	30		本月合计	90 000	26 000	贷	96 000

表 3—19 **明细分类账**

账户名称:A 公司 单位:元

2020 年		凭证号码	摘　要	借　方	贷　方	借或贷	余　额
月	日						
11	1		月初余额			贷	100 000
	5	1	购料欠款		6 000	贷	106 000
	24	4	偿还欠款	60 000		贷	46 000
11	30		本月合计	60 000	6 000	贷	46 000

表 3—20 **明细分类账**

账户名称:B 公司 单位:元

2020 年		凭证号码	摘　要	借　方	贷　方	借或贷	余　额
月	日						
11	1		月初余额			贷	60 000
	9	2	购料欠款		20 000	贷	80 000
	24	4	偿还欠款	30 000		贷	50 000
11	30		本月合计	30 000	20 000	贷	50 000

现将平行登记的结果集中反映在表 3—21 中。

表 3—21 单位:元

总账账户	明细账户	期初余额	借方发生额	贷方发生额	期末余额
原材料	甲材料	10 000	6 000	5 200	10 800
	乙材料	20 000	20 000	18 000	22 000
	合　计	30 000	26 000	23 200	32 800
应付账款	A 公司	100 000	60 000	6 000	46 000
	B 公司	60 000	30 000	20 000	50 000
	合　计	160 000	90 000	26 000	96 000

从上述举例中可以看出平行登记的结果，总分类账户的期初余额、期末余额和本期借、贷方发生额，应分别与各明细分类账户的期初余额、期末余额和本期借、贷方发生额的合计数相等。利用这种相等关系，可以检查总分类账户和明细分类账户的登记是否正确、完整；如果不相等，则表明记账有错误，应查明原因，并予以更正。

重要术语

会计科目——账户的名称，是对会计对象具体内容进行分类的项目。

会计账户——根据会计科目设置的，具有一定的格式和结构，用于分类、连续反映经济业务所引起的会计要素的增减变动过程和结果的载体（简称账户）。

复式记账法——以会计等式为依据，对于任何一笔经济业务，都要在两个或两个以上的账户中，以相等的金额进行相互登记的一种记账方法。

借贷记账法——以“借”和“贷”作为记账符号，以“有借必有贷，借贷必相等”为记账规则，运用复式记账原理，记录反映资产、负债、所有者权益等会计要素的增减变化情况及其结果的一种记账方法。

会计分录——对每笔经济业务列示其应借、应贷账户名称及其金额的记录。仅代表账户之间一借一贷对应关系的会计分录，称为简单会计分录；涉及两个以上账户相互结合的会计分录，称为复合会计分录。

试算平衡——以会计等式和借贷记账规则为理论依据，根据资产与负债和所有者权益之间的恒等关系以及账户的对应关系，检查所有账户记录正确性的过程。

发生额试算平衡——以“有借必有贷，借贷必相等”这一记账规则为理论依据，根据所有账户的本期借方发生额合计数与本期贷方发生额合计数的恒等关系，检查本期发生额记录是否正确的方法。

余额试算平衡——以“资产＝负债＋所有者权益”这一会计等式为理论依据，根据本期所有账户的借方余额合计数与贷方余额合计数的恒等关系，检查本期账户记录是否正确的方法。

总分类账户——指以货币为主要计量单位，对会计对象的具体内容做总括核算，提供总括核算资料的账户，又称一级账户。

明细分类账户——指以货币、实物等作为计量单位，对总分类账户的经济内容进行分类核算，提供具体而详细核算资料的账户。

平行登记——指对所发生的每一笔经济业务，都要以会计凭证为依据，在登记总分类账户的同时，以相等的金额，在相同的方向登记明细分类账户的方法。

复习思考题

1. 什么是会计科目？设置科目的原则有哪些？
2. 什么是账户？账户的基本结构如何？
3. 按照经济业务的内容，账户可以分为哪几类？
4. 根据账户的结构和用途，账户可以分为哪几类？

5. 什么是复式记账？复式记账有什么特点？

6. 什么是借贷记账法？借贷记账法有哪些特点？

7. 什么是会计分录？什么是账户对应关系？什么是对应账户？

8. 借贷记账法下如何进行试算平衡？

9. 论述总分类账户和明细分类账户的关系。

10. 什么是平行登记？平行登记的要点有哪些？

自我测试题

一、单项选择题

1. 对会计要素的具体内容进行分类核算的项目，称为（　　）。
A. 会计凭证　B. 会计账簿　C. 会计科目　D. 会计账页

2. 在借贷记账法中，账户的借方和贷方哪一方记增加、哪一方记减少，取决于（　　）。
A. 账户的结构　B. 账户的用途
C. 账户的性质　D. 账户的发生额和余额

3. 复式记账的理论依据是（　　）。
A. 会计假设　B. 会计原则　C. 会计等式　D. 会计分录

4. 以下属于资产类账户的是（　　）。
A. “所得税费用”　B. “预收账款”
C. “资本公积”　D. “交易性金融资产”

5. 在借贷记账法下，与资产类账户的记账方向相同的账户是（　　）账户。
A. 收入类　B. 负债类
C. 费用类　D. 所有者权益类

6. 按经济内容分类属于资产类账户，按用途和结构分类属于调整类账户的是（　　）。
A. “应收账款”　B. “固定资产”
C. “累计折旧”　D. “本年利润”

7. 账户最基本的分类标准是（　　）。
A. 账户的经济内容　B. 账户的用途和结构
C. 账户的基本结构　D. 账户的记账规则

8. 企业“本年利润”账户 9 月末的余额表示（　　）。
A. 9 月份实现的利润总额　B. 1～9 月份累计实现的利润总额
C. 1～9 月份累计实现的利润净额　D. 9 月份实现的利润净额

二、多项选择题

1. 在借贷记账法下，账户的贷方可以表示（　　）。
A. 短期借款增加　B. 预付账款增加
C. 预收账款增加　D. 投入资本增加

2. 总分类账户和明细分类账户平行登记的要点包括(　　)。

A. 期间相同　B. 方向相同　C. 原始依据相同　D. 金额相等

3. 会计分录的三个要素包括(　　)。

A. 账户名称　B. 金额　C. 借贷方向　D. 业务内容

4. 下列各项经济业务中,会引起资产总额变化的有(　　)。

A. 从银行取得借款　B. 收到客户以前所欠的货款

C. 开出支票支付欠款　D. 收到投资人投入的货币资金

5. 借贷记账法的试算平衡包括(　　)。

A. 发生额试算平衡　B. 增加额试算平衡

C. 余额试算平衡　D. 差额试算平衡

6. 以下属于负债结算账户的有(　　)。

A."应收账款"　B."应付账款"

C."预收账款"　D."预付账款"

7. 资产类账户按用途和结构可以分为(　　)。

A. 结算账户　B. 盘存账户　C. 权益账户　D. 调整账户

8. 以下属于损益类账户的有(　　)。

A."所得税费用"　B."制造费用"

C."税金及附加"　D."管理费用"

9. 按照用途和结构分,属于调整账户的有(　　)。

A."累计折旧"　B."材料成本差异"

C."利润分配"　D."材料采购"

10. 按照经济内容分,属于资产类的账户有(　　)。

A."原材料"　B."材料成本差异"

C."生产成本"　D."材料采购"

三、判断题

1. 会计科目就是账户。(　　)

2. 在借贷记账法下,账户的借方表示增加,贷方表示减少。(　　)

3. 复式记账法是指对所发生的每一笔经济业务,都要在登记总分类账的同时,以相等的金额,在相同的方向登记明细分类账。(　　)

4. 总分类账户的借方发生额合计数与其所属明细分类账户的借方发生额合计数相等。(　　)

5. 余额试算平衡的理论依据是借贷记账规则。(　　)

6. 账户按照用途和结构分类是账户分类的基础。(　　)

7."材料采购"账户按经济内容分,既属于资产类账户,又属于成本类账户。(　　)

8. 调整账户与被调整账户的方向一定相反。(　　)

9."固定资产"账户和"累计折旧"账户反映的经济内容相同。(　　)

10."材料成本差异"账户,既属于资产类账户,又属于调整类账户。(　　)

练习题

习题一

一、目的：熟悉各类账户的结构。

二、资料：A 公司 12 月部分账户的资料如表 3—22 所示。

表 3—22　　A 公司 12 月部分账户的资料　　单位：元

账户名称	期初余额	本期借方发生额	本期贷方发生额	期末余额
银行存款	A	4 000	6 000	12 000
应收账款	24 000	6 000	B	13 000
实收资本	680 000	C	20 000	650 000
应付票据	D	5 000	8 000	10 000
固定资产	126 000	E	70 000	130 000
原材料	95 000	F	30 000	70 000
短期借款	G	4 000	6 500	6 000
应付账款	6 700	18 000	H	2 000

三、要求：根据各类账户的结构，计算表 3—22 中 A～H 的数字。

习题二

一、目的：练习借贷记账法。

二、资料：某公司 2020 年 6 月发生下列经济业务：

(1)从银行提取现金 500 元，以备零星开支。

(2)从小规模纳税企业 A 公司购入材料一批，含税价 130 000 元，已验收入库，材料成本直接计入原材料。货款以银行存款支付。

(3)收到投资者追加投资 100 000 元，存入银行。

(4)用银行存款归还以前所欠货款 5 000 元。

(5)从 B 公司收回所欠账款 7 500 元，存入银行。

(6)采购员小李出差，预借差旅费 600 元，以现金付讫。

(7)生产车间生产产品领用材料 12 000 元。

(8)管理部门购入电脑一台 20 000 元，以银行存款支付。

(9)以银行存款偿还短期借款 15 000 元。

(10)采购员出差回来，报销差旅费 420 元，余款 180 元归还。

三、要求：根据上述资料，编制会计分录。

习题三

一、目的：练习总分类账户和明细分类账户的平行登记。

二、资料：强生公司为小规模纳税人，2020 年 6 月 1 日“应付账款”账户的余额为 60 000 元，“原材料”账户的余额为 80 000 元，其有关明细账的余额如表 3—23、表 3—24 所示。

表 3—23 “应付账款”明细账户的余额 单位：元

债权人	应付账款余额
A 公司	20 000
B 公司	40 000
合 计	60 000

表 3—24 “原材料”明细账户的余额 单位：元

材料名称	计量单位	期初结存数量	单价	金额
甲材料	千克	6 000	5	30 000
乙材料	千克	5 000	10	50 000
合 计				80 000

该企业 6 月发生以下几笔涉及原材料和应付账款的经济业务（为简化起见，所购材料单价均为含税价，材料成本直接记入“原材料”账户）：

(1)4 日，向 A 公司购入甲材料 3 000 千克，每千克 5 元，货款尚未支付。

(2)8 日，向 B 公司购入乙材料 4 000 千克，每千克 10 元，货款尚未支付。

(3)9 日，向 C 公司购入甲材料 6 000 千克，每千克 5 元，货款已经支付。

(4)13 日，仓库发出甲材料 4 000 千克，每千克 5 元，合计 20 000 元；发出乙材料 1 500 千克，每千克 10 元，合计 15 000 元。材料均用于产品生产。

(5)23 日，以银行存款偿还 A 公司货款 23 000 元，偿还 B 公司货款 27 000 元，合计 50 000 元。

三、要求：

1. 编制会计分录。

2. 开设“应付账款”和“原材料”总分类账户和所属明细分类账户，采用平行登记的方式进行登记。

第四章　账户和借贷记账法的应用

本章学习指南

通过本章学习，要求熟悉企业经营活动过程中的经济业务内容；掌握根据经济业务的特点和管理要求，设置相应的账户体系；重点掌握运用账户和借贷记账法对各项经济业务进行账务处理；掌握成本计算的基本方法。由于事业单位、非营利组织、服务行业、商业企业等会计主体的业务环节和内容相对简单，需要设置的会计科目和需要处理的会计事项也比较少，因此本章重点结合工业企业的经营过程，阐述账户的设置和借贷记账法在实践中的具体应用。

为了全面、连续、系统地反映和监督企业的经济活动过程和结果，企业应根据经济业务的特点和管理要求，设置相应的账户，运用借贷记账法对各项经济业务进行账务处理。工业企业的经营过程主要包括资金筹集、生产准备、产品生产、产品销售、财务成果的形成和分配等业务。在资金筹集过程中，企业要设置账户，进行投入资本和企业债务的核算；在生产准备过程中，企业要设置相应的账户，进行固定资产的取得、材料采购费用的归集和分配、入库材料成本结转业务的核算，并通过"材料采购"账户计算入库材料的实际采购成本。生产过程既是费用的发生和归集的过程，也是各成本计算对象的成本形成过程，企业要设置相应的账户，进行材料费用、职工薪酬、间接制造费用的归集和分配，以及完工产品成本结转业务的核算，并通过"生产成本"账户计算完工入库产品的实际生产成本；销售过程的核算内容包括销售收入的确认、销售成本的结转以及款项的结算等，并通过"库存商品"账户计算已经销售产品的成本。进行财务成果的核算，就是要正确计算一定会计期间的收入和费用，通过收入和费用的配比确定会计期间的盈亏，并按规定的分配顺序进行利润的分配。在明确利润构成的前提下，进行利润形成和分配的核算，计算企业实现的利润总额、利润净额和未分配利润。

第一节　工业企业经营过程的核算和成本计算

一、工业企业经营过程的核算

现代企业制度下的工业企业，是指按照市场经济的要求，为满足社会生产和消费的需要而依法成立的自主经营、自负盈亏、自我发展、自我约束的产品制造企业。工业企业的总体目标是根据市场经济的需要组织产品生产或提供工业性劳务，以实现社会效益和企业财富的最大化。

企业的经营活动过程，也是企业资金循环周转和价值的增值过程。工业企业的生产经营活动从投入资源开始，经过建造厂房、购置机器设备和购买各种材料物资的生产准备过程，使用生产设备、消耗材料物资、支付人工费用以及其他间接生产费用的生产过程，生产出可供销售的产品，并经过产品销售过程和款项结算，收回货币资金，实现价值的增值。随着企业生产经营活动的持续进行，企业的资金从货币资金形态出发，最后又回到货币资金形态的这一转化过程也不断地循环周转。中间的每个环节都涉及企业资金的运动，同时，资金可以以追加投资和扩大负债比例的方式继续投入企业，也可以通过投资的返还、红利的分配、债务的清偿、利息的支付和税费的上缴等形式退出企业。在这个不断循环的周转过程中，企业会随着利润的形成而实现价值的增值。

工业企业经营活动的业务内容，主要包括资金筹集过程、生产准备过程、产品生产过程、产品销售过程、财务成果的形成和分配过程中涉及的业务。

企业筹集的资金主要来源于投资者的投入和企业债权人提供的资金。任何企业要从事生产经营活动，首先需要有一定数量的资金。企业筹集资金的来源主要有很多，如吸收投资、发行股票以及向银行借款、发行债券等。企业投资者投入的资本是实际投入企业的各种经济资源，可以是货币资金，也可以是存货、固定资产等实物资产，或是专利权、商标权、有价证券等没有实物形态的资产。从企业的角度讲，从债权人处筹集的资金，即企业的负债，主要包括银行借款、应付债券等。

为了保证生产的正常进行，企业首先要有生产设备和劳动对象。企业要进行产品生产的前提条件是有充分的生产资料，包括生产设备、厂场建筑和材料物资等。这里简要介绍生产准备过程中购建固定资产和采购材料的业务，包括原材料的购买、材料采购成本的确定、货款的结算、检查材料采购计划的执行情况、监督固定资金和储备资金的分布占用情况等。

产品的生产过程是产品制造企业经营过程的关键环节。在生产过程中，企业将原材料等劳动对象投入生产，经过工人的加工，制造出适合市场需要的产品。因此，生产过程企业核算的主要内容是，反映和监督原材料、人工费用等直接生产费用的发生和分配，归集和分配间接制造费用，确定完工产品成本，以及考核生产资金定额和成本计划的执行情况。

企业产品销售过程的核算内容主要包括销售收入的确认、销售成本的结转、销售费用的支付以及款项的结算等。

财务成果的形成和分配过程则主要包括营业收入、营业成本、期间费用、其他损益以及利得和损失的结转，营业外收支的确认，所得税费用的计算，利润的形成和分配等核算内容。

此外，企业还会发生如期末账项调整、非流动资产的处置、金融资产投资、向债权人支付利息以及进行债务偿还等经济业务。对于企业财产清查业务的核算，将在后续章节专门介绍。而其他的如投资性房地产、金融资产投资、非货币性资产交换及债务重组、企业并购等业务，将作为后续专业课程的内容。

二、成本计算

产品制造企业的生产经营过程，既是产品的制造过程，又是劳动资料和劳动对象等物化劳动和活劳动的消耗过程；既是费用的发生和归集的过程，也是各成本计算对象的成本形成过程。企业在生产经营过程中经常要发生各种人力、物力和财力的耗费，包括生产资料中的机器设备和原材料的耗费、人工的耗费以及其他费用的发生。一定时期内发生的各种耗费，称为费用。企业将生产经营过程中所发生的各项费用归集到一定的对象中，就成为各对象的成本。

例如，在供应过程中所支付的材料买价、采购费用按各种材料进行归集，即构成各种材料的采购成本；在生产过程中所发生的生产费用按各种产品进行归集，即构成各种产品的制造成本。

进行成本计算就是把企业在生产经营过程中各阶段所发生的各项费用，按照一定的对象和标准进行归集和分配，以计算各该对象的总成本和单位成本。工业企业在生产准备过程、产品生产过程、产品销售过程中都会涉及成本的计算，包括供应过程的材料采购成本的计算、生产过程的产品生产成本的计算和销售过程的产品销售成本的计算。有关成本计算的系统理论和方法，将在后续《成本会计》课程中讲解。这里仅结合企业经济业务的核算过程进行材料采购成本、产品生产成本和产品销售成本的计算。

为了全面、连续、系统地反映和监督企业经济活动的过程和结果，企业应该按经济业务的特点和管理要求，设置相应的账户，运用借贷记账法，对各项经济业务进行账务处理，并采用一定的程序和方法，将各个阶段的费用进行归集和分配，以计算各成本计算对象的总成本和单位成本。

第二节　资金筹集业务的核算

如前所述，任何企业要进行生产经营或从事日常管理活动，都需要有一定数量的经济资源。无论是货币资金、存货、固定资产，还是专利权、土地使用权等无形资产，主要来源于投资者的投入和企业债权人提供的资金。本书仅简单介绍投入资本和由银行借款引起的资金流入业务的核算。

一、投入资本的核算

在资产负债表上，资产表示企业拥有或控制的经济资源；与资产相对应的称为权益。权益表明，对企业资产有权利可以要求，有利益可以分享。资产总额和权益总额必然相等。权益按其性质可分为负债和所有者权益。它有别于债权人权益，是企业所有者对企业净资产的要求权。所有者权益的构成与企业的组织形式有直接的关系，并可以按来源与法定要求分为投入资本和留存收益。这里仅讲解投入资本。

投入资本按法定要求可分为实收资本或股本（股份制企业称之为股本）和资本公积两部分。股本有普通股本和优先股本两种，它们在公司经营、分配股利和财产清算等方面有着不同的权利。股票可以按面值发行，也可以溢价发行，但不允许折价发行。

企业的投资主体可以是国家、法人、社会公众等投资者，也可以是证券公司、境内公募投资基金、私募基金、境外投资基金等机构投资者。

（一）账户的设置

投入资本包括实收资本和资本公积，在核算中应设置“实收资本”“资本公积”账户。股份有限公司投资者的投入资本，在“股本”账户中进行核算。

1.“实收资本”或“股本”账户

“实收资本”账户是用来反映和监督非股份制企业投资者投入资本的增减变动情况和结果的所有者权益类账户。其贷方登记所有者投资的增加额；借方登记所有者投资的减少额；期末余额在贷方，表示所有者投资的期末实际结存数额。“股本”账户是用来反映和监督股份制企业投资者投入资本的增减变动情况和结果的所有者权益类账户。

“实收资本”或“股本”账户按投资者设置明细账，进行明细分类核算。其账户的结构如图4—1所示。

借方 实收资本(股本)	贷方
投入资本的减少额	期初余额：期初实收资本或股本的实有数额 收到投资者投入的资本
	期末余额：期末实收资本或股本的实有数额

图4—1 “实收资本”或“股本”账户的结构

企业实际收到投资者投入资本，或转增资本时，记入“实收资本”或“股本”账户的贷方。“实收资本”或“股本”账户的数额一般不能随意减少，一定要依法申请并经批准，才可以缩减投资规模或赎回资本，记入该账户的借方。

2.“资本公积”账户

“资本公积”账户是用来反映和监督资本公积的增减变动情况和结果的所有者权益账户。其贷方登记资本公积的增加额；借方登记资本公积的减少额；期末余额在贷方，表示资本公积的期末实有数额。

“资本公积”账户按资本公积形成的类别设置明细账，进行明细核算。企业取得资本溢价或股本溢价时，记入该账户的贷方；发生资本公积转增资本等业务时，记入该账户的借方。“资本公积”账户的结构如图4—2所示。

借方 资本公积	贷方
资本公积的减少额	期初余额：期初资本公积的实有数额 资本公积的增加额
	期末余额：资本公积的期末实有数额

图4—2 “资本公积”账户的结构

(二)投入资本的总分类核算

例1 大地公司收到国家投入货币资金800 000元，款项已存入银行。

这项经济业务的发生，一方面，使得企业的银行存款增加800 000元；另一方面，使得实收资本或股本也同时增加800 000元。因此，该业务涉及的账户有“银行存款”和“实收资本”或“股本”账户。银行存款属于企业的资产，其增加应记入“银行存款”账户的借方；国家投资属于所有者权益，其增加应记入“实收资本”或“股本”账户的贷方。在账务处理中，应根据“收账通知”或已受理的“进账单回执”等有关原始凭证，编制会计分录如下：

借：银行存款　　800 000

　　贷：实收资本(或股本)　　800 000

例2 大地有限责任公司收到甲公司作为投资的新设备一台，根据设备的市场价，投资双方确认的合同价为200 000元，与公允价值基本一致。设备已办理交接验收手续，可以直接投入使用。

这项经济业务的发生，一方面，使得企业的固定资产增加200 000元；另一方面，使得实收资本或股本也同时增加200 000元。因此，该业务涉及的账户有“固定资产”和“实收资本”账户。固定资产属于企业的资产，其增加应记入“固定资产”账户的借方；投资者投资属于所有者权益，其增加应记入“实收资本”账户的贷方。在账务处理中，应根据“固定资产交接验收单”等有关原始凭证，编制会计分录如下(假设不考虑相关税费)：

借：固定资产	200 000	
贷：实收资本		200 000

例3　大地公司接受乙企业追加投入人民币5 000 000元，换取大地公司所有者权益的10%，当时大地公司的所有者权益合计为10 000 000万元。作为投资，款项已存入银行。

这项经济业务的发生，一方面，使得企业的银行存款增加5 000 000元；另一方面，使得资本增加1 000 000元，资本公积增加4 000 000元。因此，该业务涉及的账户有“银行存款”“实收资本”和“资本公积”账户。银行存款属于企业的资产，其增加应记入“银行存款”账户的借方；投入资金中的资本部分，记入“实收资本”账户的贷方，超过部分属于企业的资本公积，其增加应记入“资本公积”账户的贷方。在账务处理中，应根据“收账通知”或已受理的“进账单回执”等有关原始凭证，编制会计分录如下：

借：银行存款	5 000 000	
贷：实收资本		1 000 000
资本公积——资本溢价		4 000 000

如果大地公司是一家股份制企业，接受乙企业投资5 000 000元，换取公司面值为1元的普通股1 000 000股，则会计分录为：

借：银行存款	5 000 000	
贷：股本		1 000 000
资本公积——股本溢价		4 000 000

二、银行借款的核算

企业在生产经营过程中，为了保证资金周转的正常需要，保持合理的资本结构，往往要向银行或其他金融机构等债权人借款，并按期还本付息。期限在1年以下(含1年)的借款为短期借款，期限在1年以上(不含1年)的借款为长期借款。这里简单介绍取得银行借款的核算。

(一)账户的设置

银行借款的核算，一般应设置“短期借款”“应付利息”“长期借款”等账户。

1.“短期借款”账户

“短期借款”账户是用来反映和监督企业向银行或其他金融机构借入的期限在1年以下(含1年)的各种借款的增减变动情况和结果的负债类账户。其贷方登记短期借款的增加额；借方登记归还的各种短期借款的减少额；期末余额在贷方，表示期末尚未归还的各种短期借款的实际结存金额。

“短期借款”(“长期借款”)账户的结构如图4—3所示。

短期借款(长期借款)

借方	贷方
归还银行借款	期初余额:期初尚未归还的银行借款数额 取得银行借款
	期末余额:期末尚未归还的银行借款数额

图 4—3　“短期借款”(“长期借款”)账户的结构

2.“长期借款”账户

“长期借款”账户是用来反映和监督企业向银行或其他金融机构借入的期限在 1 年以上的各种借款的增减变动情况和结果的负债类账户。其贷方登记取得长期借款时的增加额和记入利息;借方登记归还的长期借款金额;期末余额在贷方,表示期末尚未归还的各种长期借款的实际结存金额。“长期借款”账户的结构如图 4—3 所示。

“短期借款”和“长期借款”账户均按债权人设置明细账,并按借款种类进行明细分类核算。

企业的长期借款,可以根据其是否设定用途,分为一般借款和专门借款。

3.“应付利息”账户

“应付利息”账户是用来反映和监督企业向银行或其他金融机构应付的各种借款利息的增减变动情况和结果的负债类账户。其贷方登记应付借款利息的增加额;借方登记归还的各种借款利息的减少额;期末余额在贷方,表示期末尚未支付各种借款利息金额。

“应付利息”账户的结构如图 4—4 所示。

应付利息

借方	贷方
本期支付的应付利息	期初余额:期初尚未支付借款利息 本期确认的应付利息
	期末余额:期末尚未支付的已确认应付利息

图 4—4　“应付利息”账户的结构

(二)银行借款的总分类核算

例 4　大地公司从银行取得短期借款 80 000 元,期限为 3 个月,年利率为 6%,利息按季度结算,款项已存入银行。

这项经济业务的发生,使得企业的银行存款和短期借款同时增加 80 000 元。因此,该业务涉及的账户有“银行存款”和“短期借款”账户。银行存款的增加记入“银行存款”账户的借方;短期借款属于负债,其增加应记入“短期借款”账户的贷方。取得借款时,在账务处理中,应根据“收账通知”等有关原始凭证,编制会计分录如下:

借:银行存款	80 000	
贷:短期借款		80 000

借款到期,做相反的会计分录。

例 5　因购置生产设备,大地公司从银行取得长期借款 90 000 元,期限为 2 年,年利率为 12%,到期还本付息,款项已存入银行。

这项经济业务的发生,使得企业的银行存款和长期借款同时增加 90 000 元。银行存款的增加记入“银行存款”账户的借方,长期借款的增加记入“长期借款”账户的贷方。在账务处理中，应根据“收账通知”等有关原始凭证，编制会计分录如下：

借：银行存款　　　　90 000

　　贷：长期借款　　　　90 000

借款到期，做相反的会计分录。

企业从银行借入的短期借款所应支付的利息，应当直接计入当期财务费用。在实际工作中，一般采用按季度结算的方式。借款利息金额较大的，企业可以采用按月计提的方式计入当期财务费用，到季度末一次支付。

如果上述短期借款每月计提利息时，则编制会计分录如下：

借：财务费用　　　　400

　　贷：应付利息　　　　400

季度末支付利息时：

借：财务费用　　　　400

　　应付利息　　　　800

　　贷：银行存款　　　　1 200

而长期借款的利息，则按月计提，根据实际情况确定是进行资本化还是费用化。有关短期借款利息的计算和账务处理，将在后面章节中关于财务费用核算的部分具体说明；关于长期借款的利息费用问题比较复杂，专门借款的利息应该在扣除暂时闲置资金的收益后进行资本化；对于被占用的一般借款的利息，则根据资本化的条件，确定资本化金额，其余的全部费用化。如果长期借款每月计提利息时，其中500元可以资本化，则编制会计分录如下：

借：财务费用　　　　400

　　在建工程　　　　500

　　贷：应付利息　　　　900

有关长期借款利息资本化问题，将在后续课程中讨论。

课堂讨论题1

在实际工作中，企业筹集资金的方式可以是(　　)。

A. 接受原始投资　　B. 银行借款

C. 发行公司债券　　D. 增发股票

第三节　生产准备业务的核算

一、固定资产购入业务的核算

固定资产是为生产商品、提供劳务、出租或经营管理而持有的，使用期限超过一个会计年度，单位价值在规定金额以上的有形资产，如房屋、建筑物、机器、机械、运输工具以及其他与生产经营有关的设备、工具等。外购的固定资产按取得时的实际成本入账，在使用过程中，其实物形态不会发生改变。因此，固定资产的原始成本基本保持不变。

(一)账户设置

固定资产的核算，一般应设置“固定资产”账户。“固定资产”账户是用来反映和监督企业固定资产增减变动情况和结果的资产类账户。该账户的借方登记固定资产增加的原始价值；企业接受投资者投入或以外购等方式取得固定资产时，记入该账户的借方，表示固定资产的增加；其原始价值包括达到可使用状态前发生的所有支出。在报废、处置固定资产时，记入该账户的贷方，表示固定资产的减少额。期末余额在借方，表示期末结存的固定资产的原始价值。

“固定资产”账户按固定资产类别、使用部门设置明细分类账，进行明细分类核算。

“固定资产”账户的结构如图 4—5 所示。

借方　　　　　　　　固定资产	贷方
期初余额：期初结存固定资产的原始价值 增加固定资产的原始价值	减少固定资产的原始价值
期末余额：期末结存固定资产的原始价值	

图 4—5 “固定资产”账户的结构

对于需要安装后投入使用的固定资产，则先要将达到可使用状态前发生的购买价、税费、安装支出等所有成本记入“在建工程”账户。“在建工程”账户用于归集达到可使用状态前所发生的固定资产成本并结转完工固定资产成本的账户。

一般情况下，一般纳税人外购固定资产时支付的增值税可以抵扣。而小规模纳税企业的增值税则不能抵扣，应计入固定资产成本。

(二)固定资产的总分类核算

例 6 小规模纳税人大地公司购入不需要安装的管理用设备一套，买价为 10 000 元，支付增值税 1 300 元，支付其他费用 2 700 元。可以直接投入使用。

小规模纳税人在固定资产采购过程中发生的买价和所有费用、税金，都构成固定资产的成本，因此，该固定资产的实际成本为 14 000 元。这项经济业务的发生，使得企业的固定资产增加了 14 000 元，银行存款减少了 14 000 元。固定资产的增加，记入“固定资产”账户的借方；银行存款的减少，记入“银行存款”账户的贷方。在账务处理中，应根据发票、“付账通知”等有关原始凭证，编制会计分录如下：

借：固定资产	14 000	
贷：银行存款		14 000

如果该例中大地公司为一般纳税人，取得增值税专用发票金额 1 300 元，则支付的增值税应予以抵扣，买入时应编制会计分录如下：

借：固定资产	12 700	
应交税费——应交增值税(进项税额)	1 300	
贷：银行存款		14 000

例 7 小规模纳税人大地公司购入需要安装的管理用设备一套，买价为 20 000 元，支付增值税 2 600 元，支付其他费用 2 400 元。共支付了安装费用 5 000 元，安装完毕，经验收合格交

付使用。

如果企业购入的固定资产需要安装后才能投入使用,应该先通过“在建工程”账户,将购买支出和安装成本进行归集,待安装完毕并交付使用时,转入“固定资产”账户。因此,这项经济业务的发生可以分为以下三步:

首先,购入需要安装的管理设备,应该将在购买过程中发生的买价和所有费用、税金等25 000元支出,都作为固定资产的成本,先记入“在建工程”账户的借方;同时,将银行存款的减少记入“银行存款”账户的贷方。在账务处理中,根据购货发票、“付账通知”等有关原始凭证,编制会计分录如下:

借:在建工程　　25 000
　　贷:银行存款　　25 000

其次,安装过程中发生的5 000元支出,也在“在建工程”账户进行核算,记入“在建工程”账户的借方;同时,贷记“银行存款”账户。在账务处理中,根据相关原始凭证,编制会计分录如下:

借:在建工程　　5 000
　　贷:银行存款　　5 000

最后,待管理设备安装完工并交付使用时,将工程的总成本30 000元,从“在建工程”账户的贷方,转入“固定资产”账户的借方。在账务处理中,应根据“安装工程竣工决算书”“固定资产交接验收单”等有关原始凭证,编制会计分录如下:

借:固定资产　　30 000
　　贷:在建工程　　30 000

二、材料采购业务的核算

材料是生产过程中必不可少的物质要素,企业要进行正常的生产经营活动,就必须购买和储备一定数量的材料物资。在采购过程中,先要确定材料采购成本的组成内容,然后根据业务内容和管理要求,设置相应的账户,进行原材料采购业务以及货款结算业务的核算,并计算和结转材料的采购成本。

(一)账户设置

材料的日常核算采用实际成本核算的企业,可以不设置“材料采购”账户,另外单独设置“在途物资”账户。这里仅介绍采用实际成本进行材料日常核算的方法,并假设直接使用“材料采购”账户,不单独设置“在途物资”账户核算在途材料。因此,企业应设置“原材料”“材料采购”“应交税费——应交增值税”“应付账款”“预付账款”等账户,进行材料采购业务的核算。

1.“原材料”账户

“原材料”账户是用于反映和监督企业库存原材料成本增减变动情况和结果的资产类账户。在采用实际成本进行材料核算的企业,该账户的借方登记入库原材料的实际成本;账户的贷方登记发出材料的实际成本;期末余额在借方,反映期末结存原材料的实际成本。在采用计划成本核算原材料的企业,原材料账户全部用计划成本进行计量,并通过“材料成本差异”账户进行超支或节约差异的调整。

“原材料”账户按原材料的品种、规格设置明细分类账户,进行明细分类核算。

“原材料”账户的结构如图 4—6 所示。

借方	原材料	贷方
期初余额：期初库存原材料的实际成本（计划成本） 入库材料的实际成本（计划成本）	发出材料的实际成本（计划成本）	
期末余额：期末库存原材料的实际成本（计划成本）		

图 4—6　“原材料”账户的结构

2.“材料采购”账户

从账户的性质看，“材料采购”账户既是成本类账户，也是资产类账户。“材料采购”账户是用来归集材料采购过程中发生的买价和各项费用，计算并确定材料采购成本的，因此属于成本账户。在外购原材料过程中实际发生的买价和采购费用，都应该计入采购成本。该账户的借方登记材料的买价及采购费用；贷方登记验收入库转入“原材料”账户的实际采购成本；该账户一般无余额，如有余额在借方，表示期末尚未到达的在途材料的成本。因此，该账户也属于资产类账户。

“材料采购”账户按材料的品种、规格设置明细分类账户，进行明细分类核算。利用“材料采购”账户所提供的资料，可以考核企业采购计划的执行情况和采购资金的使用情况，起到控制和监督的作用。

“材料采购”账户的结构如图 4—7 所示。

借方	材料采购	贷方
期初余额：期初在途材料的实际成本 购入材料的买价和采购费用	验收入库材料的实际成本	
期末余额：期末在途材料的实际成本		

图 4—7　“材料采购”账户的结构

在采用实际成本核算材料的企业，可以不设置“材料采购”账户，将原材料的实际采购成本直接记入“原材料”账户。在这种情况下，要专门设置“在途物资”账户，核算企业在途材料的成本归集和结转情况。

在采用计划成本核算材料的企业，一定要设置“材料采购”账户，进行材料实际采购成本的核算，并按计划成本记入“原材料”账户，实际成本与计划成本之间的差异，记入“材料成本差异”账户，借方表示超支差异，贷方表示节约差异。有关原材料计划成本的核算方法，将在后续课程中介绍。

3.“应交税费——应交增值税”账户

企业在采购材料的同时，还需缴纳增值税。“应交税费”账户是用来反映和监督企业诸如增值税、消费税、所得税等各种税费的应缴纳和实际上缴情况的负债类账户。

增值税是对在我国境内销售货物或者提供加工、修理修配劳务以及进口货物的单位或个人，就其取得货物或应税劳务的销售额以及进口货物的金额计算税款，并实行税款抵扣制的一种流转税。企业购入货物或接受劳务的进项税额可以从销售货物或提供劳务的销项税额中扣减，并按照差额缴纳。“营改增”以后，一般纳税人的增值税税率为 13%，按不含税价进行计算，交通运输服务的税率为 9%，允许作为进项税额进行抵扣；但小规模纳税人按销售额的 3% 缴纳增值税，不抵扣进项税。但为了简单起见，本书不考虑运费的进项税额抵扣问题。

按照规定，只有取得增值税专用发票的、进口货物有完税凭证的、购进免税农产品或收购废旧物资的，才能抵扣。企业对增值税进行会计核算时，在“应交税费”科目下设置“应交增值税”明细科目，并设置“进项税额”“销项税额”“已交税费”“出口退税”“进项税额转出”等专栏。

“应交税费——应交增值税”账户的结构如图 4—8 所示。

借方	应交税费——应交增值税　　贷方
期初余额：尚未抵扣的增值税 购进材料支付的进项税额 本期缴纳增值税	期初余额：应交增值税 销售货物收取销项税额 进项税额转出
期末余额：期末尚未抵扣增值税	期末余额：期末应缴纳增值税

图 4—8 “应交税费——应交增值税”账户的结构

4.“应付账款”账户

“应付账款”账户是用来反映和监督企业因采购物资或接受劳务而发生的应付给供应单位的款项增减变动情况的负债类账户。“应付账款”账户的贷方登记因采购物资或接受劳务而发生的应付账款的增加额；借方登记归还的应付账款；期末余额一般在贷方，表示期末尚未支付的应付账款的实际数额。

“应付账款”账户按不同债权人的名称设置明细分类账户，进行明细分类核算。

“应付账款”账户的结构如图 4—9 所示。

借方　　　　应付账款	贷方
本期支付应付账款	期初余额：期初尚未归还的应付账款数额 本期应付账款的增加额
	期末余额：期末尚未归还的应付账款数额

图 4—9 “应付账款”账户的结构

5.“预付账款”账户

“预付账款”账户是用来反映和监督企业按照购货合同的规定预付给供应单位的款项及结算情况的资产类账户。“预付账款”账户的借方登记企业因购货而预付的款项，以及结算时预付不足而补付的款项；贷方登记收到货物时冲销的款项，以及结算时多预付部分的退回款；期末余额一般在借方，表示企业实际预付而尚未冲销的款项，如果有贷方余额，表示尚未补付的款项，即应付的款项。

“预付账款”账户按不同债务人的名称设置明细分类账，进行明细分类核算。

“预付账款”账户的结构如图 4—10 所示。

借方　预付账款　贷方	
期初余额：期初尚未结算的预付款项 向供应单位支付的预付款项金额	冲销预付款项或退回多余部分
期末余额：期末尚未结算的预付款项	

图 4—10　“预付账款”账户的结构

(二)材料采购业务的总分类核算

例 8　大地公司从甲公司购入 A 材料 2 000 千克，每千克 5 元，增值税专用发票注明的买价为 10 000 元，进项税额为 1 300 元。材料已验收入库，款项已经用银行存款支付。

材料的买价是材料采购成本的主要构成内容；增值税专用发票注明的增值税额，表示按规定可以抵扣的增值税进项税额。这笔经济业务的发生，一方面，增加了材料采购成本，应记入“材料采购”账户的借方；可以抵扣的增值税进项税额，应记入“应交税费——应交增值税”账户的借方。另一方面，款项已经支付，减少了银行存款，应记入“银行存款”账户的贷方。进行账务处理时，应根据购货发票、“付账通知”等有关原始凭证，编制会计分录如下：

借：材料采购——A 材料　10 000
　　应交税费——应交增值税(进项税额)　1 300
　贷：银行存款　11 300

在登记“材料采购”总分类账户的借方，进行总分类核算的同时，要在“材料采购——A 材料”明细分类账户借方的“买价”栏进行登记，进行明细分类核算。

例 9　大地公司以银行存款支付上述购入 A 材料的外地运杂费 1 200 元(不考虑增值税)、装卸搬运费 800 元。

材料的采购费用也是 A 材料采购成本的一个组成部分。这笔经济业务的发生，一方面，增加了材料采购成本；另一方面，减少了银行存款。采购成本的增加，应记入“材料采购”账户的借方；银行存款的减少，应记入“银行存款”账户的贷方。进行账务处理时，应根据有关原始凭证，编制会计分录如下：

借：材料采购——A 材料　2 000
　贷：银行存款　2 000

在登记“材料采购”总分类账户的借方，进行总分类核算的同时，要在“材料采购——A 材料”明细分类账户借方的采购费用的“运杂费”“装卸搬运费”栏登记，进行明细分类核算。

例 10　上述 A 材料已经验收合格入库，结转材料的实际成本。

根据采购过程确定的材料的实际成本总额，从“材料采购”账户的贷方转入“原材料”账户的借方，以反映入库材料的实际成本 12 000 元。进行账务处理时，应根据“入库单”或“材料采购成本计算表”等原始凭证，编制会计分录如下：

借：原材料——A 材料　12 000
　贷：材料采购——A 材料　12 000

在登记“原材料”总分类账户的借方，进行总分类核算的同时，要在“原材料——A 材料”明细分类账户的借方登记，进行明细分类核算。

例11 大地公司从乙公司购入B材料5 000千克，每千克20元，增值税专用发票注明的买价为100 000元，进项税额为13 000元。对方代垫运费1 500元。材料已经收到，对方提供的信用期为1个月。

在这项经济业务中，材料的买价和运费共同构成材料的采购成本。采购成本的增加，应记入"材料采购"账户的借方；增值税专用发票注明的增值税额，应记入"应交税费——应交增值税"账户的借方；对方代垫的运费和没有支付的货款，构成了企业的负债，应记入"应付账款"账户的贷方。进行账务处理时，应根据"增值税专用发票"等有关原始凭证，编制会计分录如下：

借：材料采购——B材料	101 500	
应交税费——应交增值税（进项税额）	13 000	
贷：应付账款		114 500

在登记"材料采购"总分类账户的借方、进行总分类核算的同时，要在"材料采购——B材料"明细分类账户借方的"买价"栏、采购费用的"运杂费"栏登记，进行明细分类核算。

例12 上述B材料已经验收合格入库，结转材料的实际成本。

计算材料的实际成本总额101 500元，从"材料采购"账户的贷方转入"原材料"账户的借方，以反映入库材料的实际成本。进行账务处理时，应根据"入库单"或"材料采购成本计算表"等原始凭证，编制会计分录如下：

借：原材料——B材料	101 500	
贷：材料采购——B材料		101 500

在登记"原材料"总分类账户的借方、进行总分类核算的同时，要在"原材料——B材料"明细分类账户的借方登记，进行明细分类核算。

例13 大地公司开出银行转账支票，支付上述乙公司的B材料款。

这笔经济业务的发生，一方面，归还了企业的应付账款；另一方面，减少了银行存款。应付账款的减少，应记入"应付账款"账户的借方；银行存款的减少，应记入"银行存款"账户的贷方。进行账务处理时，应根据"付账通知"等有关原始凭证，编制会计分录如下：

借：应付账款	114 500	
贷：银行存款		114 500

例14 大地公司从丙公司同时购入A材料8 000千克，每千克5元；增值税专用发票注明的买价为40 000元，进项税额为5 200元。B材料1 000千克，每千克20元，增值税专用发票注明的买价为20 000元，进项税额为2 600元。材料未到，款项共计67 800元，已经用银行存款支付。

这项经济业务涉及两种材料，材料的买价分别作为A、B材料的采购成本，记入"材料采购"总分类账户和明细分类账户"材料采购——A材料""材料采购——B材料"的借方；增值税专用发票注明的增值税额，应记入"应交税费——应交增值税"账户的借方；银行存款的减少，应记入"银行存款"账户的贷方。进行账务处理时，应根据"增值税专用发票"和"付款通知"等有关原始凭证，编制会计分录如下：

借：材料采购——A材料	40 000	
——B材料	20 000	

应交税费——应交增值税(进项税额)　　7 800
贷:银行存款　　67 800

例 15　大地公司以银行存款支付上述A材料、B材料的运杂费4 500元,按重量分摊。

材料的采购费用是材料采购成本的一个组成部分。这笔经济业务的发生,一方面,增加了材料采购成本;另一方面,减少了银行存款。采购成本的增加,应记入"材料采购"账户的借方;银行存款的减少,应记入"银行存款"账户的贷方。

这项经济业务支付的运杂费涉及两种材料,对于共同性的采购费用,应选用恰当的分配标准,在该批材料的各品种之间进行合理分配,以分别确定它们的采购成本。假定本例的运杂费按材料的重量分摊,A材料应承担的运杂费为4 000元,B材料应承担的运杂费为500元。

因此,在登记"材料采购"总分类账户的借方、进行总分类核算的同时,要在"材料采购"的A材料、B材料明细分类账户借方的采购费用的"运杂费"栏分别登记4 000元、500元,进行明细分类核算。进行账务处理时,应根据"材料采购费用分配表""付账通知"等有关原始凭证,编制会计分录如下:

借:材料采购——A材料　　4 000
　　　　　——B材料　　500
贷:银行存款　　4 500

例 16　从丙公司购入的上述8 000千克A材料和1 000千克B材料,已经验收合格入库,按其实际采购成本结转。

根据"材料采购"明细分类账户中的记录,从丙公司购入的上述A材料的实际采购成本为44 000元,B材料的实际采购成本为20 500元。根据材料的实际采购成本总额,从"材料采购"账户的贷方转入"原材料"账户的借方,以反映入库材料的实际成本。进行账务处理时,应根据"入库单"或"材料采购成本计算表"等原始凭证,编制会计分录如下:

借:原材料——A材料　　44 000
　　　　——B材料　　20 500
贷:材料采购——A材料　　44 000
　　　　　——B材料　　20 500

在登记"原材料"总分类账户的借方,进行总分类核算的同时,要分别在"原材料——A材料""原材料——B材料"明细分类账户的借方登记,进行明细分类核算。

例 17　企业准备从丁公司购买C材料一批,按照购货合同的规定,以银行存款预付货款8 000元。

这笔经济业务的发生,使得企业的预付账款增加,银行存款相应减少,涉及"预付账款"和"银行存款"两个账户。预付账款属于企业的资产,其增加应记入"预付账款"账户的借方;银行存款的减少应贷记"银行存款"账户。进行账务处理时,应根据银行的"付账通知"等有关原始凭证,编制会计分录如下:

借:预付账款　　8 000
贷:银行存款　　8 000

例 18　大地公司从已经预付货款的丁公司购买C材料1 000千克,单价10元,增值税专用发票注明的买价为10 000元,进项税额为1 300元。材料还在运输途中。

这笔经济业务的发生，一方面，增加了材料采购成本和可以抵扣的增值税进项税额；另一方面，由于款项已经预付，按应付款项总额 11 300 元，冲抵原预付账款，使预付账款减少 11 700 元。采购成本的增加，应记入“材料采购”账户的借方；增值税进项税额应记入“应交税费——应交增值税”账户的借方；预付账款是企业的资产，预付账款减少，应记入“预付账款”账户的贷方。进行账务处理时，应根据“增值税专用发票”等有关原始凭证，编制会计分录如下：

借：材料采购——C 材料　　10 000
　　应交税费——应交增值税（进项税额）　　1 300
　　贷：预付账款　　11 300

例 19　大地公司开出支票，补付不足部分款项 3 300 元。

对于同一个客户，如果一直采用预付方式进行债权债务结算，在补付不足款项时，视同预付，直接通过“预付账款”账户核算，这样，账户对应关系比较清晰。进行账务处理时，应根据银行的“付账通知”等有关原始凭证，编制会计分录如下：

借：预付账款　　3 300
　　贷：银行存款　　3 300

在实际工作中，验收入库材料的实际采购成本，可以在期末根据所有入库材料的“入库材料汇总表”一起结转，而不在平时验收入库时分别结转。

假设平时验收入库的材料 A 和材料 B 的实际采购成本没有结转，则可以在期末一次性结转已验收入库的实际采购成本总额。

期末，汇总所有入库材料的资料，计算每种材料的实际采购成本，并将各种材料的实际采购成本总额从“材料采购”账户的贷方转入“原材料”账户的借方，表明这些材料的采购过程已经完成，以反映入库材料的实际成本，其中，A 材料 56 000 元，B 材料 122 000 元。进行账务处理时，应根据“入库材料汇总表”或“材料采购成本计算表”等有关原始凭证，编制会计分录如下：

借：原材料——A 材料　　56 000
　　　　　——B 材料　　122 000
　　贷：材料采购——A 材料　　56 000
　　　　　　　　——B 材料　　122 000

根据有关凭证登记的“材料采购”明细分类账户和“原材料”明细分类账户，如表 4—1 至表 4—6 所示。

表 4—1　　**“材料采购”明细分类账户**

材料名称：A 材料　　单位：元

2020 年		凭证号码	摘　要	借　方					贷　方
月	日			买价	运杂费	搬运费	……	合　计	
	1		期初余额					0	
	略	银付 8	购入 2 000 千克	10 000				10 000	
		银付 9	支付采购费用		1 200	800		2 000	
		银付 14	购入 8 000 千克	40 000				40 000	

续表

2020年		凭证号码	摘　要	借　方					贷　方
月	日			买价	运杂费	搬运费	……	合　计	
		银付15	分摊采购费用		4 000			4 000	
		转10	结转采购成本						12 000
		转16	结转采购成本						44 000
			本期发生额	50 000	5 200	800		56 000	56 000

表4—2　　**"材料采购"明细分类账户**

材料名称：B材料　　单位：元

2020年		凭证号码	摘　要	借　方				贷　方
月	日			买价	运杂费	……	合　计	
	1		期初余额				0	
	略	转11	购入5 000千克	100 000	1 500		101 500	
		银付14	购入1 000千克	20 000			20 000	
		银付15	分摊采购费用		500		500	
		转12	结转采购成本					101 500
		转16	结转采购成本					20 500
			本期发生额	120 000	2 000		122 000	122 000

表4—3　　**"材料采购"明细分类账户**

材料名称：C材料　　单位：元

2020年		凭证号码	摘　要	借　方				贷　方
月	日			买价	运杂费	……	合　计	
	1		期初余额				—	
	略	转18	购入1 000千克	10 000			10 000	
			本期发生额	10 000			10 000	

表4—4　　**"原材料"明细分类账户**

账户名称：A材料　　数量：千克　　单位：元

2020年		凭证号码	摘　要	收　入			发　出			结　余		
月	日			数量	单价	金额	数量	单价	金额	数量	单价	金额
	1		月初余额							10 000	4.4	44 000
	略	转10	购入材料	2 000	6	12 000				12 000		56 000
		转16	购入材料	8 000	5.5	44 000				20 000		100 000
			生产领用				15 000	5	75 000	5 000	5	25 000
			本月合计及结存	10 000		56 000	15 000		75 000	5 000	5	25 000

表 4—5 “原材料”明细分类账户

账户名称:B材料 数量:千克 单位:元

2020年		凭证号码	摘 要	收 入			发 出			结 余		
月	日			数量	单价	金额	数量	单价	金额	数量	单价	金额
	1		月初余额							4 000	19.5	78 000
	略	转 12	购入材料	5 000	20.3	101 500				9 000		179 500
		转 16	购入材料	1 000	20.5	20 500				10 000		200 000
			生产领用				2 000	20	40 000	8 000	20	160 000
			本月合计及结存	6 000		122 000	2 000		40 000	8 000	20	160 000

表 4—6 “原材料”明细分类账户

账户名称:C材料 数量:千克 单位:元

2020年		凭证号码	摘 要	收 入			发 出			结 余		
月	日			数量	单价	金额	数量	单价	金额	数量	单价	金额
	1		月初余额							5 000	10	50 000
	略		生产领用				3 000	10	30 000	2 000	10	20 000
			本月合计及结存				3 000		30 000	3 000		30 000

三、材料采购成本的计算

(一)外购材料成本的组成

外购材料的成本,一般由买价、采购费用和应负担的税金组成。

1. 买价是指购入材料时,发票上列示的不包括增值税进项税额的价格。

2. 采购费用是指在采购过程中所支付的应该计入材料成本的各项费用,具体包括材料的运杂费、装卸搬运费、运输途中的合理损耗以及入库前的挑选整理费等(注:企业采购货物支付的运输费用,可以根据运费发票的金额和规定的税率 9%计算进项税额,本书暂不扣除)。

3. 发票价格内已经包含的如消费税、资源税、城乡维护建设税等价内流转税,进口货物的进口关税,以及特殊情况下的部分增值税,都计入材料的采购成本。

在实际工作中,为简化核算,有些应计入成本的采购费用,如零星的市内运杂费、采购人员的差旅费、采购部门的费用等,可不列入材料的采购成本,而在管理费用中列支。

商品流通企业购入商品的实际成本,一般只包含商品的买价和按规定应计入商品成本的税金。采购过程中发生的运杂费、途中的损耗、挑选整理费等采购费用,直接计入当期费用。

(二)材料采购成本的计算

材料采购成本的计算,就是将企业采购材料所支付的买价和采购费用,按照购入材料的品种、类别加以归集,计算其采购总成本和单位成本。计算时,构成材料成本的各项支出,凡能分清对象、明确是为采购哪种材料所支付的，应直接计入该种材料的采购成本；凡不能分清的，应选择合理的分配标准，如按材料的重量、体积或金额等比例，分配计入各种材料的采购成本。如例 8、例 11、例 14、例 18 中的买价，以及例 9、例 11 中的采购费用，都是明确成本计算对象的，知道成本是由哪种材料构成的，因此，直接计入相应材料的成本，具体登记过程参见表 4—1、表 4—2、表 4—3。而例 15 中支付的运杂费，属于共同采购费用，不能明确其承担对象，所以，就应选择合理的分配比例，分配后计入各对象的成本，连同其他直接费用一起，计算其总成本和单位成本。

例 20　下面以上述例 14、例 15 中的 A、B 材料为例，说明 A、B 材料的总成本和单位成本的计算过程。

大地公司从乙公司同时购入 A 材料 8 000 千克，每千克 5 元；B 材料 1 000 千克，每千克 20 元。增值税专用发票上注明的 A 材料买价为 40 000 元，进项税额为 5 200 元；B 材料买价为 20 000 元，进项税额为 2 600 元。共计用银行存款支付款项 67 800 元。

这项经济业务涉及两种材料的买价，分别是 40 000 元和 20 000 元，很明确应该由 A、B 材料承担，于是直接计入 A 材料和 B 材料的采购成本。而例 15 支付的运杂费 4 500 元，应选择一定的标准在 A、B 材料之间进行分配。假设如前所述，按 A、B 材料的重量比例分配，A 材料 8 000 千克，B 材料 1 000 千克，则：

费用分配率＝4 500/(8 000＋1 000)＝0.5(元/千克)

A 材料应分摊的运杂费＝0.5×8 000＝4 000(元)

B 材料应分摊的运杂费＝0.5×1 000＝500(元)

A、B 材料的实际采购成本计算如表 4—7 所示。

表 4—7　　**材料采购成本计算表**

材料名称	单位	重量	单价(元)	买价(元)	运杂费(元)	分配率	总成本(元)	单位成本(元)
A	千克	8 000	5	40 000	4 000	0.5	44 000	5.5
B	千克	1 000	20	20 000	500	0.5	20 500	20.5
合　计		9 000	—	60 000	4 500	—	64 500	—

根据计算结果，登记 A、B 材料的“材料采购”总分类账户和明细分类账户。“材料采购”明细分类账户如表 4—1、表 4—2 所示。

对于入库材料的实际采购成本，要按其成本总额登记“原材料”总分类账户，还应该根据材料采购成本计算表中计算的各种材料的实际采购成本，分别登记 A、B 材料的明细账户。“原材料”明细分类账户的登记，如表 4—4、表 4—5 所示。

第四节　产品生产业务的核算

一、生产过程核算的内容

在生产过程中，将原材料加工成产品，要发生各项生产要素的耗费，称为生产费用。其内容主要包括消耗的各种材料、职工薪酬和福利、固定资产的折旧费和因生产经营管理活动而发生的各项费用支出等。

工业企业的生产过程涉及生产费用的归集和分配以及完工产品成本的计算和结转。在进行生产费用的归集时，对于能分清费用承担对象的直接生产费用，应直接记入成本计算对象的成本项目，如直接耗用的原材料、支付给直接生产工人的薪酬等。对于无法分清应由哪种产品承担的生产费用、不能直接计入产品成本的间接生产费用，就必须先进行归集，然后选择与制造费用相关性较强的标准，分配后计入产品成本。因此，根据生产特点和管理要求，归集发生的生产费用，以及采取适当的成本计算方法，将生产费用在完工产品和在产品之间进行分配，计算完工产品和在产品的生产成本，是企业生产过程的主要经济业务。其中，有些是产品生产过程中的基本业务，如材料费用的归集与分配、人工费用的归集与分配、制造费用的归集与分配、完工产品成本的计算与结转等；有些则是按权责发生制原则进行的账项调整，如预付费用的摊销及应计费用的预提等业务。

在权责发生制前提下，以应收应付为标准确认收入和费用。凡是属于本期的收入和费用，无论是否已经收到或支付，都应该确认为本期的收入和费用；凡是不属于本期的收入和费用，即使已经收到或支付，都不应该确认为本期的收入和费用。因此，在生产过程中，有些费用没有支付，却应该预先加以计提，如当期应负担的生产机器的修理费等；有些已经发生的支出，应该在受益期内进行摊销，如已经支付的应该由多个会计期间分摊的预付保险费等。

二、账户设置

为了正确地归集产品制造企业在生产过程中发生的生产费用和其他费用，计算产品的生产成本，企业一般需要设置“生产成本”“制造费用”“库存商品”账户，并相应涉及“无形资产”“累计摊销”“应付职工薪酬”“累计折旧”“其他应付款”“应付利息”等一系列账户。

1.“生产成本”账户

从账户的性质看，“生产成本”账户属于成本类账户。“生产成本”账户用于归集和分配生产过程中发生的生产费用，并据以计算产品的生产成本。该账户的借方归集一定时期内发生的生产费用，包括直接材料、直接人工等直接生产费用和分配转入的制造费用；贷方登记完工入库产品生产成本的结转数；期末余额在借方，表示未完工的期末在产品的生产成本。

“生产成本”账户通常按产品种类(或生产步骤或批别)设置明细分类账户，进行明细分类核算。其账户的结构见图 4－11。

借方　　　　　　　　生产成本	贷方
期初余额：期初在产品成本 直接材料 直接人工 转入的制造费用	完工入库产品的生产成本结转
期末余额：期末在产品成本	

图 4－11　“生产成本”账户的结构

2.“制造费用”账户

从账户的性质看，“制造费用”账户属于成本类账户。“制造费用”账户用来归集和分配企业生产车间为组织、管理生产和提供服务而发生的各项间接生产费用，并据以分配计入产品成本。该账户的借方登记本期各种间接费用的发生数，期末将借方归集的制造费用按一定标准在相关的产品间进行分配；贷方登记经过分配转入各产品“生产成本”账户，应由各产品负担的制造费用；期末该账户没有余额。

“制造费用”账户按不同车间、分厂等设置明细分类账，进行明细分类核算。

“制造费用”账户的结构如图 4—12 所示。

借方　　制造费用	贷方
本期发生的制造费用	分配的制造费用

图 4—12　“制造费用”账户的结构

3.“应付职工薪酬”账户

从账户的性质看，“应付职工薪酬”账户属于负债类账户。职工薪酬是应支付给全体职工的劳动报酬。在应付未付时，就构成了企业的一项负债。

“应付职工薪酬”账户用来反映和监督企业承担的、应付给全体职工的薪酬总额及企业与职工之间应付薪酬的结算情况。该账户的贷方登记企业应付给职工的薪酬总额；借方登记企业实际支付或抵扣的薪酬；期末余额一般在贷方，表示企业期末应付未付的工资、奖金、社会福利、社会保险等，如果期末余额在借方，则表示多付或预付的薪酬。

“应付职工薪酬”账户按职工类别设立明细分类账，进行明细分类核算，并按薪酬组成内容分设工资、职工福利、社会保险费、住房公积金、工会经费和职工教育经费、辞退福利等二级账户。

“应付职工薪酬”账户的结构如图 4—13 所示。

借方　　应付职工薪酬	贷方
实际支付或抵扣的薪酬	期初余额：期初应付未付的薪酬 本期应付给职工的薪酬总额
	期末余额：期末应付未付的薪酬

图 4—13　“应付职工薪酬”账户的结构

4.“累计折旧”账户

从账户的性质看，“累计折旧”账户属于资产类账户。“累计折旧”账户用来反映和监督企业固定资产折旧费用的累计计提和转销情况。该账户的贷方登记固定资产原始价值累计已经转移的价值；借方登记因为固定资产处置或盘亏而冲销的已提折旧额；期末余额在贷方，表示期末固定资产的累计折旧。

“累计折旧”账户只进行总分类核算，不进行明细分类核算。

“累计折旧”账户的结构如图 4—14 所示。

借方	累计折旧 贷方
折旧的减少或注销	期初余额：期初累计已计提折旧额 本期计提折旧额
	期末余额：期末累计已计提折旧额

图 4－14 “累计折旧”账户的结构

5.“无形资产”账户

从账户的性质看，“无形资产”账户属于资产类账户。“无形资产”账户用来反映和监督企业专利权、专有技术、土地使用权等没有实物形态的无形资产的增减变动情况和结果。“无形资产”账户按资产种类设置明细分类账，进行明细分类核算。

“无形资产”账户的结构如表 4－15 所示。

借方	无形资产 贷方
期初余额：期初无形资产成本 本期增加的无形资产	本期减少的无形资产
期末余额：期末无形资产成本	

图 4－15 “无形资产”账户的结构

6.“累计摊销”账户

从账户的性质看，“累计摊销”账户属于资产类账户。“累计摊销”账户用来反映和监督企业无形资产应摊销的累计计提和转销情况。该账户的贷方登记无形资产原始价值累计已经转移的价值；借方登记因为无形资产处置或到期而冲销的已提摊销额；期末余额在贷方，表示期末无形资产的累计摊销额。

“累计摊销”账户只进行总分类核算，不进行明细分类核算。账户的结构如图 4－16 所示。

借方	累计摊销 贷方
累计摊销的转销	期初余额：期初累计计提摊销额 本期计提的摊销额
	期末余额：期末累计已计提的摊销额

图 4－16 “累计摊销”账户的结构

7.“库存商品”账户

从账户的性质看，“库存商品”账户属于资产类账户。“库存商品”账户用来反映和监督企业各种库存商品的增减变动及结存情况。工业企业的库存商品主要是指企业已完工并验收入库、可供销售的产成品。该账户的借方登记验收入库的完工产品实际生产成本；贷方登记发出的库存商品的实际生产成本；期末余额在借方，表示期末库存产品的实际生产成本。

“库存商品”账户按产品的种类设置数量金额式明细分类账，进行明细分类核算。

“库存商品”账户的结构如图 4－17 所示。

借方	库存商品	贷方
期初余额：期初库存产品的成本 本期完工入库产品的成本		本期发出库存商品的成本
期末余额：期末库存产品的成本		

图 4—17　"库存商品"账户的结构

生产过程的核算还涉及其他一些账户，如"管理费用""财务费用"等，这些账户将结合具体业务进行具体说明。

三、产品生产业务的核算

现以大地公司的经济业务为例，说明其 2020 年 12 月生产过程的核算如下：

(一)材料费用的归集和分配

1. 发出材料的成本计算

发出材料的成本，可以根据实际情况选择采用先进先出法、加权平均法、个别认定法等成本计算方法确定发出材料的实际成本。假设该企业采用加权平均法进行计算。

在 A 材料明细分类账户中(见表 4—4)，期初结存 10 000 千克，单价为 4.4 元，成本为 44 000 元；本期入库材料两批，分别为 2 000 千克和 8 000 千克，成本分别为 12 000 元和 44 000 元。则发出材料的单价为 5 元/千克，发出 A 材料的成本就按 5 元的单价计算。

同样，在 B 材料明细分类账户中(见表 4—5)，其发出材料的单价为 20 元/千克，发出 B 材料的成本就按 20 元的单价计算。

在 C 材料明细分类账户(见表 4—6)，本期没有入库的材料成本资料，则本期发出 C 材料按期初结存材料的单位成本 10 元计价。

2. 材料费用的归集

企业生产部门和各有关部门领用材料时，都要求填制"领料单"或"限额领料单"。在实际工作中，当材料领用的品种多、业务频繁时，为了简化核算，可以在月末按材料的用途和品种等加以归类，编制"发料汇总表"，据以入账。

根据领料凭证中本期发出材料的数量和用途，编制发料汇总表，计算各种发出材料的成本，如表 4—8 所示。

表 4—8　　**发料汇总表**

2020 年 12 月　　单位：千克，元

领用部门	A 材料			B 材料			C 材料			金额合计
	数量	单价	金额	数量	单价	金额	数量	单价	金额	
生产产品领料										
甲产品	10 000	5	50 000	1 200	20	24 000				74 000

续表

领用部门	A材料			B材料			C材料			金额合计
	数量	单价	金额	数量	单价	金额	数量	单价	金额	
乙产品	4 000	5	20 000	800	20	16 000				36 000
小 计										110 000
车间一般耗用	1 000	5	5 000				2 000	10	20 000	25 000
管理部门耗用							1 000	10	10 000	10 000
合 计	15 000		75 000	2 000		40 000	3 000		30 000	145 000

3. 材料费用的总分类核算和明细核算

例 21 根据发料汇总表中的材料用途，本月甲产品直接耗用材料 74 000 元，乙产品直接耗用材料 36 000 元；车间一般耗用材料 25 000 元，管理部门耗用材料 10 000 元。

这笔经济业务的发生，引起生产成本、制造费用和管理费用的增加和原材料的减少。产品直接耗用的材料成本，作为直接生产费用，记入“生产成本”账户；车间一般耗用的材料成本，记入“制造费用”账户；而管理部门耗用的材料成本，作为管理费用处理。成本、费用的增加应分别记入“生产成本”“制造费用”和“管理费用”账户的借方；原材料属于企业的资产，其减少额应记入“原材料”账户的贷方。在登记“生产成本”总分类账户的同时，登记其所属甲产品和乙产品两个明细分类账户借方的“直接材料”成本项目栏；在登记“原材料”总分类账户的同时，登记其所属 A、B、C 三个材料明细分类账户。

进行账务处理时，应根据“发料汇总表”“材料费用分配表”等原始凭证，编制会计分录如下：

借：生产成本——甲产品	74 000	
——乙产品	36 000	
制造费用	25 000	
管理费用	10 000	
贷：原材料——A 材料		75 000
——B 材料		40 000
——C 材料		30 000

这笔业务中的“生产成本”，除了要在其总分类账户中进行登记外，还需在其所属明细分类账“生产成本——甲产品”账户（见表 4—9）、“生产成本——乙产品”账户（见表 4—10）的借方登记“直接材料”成本项目。

(二)人工费用的归集和分配

人工费用主要是企业的职工薪酬，是产品制造企业生产费用的组成部分。职工薪酬是指企业为获得职工提供的服务而应支付给全体职工的劳动报酬，包括各种形式的工资、奖金、福利支出和社会保险等。在职工薪酬应付未付时，就构成企业的一项负债。

职工薪酬的内容主要包括三个方面：一是职工工资、奖金、津贴和补贴，包括按国家统计局的规定构成工资总额的计时工资、计件工资、支付给职工的超额劳动报酬等。二是职工福利费，包括职工困难补助，支付给因公伤亡职工配偶、子女或其他被赡养人的抚恤金以及国家规定的其他职工福利等。三是社会保险费，包括医疗保险费、养老保险费、失业保险费、工伤保险费和生育保险费等。

从薪酬涵盖的时间和支付形式看，职工薪酬包括企业在职工在职期间和离职后给予的所有货币性薪酬和非货币性福利以及辞退福利。

1. 工资费用的核算

为了总括地反映企业与职工之间有关工资的结算、支付和工资费用的分配情况，凡包括在工资总额内的各种工资、津贴、补贴、奖金等，不论是否在当月支付，都通过“应付职工薪酬——工资”账户进行核算。

财务会计部门应该根据计算的职工工资，按照车间、部门分别编制工资结算单，并按照职工类别和姓名填列应付给每一个职工的各种工资、代发款项、代扣款项和实发金额，作为与职工进行工资结算的依据，并根据工资结算单等资料编制工资费用分配表，进行工资费用的分配。

分配工资费用时，首先确定工资费用的分配对象。直接生产产品的生产工人的工资，记入“生产成本”账户；生产车间管理人员的工资，记入“制造费用”账户；行政管理部门人员的工资，记入“管理费用”账户。

例 22 根据大地公司 2020 年 12 月的工资费用分配表，甲产品生产工人的工资和津贴为 20 000 元，乙产品生产工人的工资和津贴为 30 000 元，生产车间管理人员的工资和津贴为 10 000 元，行政管理部门人员的工资和津贴为 10 000 元。

这笔经济业务的发生，引起生产成本、制造费用和管理费用的增加，同时导致企业应付职工薪酬的增加。成本、费用的增加记入“生产成本”“制造费用”和“管理费用”账户的借方；应付职工薪酬属于企业的负债，其增加应记入“应付职工薪酬——工资”账户的贷方。在登记“生产成本”总分类账户的同时，登记其所属甲产品和乙产品两个明细分类账户借方的“直接人工”成本项目栏。进行账务处理时，应根据企业“工资费用分配表”等原始凭证，编制会计分录如下：

借：生产成本——甲产品	20 000	
——乙产品	30 000	
制造费用	10 000	
管理费用	10 000	
贷：应付职工薪酬——工资		70 000

这笔业务中的“生产成本”，除了要在其总分类账户中进行登记外，还需在其所属明细分类账户的借方登记“直接人工”成本项目。

2. 工资的结算和发放

企业与职工结算工资时，财务会计部门应根据计算的每一职工的工资额，按职工姓名、部门和类别填列应付工资、代扣款项和实发金额，编制工资结算凭证。其中，实发工资是实际发放给每一职工的工资，计算公式为：

实发工资＝应付工资＋代发款项－代扣款项

每月发放工资以前，财务会计部门应对“工资结算单”进行汇总，编制“工资结算汇总表”，并通过支付现金或银行转账的方式进行发放。发放工资时，应先从发放金额中扣除应付工资中扣还的各种款项或代扣的各种款项，如养老保险金、住房公积金、个人所得税等，然后进行发放。

例 23 根据大地公司 2020 年 12 月的“工资结算汇总表”资料，企业代扣的社保基金款项为 2 000 元，代扣的个人所得税为 8 000 元，实际支付职工薪酬为 60 000 元。

这笔经济业务的发生，使得应付职工薪酬得以扣除；代扣的社保基金通过“其他应付款”账户核算；代扣的个人所得税通过“应交税费”账户核算。应付职工薪酬是负债，其减少应记入借方；其他应付款和应交税费的增加应记入其贷方。进行账务处理时，根据相关原始凭证，结转代扣的社保基金款项和个人所得税时，编制会计分录如下：

借：应付职工薪酬——工资　　10 000
　　贷：其他应付款　　2 000
　　　　应交税费——应交个人所得税　　8 000

例 24 从银行提取现金 60 000 元，用于发放职工交通补贴及午餐补贴。

提取现金时，使得企业现金增加，而银行存款减少。现金增加，应借记“库存现金”账户；银行存款减少，则贷记“银行存款”账户。进行账务处理时，应根据“付账通知”等原始凭证，编制会计分录如下：

借：库存现金　　60 000
　　贷：银行存款　　60 000

例 25 用现金支付职工交通补贴及餐费补贴 60 000 元。

这笔经济业务的发生，使得应付职工薪酬和现金同时减少。应付职工薪酬是负债，负债的减少记入其借方；现金的减少，则贷记“库存现金”账户。进行账务处理时，应根据“付账通知”等原始凭证，编制会计分录如下：

借：应付职工薪酬——工资　　60 000
　　贷：库存现金　　60 000

3. 职工福利费的核算

福利费是企业按照规定从费用中提取，专门用于职工个人福利支出的款项。进行会计核算时，将应付福利费作为一项负债，由企业统一掌握，专款专用。为了反映和监督应付福利费的提取和使用情况，企业在“应付职工薪酬”账户下专设“职工福利”明细账户，进行明细分类核算。

企业根据职工工资总额的规定比例提取职工福利费。提取时，其计入渠道与工资分配渠道基本相同。

企业通过编制“计提职工福利费分配表”，计提职工福利费。

例 26 根据“计提职工福利费分配表”，大地公司计提的职工福利费为 9 800 元，其中，按直接生产工人工资总额计提的福利费为 7 000 元，按车间管理人员工资总额计提的福利费为 1 400 元，按行政管理部门人员工资总额计提的福利费为 1 400 元。

这笔经济业务的发生，引起企业生产成本、制造费用、管理费用以及应付职工福利同时增加。生产成本、制造费用和管理费用的增加，应记入其账户的借方；应付职工福利属于企业的负债，其增加应记入“应付职工薪酬——职工福利”账户的贷方。进行账务处理时，应根据“计提职工福利费分配表”等有关原始凭证，编制会计分录如下：

借:生产成本——甲产品　　2 800
　　　　　——乙产品　　4 200
　　制造费用　　1 400
　　管理费用　　1 400
　　贷:应付职工薪酬——职工福利　　9 800

这笔业务中的“生产成本”,除了要在总分类账户中进行登记外,还需在其所属明细分类账户的借方登记“直接人工”成本项目。

应付职工薪酬——职工福利的使用有严格规定,必须经过审批。企业按规定用途支取、使用福利费时,借记“应付职工薪酬——职工福利”账户,贷记“银行存款”等账户。

课堂讨论题 2

应该纳入企业职工薪酬核算范围的项目包括(　　)。

A. 职工工资、奖金、津贴和补贴　　B. 职工福利费
C. 职工困难补助　　D. 离职后给予的所有货币性薪酬
E. 离职后给予的非货币性福利费　　F. 辞退福利

(三)其他制造费用的归集和分配

在生产过程中,除了材料、人工费用外,还有一些间接的生产费用,如固定资产折旧费、固定资产租金、无形资产摊销、报刊订阅费等,有预付的费用,有应付的费用,也有直接用现金和银行存款支付的。所有的间接生产费用都要先在“制造费用”账户中进行归集,然后按一定方法分配到各个产品中。

1. 企业固定资产折旧费用的核算

在生产过程中,所有的固定资产都要计提折旧,以反映固定资产价值的转移。企业通过编制“固定资产折旧计算表”确定本期应计提折旧总额。生产部门使用的固定资产的折旧,作为间接的生产费用,最终构成产品的成本;管理部门使用的固定资产的折旧,直接计入期间费用。

例 27　根据“固定资产折旧计算表”的资料,大地公司计提本月生产用固定资产的折旧费 15 000 元,管理部门使用固定资产的折旧费为 25 000 元。

这笔经济业务的发生,在使得企业的制造费用、管理费用和固定资产的累计折旧同时增加。制造费用和管理费用的增加,记入“制造费用”“管理费用”账户的借方;累计折旧的增加意味着固定资产价值的减少,因此,累计折旧的增加应该记入“累计折旧”账户的贷方。进行账务处理时,应根据“固定资产折旧计算表”等有关原始凭证,编制会计分录如下:

借:制造费用　　15 000
　　管理费用　　25 000
　　贷:累计折旧　　40 000

2. 预付费用的核算

例 28　大地公司以银行存款预付下年度房租费 36 000 元。

根据权责发生制原则,为下年度支付的,属于下年度费用,应该在下年度的各个受益期摊

销后计入费用。这笔支出构成了本月的预付费用，可以通过“其他应付款”账户进行核算。不属于本期的费用，即使已经支付，也不能作为本期的费用。对本期而言，这项经济业务的发生，在使得银行存款减少的同时，导致了企业其他应付款的提前支付。预付款增加应记入“其他应付款”账户的借方；银行存款的减少，应贷记“银行存款”账户。进行账务处理时，应根据“付账通知”等原始凭证，编制会计分录如下：

借：其他应付款	36 000	
贷：银行存款		36 000

例 29 大地公司摊销上年已经预付的本月房租，其中，生产车间为 3 100 元，行政管理部门为 2 000 元。

已经预付的费用，在本月进行转销，确认为本月的费用，在使得企业的其他应付款借方发生额减少的同时，增加了本期的费用。制造费用和管理费用的增加，记入“制造费用”“管理费用”账户的借方。进行账务处理时，应根据有关原始凭证，编制会计分录如下：

借：制造费用	3 100	
管理费用	2 000	
贷：其他应付款		5 100

3. 企业无形资产摊销费用的核算

在生产过程中，对于使用期限可以确定的无形资产，都要计提累计摊销，以反映无形资产价值的转移。生产部门使用的专利技术等无形资产的摊销，作为间接的生产费用，最终构成产品的成本；管理部门使用的无形资产的摊销费用，直接计入管理费用。

例 30 大地公司一项生产部门使用的专利技术成本为 255 000 元，预计使用 5 年，本年度摊销 5 100 元。

这笔经济业务的发生，使企业的制造费用和无形资产的累计摊销同时增加。计提的累计摊销应该记入“累计摊销”账户的贷方。进行账务处理时，应根据相关原始凭证，编制会计分录如下：

借：制造费用	5 100	
贷：累计摊销		5 100

4. 其他生产费用的归集

除了上述发生的生产费用以外，企业还会发生很多其他方面的生产费用，如办公用品、燃料、机物料的消耗、低值易耗品成本的摊销、动力用电的发生等。

例 31 大地公司购买办公用品 2 000 元，直接交付使用。其中，车间使用 400 元，行政部门使用 1 600 元。

这项经济业务的发生，在使得银行存款减少的同时，增加了管理费用和制造费用。进行账务处理时，应根据“付账通知”等有关原始凭证，编制会计分录如下：

借：制造费用	400	
管理费用	1 600	
贷：银行存款		2 000

（四）制造费用的分配和结转

制造费用是企业产品生产成本的重要组成部分，企业为生产产品发生的间接生产费用，都已经在“制造费用”账户中进行了归集。这些费用应该由这一车间生产的产品共同负担，因此，归集的制造费用总额，应该按照一定的标准在受益产品之间进行分配，然后转入各产品“生产成本”账户的借方。

例 32 月末，将本月归集的制造费用总额 60 000 元进行分配，并结转。

由于有两种产品，所以，应编制制造费用分配表，将制造费用按一定的标准在各个产品之间进行分配。制造费用分配的方法有多种，间接费用的分配标准一般有生产工人工时、生产工人工资、机器工时和直接材料成本等。企业在选择分配标准时，应慎重考虑各种间接费用的发生与该分配标准之间的关联程度，以保证产品生产成本计算相对正确。

这里简单介绍以产品的生产工时比例为标准，进行共同制造费用的分配。假设甲产品、乙产品的生产工时分别是 2 000 工时和 3 000 工时，则要求先按照总工时计算分配率，再进行分配。

某产品应负担的制造费用＝该产品生产工时×制造费用分配率

制造费用分配率＝制造费用总额÷生产工时比例＝60 000÷5 000＝12

甲产品应负担的制造费用＝2 000×12＝24 000(元)

乙产品应负担的制造费用＝3 000×12＝36 000(元)

进行账务处理时，应根据“制造费用分配表”等有关原始凭证，编制会计分录如下：

借：生产成本——甲产品　　24 000
　　　　　　——乙产品　　36 000
　贷：制造费用　　60 000

这笔业务除了要在“生产成本”总分类账户中进行登记外，还需在其所属明细分类账“生产成本——甲产品”账户和“生产成本——乙产品”账户的借方登记。

(五)完工产品成本的结转

在将本期所发生的产品生产费用按成本项目归集分配到各产品成本明细账后，就可以在完工产品和在产品之间进行分配，编制产品成本计算表，计算完工产品的总成本和单位成本，并将验收合格入库的完工产品成本转入“库存商品”账户。

例 33 大地公司甲产品 1 000 件，本月全部完工，结转完工入库，甲产品的实际成本为 140 000 元，其中，直接材料费为 80 000 元，直接人工费为 30 000 元，制造费用为 30 000 元，每件单位成本为 140 元。乙产品完工 2 000 件，总成本为 64 000 元，其中，直接材料费为 20 000 元，直接人工费为 30 000 元，制造费用为 14 000 元，每件单位成本为 32 元。

计算并结转完工产品生产成本的过程，也是生产费用对象化的过程，企业的生产资金转化成为成品资金。这笔业务在减少生产费用的同时，增加了企业的库存商品。库存商品作为企业的资产，其增加应记入“库存商品”账户的借方；企业生产费用的结转，应贷记“生产成本”账户。在结转完工产品成本时，应根据“产品成本计算表”“产品入库单”等原始凭证，编制会计分录如下：

借：库存商品——甲产品　　140 000
　　　　　　——乙产品　　64 000
　贷：生产成本——甲产品　　140 000
　　　　　　　——乙产品　　64 000

这笔转账业务，一方面，要登记“库存商品”和“生产成本”总分类账户，进行总分类核算；另一方面，还需分别在其所属“库存商品——甲产品”“库存商品——乙产品”明细分类账户的借方以及“生产成本——甲产品”和“生产成本——乙产品”明细分类账户的贷方登记，进行明细分类核算。

在工业企业中，制造完工并验收入库的产品，即为企业可供销售的自制半成品或产成品。而“生产成本”账户的期末借方余额，即为在生产过程中尚未制造完工的在产品成本。

根据有关凭证登记的生产成本明细分类账户，如表4—9、表4—10所示。

四、产品生产成本的计算

产品生产成本的计算，就是将企业在生产过程中发生的各项费用，按照生产的各种产品进行归集和分配，并计算各种产品的总生产成本和单位生产成本的过程。

在计算产品成本时，一般要遵循以下程序：

(一)确定成本计算对象

成本计算对象是为计算产品成本而确定的归集生产费用的各个对象，也就是成本的承担者。计算产品成本，必须先确定成本计算对象，它是设置产品成本明细账、分配生产费用和计算产品成本的前提。

一般情况下，产品的成本计算对象是产品，但不同的企业有不同的生产特点，企业要根据产品的生产特点和管理要求确定具体的成本计算对象。成本计算对象可以是产品的订单或批别，可以是产品的品种，也可以是生产步骤。

生产成本明细账一般按成本项目设置“金额”栏，以便了解产品生产成本的构成情况。

以上述大地公司为例，成本计算对象是甲产品和乙产品，因此，要按甲产品和乙产品设置生产成本明细账，并登记期初在产品成本。其格式如表4—9、表4—10所示。

(二)按成本项目归集和分配制造费用

当企业只生产一种产品时，所发生的生产耗费都是直接费用，可直接计入该产品成本，而不存在在各成本计算对象之间分配生产费用的问题。

产品生产过程中发生的生产耗费，按用途和计入产品成本的方法不同，分为直接生产费用和间接生产费用。例如，大地公司的直接材料、直接工资和直接职工福利等直接费用，可直接计入产品成本，并登记“生产成本——甲产品”账户和“生产成本——乙产品”账户。对于无法区分由哪个产品承担的或者不宜直接计入产品成本的间接费用，如大地公司的固定资产折旧费用、设备修理费等，可先按费用的发生地点进行归集，然后按一定标准在各产品成本间进行分配。

制造费用分配率＝制造费用总额÷分配标准合计数

某产品应负担的制造费用＝该产品分配标准数×制造费用分配率

制造费用分配的方法有多种，其分配标准一般有生产工人工时、生产工人工资、机器工时和直接材料成本等。企业在选择分配标准时，应慎重考虑各种间接费用的发生与该分配标准之间的关联程度，以保证产品生产成本计算相对正确。

沿用上述大地公司的经济业务，进行材料费用、人工费用和其他制造费用的归集后，按产品生产工时的比例分配制造费用，计算出甲产品应负担的制造费用为 24 000 元，乙产品应负担的制造费用为 36 000 元，并分别记入甲产品和乙产品的成本明细账。

(三)确定成本计算期，计算完工产品成本

产品的生产特点不同，对产品成本计算的要求不同，产品成本计算期也就有所区别。在分批法下，通常以每批产品的生产周期为成本计算期，而一般情况下在月末计算。

以大地公司为例，经过上述费用的归集和分配，间接的制造费用已经和直接费用一起，都记入了各成本计算对象的生产成本明细账户。“生产成本”账户的借方已经归集了当月的全部生产费用，包括直接材料、直接人工和制造费用等。将生产成本明细账中的本期生产费用，加上期初在产品的成本，计算出生产费用合计数。然后，采用一定的分配方法，在本期完工产品和期末在产品之间进行分配，从而计算出本期完工产品成本和期末在产品成本。它们之间的关系如下：

月初在产品成本＋本月生产费用＝本月完工产品成本＋月末在产品成本

当成本计算期与生产周期一致时，如果产品完工，发生的生产费用应全部计入完工产品成本；如果产品全部没有完工，发生的生产费用都应作为在产品成本。当成本计算期与生产周期不一致时，就要根据具体情况，选择合理的方法，将产品生产费用在完工产品和在产品之间进行分配。

如果月末没有在产品，则产品成本明细账中按成本项目归集的生产费用合计数，就是该种完工产品的总成本。如大地公司本月甲产品全部完工，月末没有在产品，则：

本月完工产品成本＝19 200＋120 800－0

＝140 000(元)

将总成本 140 000 元除以完工产品的产量 1 000 件，就是完工甲产品的单位成本 140 元。

如果月末既有完工产品，又有在产品，如乙产品，则产品成本明细账中的生产费用合计数 106 200 元，就应该在完工产品和在产品之间进行分配。

在完工产品和在产品之间进行费用分配，常用的方法有在产品不计算成本法、在产品按固定成本计算法、在产品按所耗原材料费用计价法、约当产量比例法、在产品按定额成本计价法和定额比例法等。比较简易的方法是先对月末在产品进行计价，确定月末在产品成本，然后再计算当月完工产品成本。假设乙产品的月末在产品成本已经确定为 42 200 元(具体见表 4－10)，就可以根据公式计算如下：

本月完工产品成本＝0＋106 200－42 200

＝64 000(元)

将计算出的本月完工乙产品的总成本 64 000 元除以完工产品的产量 2 000 件，就是乙产品的单位成本 32 元。

表 4—9 **生产成本明细账**

产品名称:甲产品 2020 年 12 月 单位:元

摘　要	直接材料	直接人工	制造费用	合　计
月初在产品成本	6 000	7 200	6 000	19 200
材料费用分配表	74 000			74 000
人工费用分配表		22 800		22 800
制造费用分配表			24 000	24 000
合　计	80 000	30 000	30 000	140 000
月末在产品成本	0	0	0	0
完工产品成本	80 000	30 000	30 000	140 000
单位成本	80	30	30	140

表 4—10 **生产成本明细账**

产品名称:乙产品 2020 年 12 月 单位:元

摘　要	直接材料	直接工资	制造费用	合　计
月初在产品成本	—	—	—	
材料费用分配表	36 000			36 000
工资费用分配表		34 200		34 200
制造费用分配表			36 000	36 000
合　计	36 000	34 200	36 000	106 200
月末在产品成本	16 000	4 200	22 000	42 200
完工产品成本	20 000	30 000	14 000	64 000
单位成本	10	15	7	32

月末,根据计算结果编制产品生产成本计算表。产品生产成本计算表的格式如表 4—11 所示。

表 4—11 **产品生产成本计算表**

2020 年 12 月 单位:元

成本项目	甲产品(1 000 件)		乙产品(2 000 件)	
	总成本	单位成本	总成本	单位成本
直接材料	80 000	80	20 000	10
直接人工	30 000	30	30 000	15
制造费用	30 000	30	14 000	7
合　计	140 000	140	64 000	32

第五节　销售业务的核算

在工业企业中，生产过程只是中间环节。制造完工并验收入库的产品，就是企业可供销售的产成品。只有通过产品的销售，收回货币资金，将库存商品占用的成品资金重新转化为货币资金，才有可能实现价值的增长，达到企业价值最大化的目标。

一、销售业务的内容

企业的销售业务是实现营业收入的主要途径，从销售的具体内容看，企业销售的可以是库存商品、自制半成品，也可以是原材料、包装物等存货；从销售款的结算方式看，可以是直接收款的现销、赊销、分期收款或预收货款等方式。企业所处行业不同，主营业务的内容也不同。对产品生产企业而言，商品销售属于主营业务，其销售收入和提供工业性劳务或让渡资产使用权等业务收入一起，统称为主营业务收入；而原材料、包装物等存货的销售，属于非主要的经营业务，其收入称为其他业务收入。商品流通企业的主营业务主要是销售商品。旅游企业的主营业务收入主要是客房收入、餐饮收入等。这里重点介绍产品生产企业的商品销售业务的核算。涉及的经济业务主要包括主营业务收入的确认、主营业务成本的结转、销售费用的支付、营业税金的计提、销售退回以及与购货方货款的结算等，有时还会涉及销售原材料等非经常性的销售业务。销售费用作为期间费用，其核算将在下一节说明。

二、账户设置

为了反映企业销售收入的实现，计算产品的销售成本和结转利润，企业应设置“主营业务收入”“主营业务成本”“应收账款”“税金及附加”“应收票据”“预收账款”“其他业务收入”“其他业务成本”等一系列账户。

1.“主营业务收入”账户

“主营业务收入”账户是用来反映和监督企业销售产品、提供劳务或让渡资产使用权等日常活动所取得收入的损益类账户。该账户的贷方登记已确认的主营业务收入；借方登记销售退回、折让应冲减的产品销售收入以及期末结转至“本年利润”账户的产品销售收入数额；结转后，该账户没有期末余额。

“主营业务收入”账户按主营业务的种类设置明细分类账，进行明细分类核算。

“主营业务收入”账户的结构如图 4—18 所示。

借方　　　　主营业务收入	贷方
销售退回和销售折让应冲减的收入 期末结转至本年利润的产品销售收入	本期实现的产品销售收入

图 4—18　“主营业务收入”账户的结构

2.“主营业务成本”账户

“主营业务成本”账户是用来反映和监督企业销售产品、提供劳务等主营业务时发生的实际成本及其结转情况的损益类账户。该账户的借方登记已销产品的实际生产成本或已提供劳务的实际成本；贷方登记期末结转至“本年利润”账户的数额；结转后，该账户没有期末余额。

“主营业务成本”账户按产品或劳务的种类设置明细分类账，进行明细分类核算。

“主营业务成本”账户的结构如图 4—19 所示。

主营业务成本

借方	贷方
本期结转已销产品的生产成本	期末结转至本年利润的主营业务成本

图 4—19 “主营业务成本”账户的结构

3.“应收账款”账户

“应收账款”账户是用来反映和监督企业销售产品、提供劳务等业务形成的未收款项及其结算情况的资产类账户。该账户的借方登记本期应向购买单位收取的账款；贷方登记已收回的账款；期末余额在借方，表示期末尚未收回的账款。

“应收账款”账户按购货单位（即债务人）设置明细分类账，进行明细分类核算。

“应收账款”账户的结构如图 4—20 所示。

应收账款

借方	贷方
期初余额：期初尚未收回的账款 本期赊销产生的应收账款	本期收回的应收账款
期末余额：期末尚未收回的账款	

图 4—20 “应收账款”账户的结构

4.“税金及附加”账户

“税金及附加”账户是用来反映和监督企业由主营业务活动负担的税金及附加费的损益类账户，其内容包括消费税、城市维护建设税、资源税、教育费附加及房产税、土地使用税、车船使用税、印花税等相关税费。该账户的借方登记企业按规定标准计提的由本期主营业务活动负担的税金及附加费；贷方登记期末结转至“本年利润”账户的金额；结转后，该账户期末没有余额。

“税金及附加”账户按税金及附加的类别设置明细分类账，进行明细分类核算。

“税金及附加”账户的结构如图 4—21 所示。

税金及附加

借方	贷方
本期计提的税金及附加	期末结转至本年利润的税金及附加

图 4—21 “税金及附加”账户的结构

三、产品销售业务的总分类核算

例 34 大地公司销售甲产品 400 件给天天公司，单价为 400 元，增值税专用发票注明的价格为 160 000 元，销项税额为 20 800 元。款项已存入银行。

这项经济业务的发生,使企业的银行存款、产品销售收入和应交增值税同时增加。产品销售是一项主营业务,企业主营业务收入的增加应记入"主营业务收入"账户的贷方;应交增值税——销项税额作为企业的负债,其增加应记入"应交税费——应交增值税"账户的贷方。

进行账务处理时,应根据销货发票及银行的"收账通知"等原始凭证,编制会计分录如下:

借:银行存款	180 800	
贷:主营业务收入		160 000
应交税费——应交增值税(销项税额)		20 800

例 35 大地公司销售乙产品 1 000 件给天一公司,单价为 100 元,增值税专用发票注明的价格为 100 000 元,增值税销项税额为 13 000 元。销货发票已经开出,但款项尚未收回,公司提供为期 1 个月的信用期。

这笔赊销业务的发生,使企业的应收账款和主营业务收入同时增加,并引起应交税费的相应增加。应收账款的增加,应记入"应收账款"账户的借方;主营业务收入和应交增值税的增加,应分别记入"主营业务收入"和"应交税费"账户的贷方。

进行账务处理时,应根据销货发票等原始凭证,编制会计分录如下:

借:应收账款	113 000	
贷:主营业务收入		100 000
应交税费——应交增值税(销项税额)		13 000

例 36 按照税法规定,大地公司期末计算应由销售产品负担的应交城市维护建设税 4 000 元。

企业应交的城市维护建设税,在缴纳之前,构成企业的一项负债。这笔计提业务的发生,使企业的费用和负债同时增加。城市维护建设税是企业的一项费用,其增加应记入"税金及附加"账户的借方;应交的税金是企业的负债,其增加应记入"应交税费"账户的贷方。

进行账务处理时,应根据"产品销售税金计算表"、银行的"付账通知"等原始凭证,编制会计分录如下:

借:税金及附加	4 000	
贷:应交税费——应交城市维护建设税		4 000

例 37 大地公司收到天一公司所欠的货款 80 000 元,已经存入银行。

这笔货款结算业务的发生,使企业的银行存款增加,而应收账款同时减少。银行存款的增加,应记入"银行存款"账户的借方;应收账款作为企业的一项资产,其减少应记入"应收账款"账户的贷方。

进行账务处理时,应根据银行的"收账通知"等原始凭证,编制会计分录如下:

借:银行存款	80 000	
贷:应收账款		80 000

例 38 期末结转已销产品的实际生产成本。甲产品 400 件,每件加权平均单价为 104 元,销售成本为 41 600 元;乙产品 1 000 件,每件加权平均单价为 30 元,销售成本为 30 000 元,合计成本为 71 600 元。

已经销售产品的每件加权平均单价和销售成本的计算参见"库存商品"明细分类账。这笔成本结转业务的发生,使企业的库存商品成本转化为商品的销售成本。商品的销售成本作为企业的费用，其增加应记入“主营业务成本”账户的借方；库存商品作为企业的资产，其减少应记入“库存商品”账户的贷方。

进行账务处理时，应根据“产品销售成本计算表”等原始凭证，编制会计分录如下：

借：主营业务成本　　71 600

　贷：库存商品　　71 600

四、产品销售成本的计算

企业通过产品销售实现的收入，要与产品的销售成本相配比，以确定企业在一定时期内实现的产品销售利润或发生的亏损。产品的销售成本就是已售产品的生产成本，期末根据本月销售产品的数量与单位生产成本的乘积，就可以确定本期的产品销售成本。所以，产品销售成本的计算过程，实质上是已售产品生产成本的结转过程。

通常情况下，不同时间完工入库产品的生产成本是不同的，因此，计算产品销售成本的关键是确定已销售产品的单位生产成本。

已售产品生产成本的计算方法有先进先出法、加权平均法及个别计价法等，比较常用的是加权平均法。其计算公式如下：

$$\text{加权平均单位成本}=\frac{\text{期初库存商品成本}+\text{本期完工入库产品成本}}{\text{期初库存商品数量}+\text{本期完工入库产品数量}}$$

在计算出已售产品的单位成本之后，就可据以计算当期的产品销售成本，其计算公式如下：

产品销售成本＝加权平均单位成本×产品销售数量

下面以加权平均法为例，举例说明产品销售成本的计算方法。

例 39　沿用大地公司的经济业务，12 月，销售甲产品 400 件，乙产品 1 000 件。12 月初库存产品的情况如下：甲产品 9 000 件，单位成本为 100 元；乙产品 8 000 件，单位成本为 29.5 元。12 月份甲、乙产品的完工数量及成本，是从“生产成本——甲产品”和“生产成本——乙产品”明细账转入“库存商品——甲产品”和“库存商品——乙产品”明细账的本期完工产品成本。“库存商品”明细分类账户可参见表 4—12 和表 4—13。

$$\text{甲产品的加权平均单位成本}=\frac{900\ 000+140\ 000}{9\ 000+1\ 000}=104(\text{元/件})$$

甲产品的销售成本＝104×400＝41 600(元)

乙产品的加权平均单位成本＝＝30(元/件)

乙产品的销售成本＝30×1 000＝30 000(元)

根据计算结果，进行主营业务成本以及库存商品的总分类核算和明细分类核算。

表 4—12　**“库存商品”明细分类账户**

账户名称：甲产品　　数量：千克　　金额：元

2020 年		凭证号码	摘　要	收　入			发　出			结　余		
月	日			数量	单价	金额	数量	单价	金额	数量	单价	金额
			月初结存							9 000	100	900 000
	略	略	本月完工	1 000	140	140 000				10 000		1 040 000
			本期发出				400	104	41 600	9 600	104	998 400
			期末结存							9 600	104	998 400

表 4—13　　“库存商品”明细分类账户

账户名称：乙产品　　　　数量：千克　　金额：元

2020 年		凭证号码	摘　要	收　入			发　出			结　余		
月	日			数量	单价	金额	数量	单价	金额	数量	单价	金额
			月初结存							8 000	29.5	236 000
	略	略	本月完工	2 000	32	64 000				10 000		300 000
			本期发出				1 000	30	30 000	9 000	30	270 000
			期末结存							9 000	30	270 000

第六节　财务成果的核算

一、财务成果的核算内容

企业的财务成果是企业在一定时期内从事生产经营活动所取得的最终成果，即企业的利润。利润是企业在一定会计期间的经营成果，是在一定会计期间各种收入和费用配比相抵后的差额，是企业经营业绩和获利能力的综合反映。

进行财务成果的核算，就是要正确计算一定会计期间的收入和费用，通过收入和费用的配比确定会计期间的盈亏，并按规定分配顺序进行利润分配。企业利润的构成内容按不同层次，可分为营业利润、利润总额和净利润。

企业在一定期间实现的利润总额，应该按一定税率计算并缴纳所得税。由此可见，利润可以通过日常生产经营活动而实现，也可以通过对外投资活动而获得，还包括那些与生产经营活动无直接关系的事项所引起的经济利益的流入。

企业实现的净利润，应该按规定程序进行分配。企业分配以后的余额，是本年度未分配的利润。本年度未分配的利润，可以并入以后年度向投资者分配。

二、利润形成的核算

从利润的构成中可以看出，企业实现的利润不仅与日常生产经营活动有关，还与企业的投资活动以及与非经营活动的会计事项有关，它们同样使企业获得经济利益。涉及产品销售的主营业务的核算内容，已经在上一节中说明；对于投资收益、资产减值损失和公允价值变动净收益所涉及的业务核算，将在后续专业课程中学习；这里主要介绍期间费用、营业外收支以及利润总额、所得税和净利润的核算。

(一)账户设置

为了反映和监督企业利润形成过程的业务，除了前面已设置的“主营业务收入”“主营业务成本”“税金及附加”“其他业务收入”“其他业务成本”等账户外，还应该再增设“销售费用”“管理费用”“财务费用”“营业外收入”“营业外支出”“本年利润”“所得税费用”等损益类账户，核算企业的期间费用、营业外收支以及利润总额和所得税费用。

1.“销售费用”账户

“销售费用”账户是用来反映和监督企业各种销售费用及其结转情况的损益类账户。该账户的借方登记本期为销售产品而发生的各种销售费用和专设销售机构发生的经费；贷方登记期末结转至“本年利润”账户的销售费用数额；结转后，该账户没有期末余额。

“销售费用”账户按费用项目设置明细分类账，进行明细分类核算。

“销售费用”账户的结构如图 4－22 所示。

借方 销售费用	贷方
本期发生的销售费用	期末结转至本年利润的销售费用

图 4－22 “销售费用”账户的结构

2.“管理费用”账户

“管理费用”账户是用来反映和监督公司经费、业务招待费、劳动保险费等企业管理费用的发生及其结转情况的损益类账户。该账户的借方登记本期发生的各种管理费用；贷方登记期末结转至“本年利润”账户的管理费用数额；结转后，该账户没有期末余额。

“管理费用”账户按费用项目设置明细分类账，进行明细分类核算。

“管理费用”账户的结构如图 4－23 所示。

借方 管理费用	贷方
本期发生的管理费用	期末结转至本年利润的管理费用

图 4－23 “管理费用”账户的结构

3.“财务费用”账户

“财务费用”账户是用来反映和监督企业利息支出、汇兑损益、金融机构手续费等财务费用的发生及其结转情况的损益类账户。该账户的借方登记本期发生的各种财务费用；贷方登记期末结转至“本年利润”账户的财务费用数额；结转后，该账户没有期末余额。

“财务费用”账户按费用项目设置明细分类账，进行明细分类核算。

“财务费用”账户的结构如图 4－24 所示。

借方 财务费用	贷方
本期发生的财务费用	期末结转至本年利润的财务费用

图 4－24 “财务费用”账户的结构

4."营业外收入"账户

从账户的性质看,"营业外收入"账户属于损益类账户。"营业外收入"账户用来反映和监督企业处置报废固定资产净收益、债务重组利得、接受捐赠利得等业务形成的营业外收入及其结转情况。该账户的贷方登记本期发生的营业外收入;借方登记期末结转至"本年利润"账户的营业外收入;结转后,该账户没有期末余额。

"营业外收入"账户按收入项目设置明细分类账,进行明细分类核算。

"营业外收入"账户的结构如图 4—25 所示。

借方 营业外收入	贷方
期末结转至本年利润的营业外收入	本期确认的营业外收入

图 4—25 "营业外收入"账户的结构

5."营业外支出"账户

从账户的性质看,"营业外支出"账户属于损益类账户。"营业外支出"账户用来反映和监督企业发生的与其生产经营无直接关系的各项支出,如固定资产盘亏、处置报废固定资产净损失、债务重组损失、罚款支出、非常损失等产生的营业外支出的发生及其结转情况。该账户的借方登记本期发生的营业外支出;贷方登记期末结转至"本年利润"账户的营业外支出;结转后,该账户没有期末余额。

"营业外支出"账户按支出项目设置明细分类账,进行明细分类核算。

"营业外支出"账户的结构如图 4—26 所示。

借方 营业外支出	贷方
本期发生的营业外支出	期末结转至本年利润的营业外支出

图 4—26 "营业外支出"账户的结构

6."本年利润"账户

"本年利润"账户用来反映企业一定会计期间实现的本年净利润或发生的净亏损。该账户的贷方登记本期转入的各项收入和利得;借方登记本期转入的费用、成本和损失。将本期收入与费用相抵后,如果收入大于费用,即为贷方差额,表示本期实现的净利润;如果费用大于收入,即为借方差额,表示本期发生的净亏损。平时,本账户的月末余额不予转账,账户余额在贷方,表示企业累计实现的利润;如果账户余额在借方,则表示企业累计发生的亏损。年末,将本账户余额结转至"利润分配"账户,形成可供分配利润或未弥补亏损。年末结转后,"本年利润"账户没有余额。

"本年利润"账户一般不设置明细分类账户。

"本年利润"账户的结构如图 4—27 所示。

借方	本年利润 贷方
期初余额：期初累计亏损 从相关账户转入的： 主营业务成本、税金及附加、其他业务成本、销售费用、管理费用、财务费用、营业外支出、所得税费用、资产减值损失等费用、成本和损失	期初余额：期初累计利润 从相关账户转入的： 主营业务收入、其他业务收入、营业外收入、投资收益、公允价值变动损益等收入和利得
期末余额：期末累计亏损	期末余额：期末累计利润

图 4—27 "本年利润"账户的结构

7."所得税费用"账户

"所得税费用"账户是用来反映和监督企业按规定从本期损益中扣减的所得税费用的计提及其结转情况的损益类账户。该账户的借方登记按规定计算的本期应纳所得税费用；贷方登记期末结转至"本年利润"账户的所得税费用；结转后，该账户没有期末余额。

"所得税费用"账户的结构如图 4—28 所示。

借方	所得税费用 贷方
本期计提的所得税费用	期末结转至本年利润的所得税费用

图 4—28 "所得税费用"账户的结构

通常是按年计算企业所得税，分期预交。如果应税利润与会计利润一致，则：

所得税费用＝应交所得税＝应纳税所得额×适用税率

在存在递延所得税资产和递延所得税负债的前提下，所得税费用应该在应交所得税的基础上进行调整。

当期应交所得税＝应纳税所得额×适用税率

所得税费用＝当期应交所得税＋递延所得税资产减少＋递延所得税负债增加

－递延所得税资产增加－递延所得税负债减少

(二)利润形成业务的核算

例 40 大地公司用银行存款支付本年度产品广告费 10 000 元、专设销售机构经费 5 500 元。

企业的广告费和专设销售机构经费都属于销售费用。这笔经济业务的发生，增加了企业的销售费用，减少了银行存款。进行账务处理时，应根据银行的"付款通知"等原始凭证，编制会计分录如下：

借：销售费用　　15 500

　　贷：银行存款　　15 500

例 41 大地公司计算出本期应付企业行政管理人员奖金 5 500 元，专设销售机构人员奖金 4 500 元。

企业行政管理人员的奖金作为管理费用处理，专设销售机构人员的奖金作为销售费用处理；奖金、工资、津贴和补贴都通过"应付职工薪酬"账户核算。这笔经济业务的发生，使企业的管理费用、销售费用和应付薪酬同时增加。应付奖金作为企业的负债，其增加应记入“应付职工薪酬”账户的贷方。

进行账务处理时，应根据“工资费用分配表”等原始凭证，编制会计分录如下：

借：管理费用　　5 500
　　销售费用　　4 500
　　贷：应付职工薪酬　　10 000

例 42　大地公司签发现金支票 5 000 元，预付采购部门人员张三的差旅费。

预付差旅费应该作为企业暂借款，是一项资产。这笔经济业务的发生，使企业的其他应收款增加，而银行存款减少。进行账务处理时，应根据原始凭证，编制会计分录如下：

借：其他应收款　　5 000
　　贷：银行存款　　5 000

例 43　采购人员出差返回，报销差旅费 4 500 元，余款 500 元以现金退回。

采购部门作为企业的管理部门，其差旅费作为管理费用处理，这是一笔复合分录。报销差旅费使得管理费用增加，并引起其他应收款减少 4 500 元；退还的现金部分，冲减其余的其他应收款部分。进行账务处理时，应根据“差旅费报销单”、现金“收据”等原始凭证，编制会计分录如下：

借：管理费用　　4 500
　　库存现金　　500
　　贷：其他应收款　　5 000

例 44　大地公司接银行付账通知，已经从本公司“银行存款”账户扣除本季度短期借款利息 8 400 元。企业前 2 个月已经计提财务费用 3 000 元。

企业的短期借款利息，往往采用按月计提、每季度末结算的方式。前面 2 个月的利息，已经在计提时计入了财务费用，本月支付的 8 400 元利息中，有 3 000 元是支付以前的应付利息，只有 5 400 元是为本月支付的，所以，本月的财务费用是 5 400 元。财务费用的增加，应记入“财务费用”账户的借方；而企业负债的减少，应记入“应付利息”账户的借方；银行存款的减少，应记入“银行存款”账户的贷方。

进行账务处理时，应根据“付账通知”等原始凭证，编制会计分录如下：

借：财务费用　　5 400
　　应付利息　　3 000
　　贷：银行存款　　8 400

例 45　大地公司取得一笔教育费附加返还款 73 000 元，接银行通知已经到账。

教育费附加返还款应该作为企业的营业外收入。这笔经济业务的发生，使企业的银行存款和营业外收入同时增加。进行账务处理时，应根据“收账通知”等原始凭证，编制会计分录如下：

借：银行存款　　73 000
　　贷：营业外收入　　73 000

例 46　大地公司为支持贫困地区的教育，捐赠人民币 112 000 元，款项已经通过银行转出。

企业的对外捐赠，应该确认为营业外支出。这笔经济业务的发生，使企业营业外支出增加，并导致存款减少。进行账务处理时，应根据“付账通知”等原始凭证，编制会计分录如下：

借:营业外支出　　112 000

　　贷:银行存款　　112 000

例 47 结转本期收入,将年末结账前本期收入账户的期末贷方余额,转入"本年利润"账户的贷方。假设本期主营业务收入为 260 000 元,营业外收入为 73 000 元。

这项转账业务,使得各项收入转出,本年利润增加。收入的结转,应该记入"主营业务收入""营业外收入"账户的借方;本年利润作为所有者权益,其增加应记入"本年利润"账户的贷方。进行账务处理时,应根据账簿记录,编制会计分录如下:

借:主营业务收入　　260 000

　　营业外收入　　73 000

　　贷:本年利润　　333 000

例 48 结转本期费用、成本和税金,将年末结账前本期各个费用账户的期末借方余额,转入"本年利润"账户的借方。假设本期主营业务成本为 71 600 元,税金及附加为 4 000 元,销售费用为 20 000 元,管理费用为 60 000 元,财务费用为 5 400 元,营业外支出为 112 000 元。结转各费用,会冲减本年利润。将各费用、成本和税费转出时,贷记"主营业务成本""税金及附加""其他业务成本""销售费用""管理费用""财务费用""营业外支出"账户;本年利润的冲减,应借记"本年利润"账户。

进行账务处理时,应根据账簿记录,编制会计分录如下:

借:本年利润　　273 000

　　贷:主营业务成本　　71 600

　　　　税金及附加　　4 000

　　　　销售费用　　20 000

　　　　管理费用　　60 000

　　　　财务费用　　5 400

　　　　营业外支出　　112 000

本年利润贷方发生额和借方发生额的差额,即本期全部收益合计数 333 000 元减去全部费用合计数 273 000 元的差额 60 000 元,就是本期实现的利润总额 60 000 元。

例 49 按税法规定税率计提企业应交所得税,假设本期确定的应交所得税和所得税费用均为 12 000 元。

这笔经济业务的发生,使得应交所得税和所得税费用同时增加。所得税作为一项费用,其增加应记入"所得税费用"账户的借方;计提的应交税金,作为一项负债,其增加应记入"应交税费"账户的贷方。进行账务处理时,应根据"所得税计算表",编制会计分录如下:

借:所得税费用　　12 000

　　贷:应交税费——应交所得税　　12 000

在按照资产负债表债务法核算所得税的情况下,利润表中的所得税费用包括当期所得税和递延所得税两个部分。即所得税费用实在当期应交所得税的基础上调整递延所得税后计算确定。而当期的应交所得税以税收法规为基础计算确定。

按税法规定税率计提企业应交所得税,假设本期确定的应交税费为 10 000 元。递延所得税负债增加 2 000 元,则所得税费用为 12 000 元。

这笔经济业务的发生，使得所得税和应交税费同时增加。递延所得税资产的增加和递延所得税负债的减少会减少所得税费用；而所得税资产的减少和递延所得税负债的增加会增加所得税费用。作为一项费用，其增加应记入“所得税费用”账户的借方；计提的应交税费，作为一项负债，其增加应记入“应交税费”账户的贷方。递延所得税负债的增加应记入“递延所得税负债”账户的贷方。进行账务处理时，编制会计分录如下：

借：所得税费用	12 000	
贷：应交税费——应交所得税		10 000
递延所得税负债		2 000

例 50 将本期的所得税费用 12 000 元，转入“本年利润”账户。

结转所得税费用时，将所得税的借方金额，从“所得税”账户的贷方转出，记入“本年利润”账户的借方。根据账簿记录，编制会计分录如下：

借：本年利润	12 000	
贷：所得税费用		12 000

本年利润结转所得税后的余额，就是大地公司实现的税后利润。其中，本月实现净利润 48 000 元。“本年利润”账户在年底结账时，转入利润分配，形成可供分配的利润。

假设全年净利润为 240 000 元，则编制会计分录如下：

借：本年利润	240 000	
贷：利润分配——未分配利润		240 000

三、利润分配的核算

（一）账户设置

1. “利润分配”账户

从账户的性质看，“利润分配”账户属于所有者权益账户。“利润分配”账户用来反映和监督企业利润的分配（或亏损的弥补）和未分配利润的形成过程。该账户的借方登记实际分配的利润金额，贷方登记年末从“本年利润”转入的全年实现的净利润。年末结转后，如果账户余额在贷方，表示年末累计的未分配利润；如果账户余额在借方，表示累计未弥补的亏损。

“利润分配”账户应按利润分配的具体项目，设置“提取法定盈余公积”“应付利润”“未分配利润”等明细分类账户，进行明细分类核算。

“利润分配”账户的结构如图 4—29 所示。

借方　　　　利润分配	贷方
期初余额：年初未弥补亏损 实际分配的利润数： 提取盈余公积金 分配给投资者的利润	期初余额：年初未分配利润 年终从“本年利润”账户转入的全年净利润
期末余额：年末未弥补亏损	期末余额：年末未分配利润

图 4—29 “利润分配”账户的结构

2.“盈余公积”账户

“盈余公积”账户是用来反映和监督企业盈余公积的提取和使用情况的所有者权益账户。该账户的贷方登记从净利润中提取的盈余公积；借方登记盈余公积的使用数额；期末余额在贷方，表示企业未动用的盈余公积。

“盈余公积”账户按盈余公积的种类设置明细分类账，进行明细分类核算。

“盈余公积”账户的结构如图4—30所示。

盈余公积

借方	贷方
盈余公积的使用	期初余额：期初未动用的盈余公积 本期提取的盈余公积
	期末余额：期末未动用的盈余公积

图4—30 “盈余公积”账户的结构

3.“应付利润”账户

“应付利润”账户是用来反映和监督企业应付给投资者的利润或现金股利的确认和结算情况的负债类账户。该账户的贷方登记企业宣告分配利润时应付给投资者的利润或现金股利；借方登记实际支付的利润或现金股利；期末余额在贷方，表示尚未支付的利润。

“应付利润”账户（股份制企业是“应付股利”账户）应按投资人的不同设置明细分类账，进行明细分类核算。

“应付利润”或“应付股利”账户的结构如图4—31所示。

应付利润（或应付股利）

借方	贷方
利润或现金股利的支付	期初余额：期初尚未支付的利润或现金股利 本期应付的利润或现金股利
	期末余额：期末未支付的利润或现金股利

图4—31 “应付利润”或“应付股利”账户的结构

（二）利润分配的总分类核算

例51 根据大地公司计算的全年净利润240 000元的15%提取法定盈余公积24 000元，任意盈余公积12 000元。

这笔经济业务的发生，使得利润分配和盈余公积同时增加。利润分配的增加，使得可供分配的所有者权益减少，应记入“利润分配”账户的借方；盈余公积是所有者权益，其增加应记入“盈余公积”账户的贷方。进行账务处理时，应根据“利润分配表”，编制会计分录如下：

借：利润分配——计提的法定盈余公积　　24 000
　　　　　　——计提的任意盈余公积　　12 000
　贷：盈余公积——法定盈余公积　　24 000
　　　　　　　——任意盈余公积　　12 000

例52 大地公司确定分配给投资者利润64 000元。

这笔经济业务的发生，使得利润分配和应付利润同时增加。利润分配的增加，使得可供分配的所有者权益减少，应记入“利润分配”账户的借方；应付利润是负债，其增加应记入“应付利润”账户的贷方。进行账务处理时，应根据“利润分配表”，编制会计分录如下：

借：利润分配——应付利润　　64 000

　　贷：应付利润　　64 000

例 53　年末，结转大地公司全年实现的净利润 240 000 元，计算并结转企业的未分配利润。年终结转全年实现的净利润，就是将累计的净利润从“本年利润”账户的借方，转至“利润分配——未分配利润”账户的贷方。进行账务处理时，应根据账簿记录，编制调整会计分录如下：

借：本年利润　　240 000

　　贷：利润分配——未分配利润　　240 000

将“利润分配”账户下其他明细账户的期末余额全部转入“利润分配——未分配利润”明细账户。经过年终结账，企业“本年利润”账户已经没有余额。而“利润分配——未分配利润”明细账户的贷方余额，表示企业累计的未分配利润。

现将本章列举的大地公司 2020 年 12 月所发生经济业务的总分类核算，用账户表示如下：

（1）根据会计分录登记有关总分类账户（有关账户的余额见各账户所示），分别结出各账户的本期发生额和期末余额（见图 4—32）。

库存现金

期初余额：	800		
(25)	60 000	(25)	60 000
(43)	500		
本期发生额：	60 500	本期发生额：	60 000
期末余额：	1 300		

银行存款

期初余额：	20 000	(6)	14 000
(1)	800 000	(7)	30 000
(3)	5 000 000	(8)	11 300
(4)	80 000	(9)	2 000
(5)	90 000	(13)	114 500
(34)	180 800	(14)	67 800
(37)	80 000	(15)	4 500
(45)	73 000	(17)	8 000
		(19)	3 300
		(25)	60 000
		(28)	36 000
		(31)	2 000
		(40)	15 500
		(42)	5 000
		(44)	8 400
		(46)	112 000
本期发生额：	6 303 800	本期发生额：	4 943 300
期末余额：	5 829 500		

应收账款

期初余额：	10 000	(37)	80 000
(35)	113 000		
本期发生额：	113 000	本期发生额：	80 000
期末余额：	43 000		

预付账款

期初余额：	0	(18)	11 300
(17)	8 000		
(19)	3 300		
本期发生额：	11 300	本期发生额：	11 300
期末余额：	0		

其他应收款

期初余额：	0		
(42)	5 000	(43)	5 000
本期发生额：	5 000	本期发生额：	5 000
期末余额：	0		

原材料

期初余额：	172 000	(21)	145 000
(10)	12 000		
(12)	101 500		
(16)	64 500		
本期发生额：	178 000	本期发生额：	145 000
期末余额：	205 000		

材料采购

(8)	10 000	(10)	12 000
(9)	2 000	(12)	101 500
(11)	101 500	(16)	64 500
(14)	60 000		
(15)	4 500		
(18)	10 000		
本期发生额：	188 000	本期发生额：	178 000
期末余额：	10 000		

生产成本

期初余额：	19 200	(33)	204 000
(21)	110 000		
(22)	50 000		
(26)	7 000		
(32)	60 000		
本期发生额：	227 000	本期发生额：	204 000
期末余额：	42 200		

制造费用

(21)	25 000		
(22)	10 000	(32)	60 000
(26)	1 400		
(27)	15 000		
(29)	3 100		
(30)	5 100		
(31)	400		
本期发生额：	60 000	本期发生额：	60 000

库存商品

期初余额：	1 136 000	(38)	71 600
(33)	204 000		
本期发生额：	204 000	本期发生额：	71 600
期末余额：	1 268 400		

固定资产

期初余额：	45 000		
(2)	200 000		
(6)	14 000		
(7)	30 000		
本期发生额：	244 000	本期发生额：	0
期末余额：	289 000		

累计折旧

		期初余额：	3 000
		(27)	40 000
本期发生额：	0	本期发生额：	40 000
		期末余额：	43 000

短期借款

		期初余额：	8 000
		(4)	80 000
本期发生额：	0	本期发生额：	80 000
		期末余额：	88 000

应付账款

(13)	114 500	期初余额：	10 000
		(11)	114 500
本期发生额：	114 500	本期发生额：	114 500
		期末余额：	10 000

应付职工薪酬

(21)	10 000	期初余额：	0
(25)	60 000	(22)	70 000
		(26)	9 800
		(41)	10 000
本期发生额：	70 000	本期发生额：	89 800
		期末余额：	19 800

其他应付款

		期初余额：	0
		(23)	2 000
(28)	36 000	(29)	5 100
本期发生额：	36 000	本期发生额：	7 100
期末余额：	28 900		

累计摊销

		期初余额：	0
		(30)	5 100
本期发生额：	0	本期发生额：	5 100
		期末余额：	5 100

应付利息

		期初余额：	3 000
(44)	3 000		
本期发生额：	3 000	本期发生额：	0
期末余额：	0		

应交税费

(8)	1 300	期初余额：	0
(11)	13 000	(23)	8 000
(14)	7 800	(34)	20 800
(18)	1 300	(35)	13 000
		(36)	4 000
		(49)	12 000
本期发生额：	23 400	本期发生额：	57 800
		期末余额：	34 400

应付利润

		期初余额：	0
		(52)	64 000
本期发生额：	0	本期发生额：	64 000
		期末余额：	64 000

长期借款

		期初余额：	0
		(5)	90 000
本期发生额：	0	本期发生额：	90 000
		期末余额：	90 000

实收资本

		期初余额：	1 100 000
		(1)	800 000
		(2)	200 000
		(3)	1 000 000
本期发生额：	0	本期发生额：	2 000 000
		期末余额：	3 100 000

资本公积

		期初余额：	80 000
		(3)	4 000 000
本期发生额：	0	本期发生额：	4 000 000
		期末余额：	4 080 000

盈余公积

		期初余额：	10 000
		(51)	36 000
本期发生额：	0	本期发生额：	36 000
		期末余额：	46 000

主营业务收入

(47)	260 000	(34)	160 000
		(35)	100 000
本期发生额：	260 000	本期发生额：	260 000

主营业务成本

(38)	71 600	(48)	71 600
本期发生额：	71 600	本期发生额：	71 600

税金及附加

(36)	4 000	(48)	4 000
本期发生额：	4 000	本期发生额：	4 000

销售费用

(40)	15 500	(48)	20 000
(41)	4 500		
本期发生额：	20 000	本期发生额：	20 000

管理费用

(21)	10 000		
(22)	10 000	(48)	60 000
(26)	1 400		
(27)	25 000		
(29)	2 000		
(31)	1 600		
(41)	5 500		
(43)	4 500		
本期发生额：	60 000	本期发生额：	60 000

财务费用

(44)	5 400	(48)	5 400
本期发生额：	5 400	本期发生额：	5 400

营业外收入

(47)	73 000	(45)	73 000
本期发生额：	73 000	本期发生额：	73 000

营业外支出

(46)	112 000	(48)	112 000
本期发生额：	112 000	本期发生额：	112 000

所得税费用

(49)	12 000	(50)	12 000
本期发生额：	12 000	本期发生额：	12 000

本年利润

(48)	273 000	期初余额：	192 000
(50)	12 000	(47)	333 000
(53)	240 000		
本期发生额：	525 000	本期发生额：	333 000
		期末余额：	0

利润分配

(51)	36 000	(53)	240 000
(52)	64 000		
本期发生额：	100 000	本期发生额：	240 000
		期末余额：	140 000

图 4—32　各账户的本期发生额和期末余额

(2)根据各分类账户的本期发生额和期末余额，编制总分类账试算平衡表(见表 4—14)，以检查账务处理的正确性。

表 4—14　　总分类账试算平衡表　　单位:元

账户名称	期初余额		本期发生额		期末余额	
	借方	贷方	借方	贷方	借方	贷方
库存现金	3 800		60 500	60 000	4 300	
银行存款	20 000		6 303 800	494 300	5 829 500	
应收账款	10 000		113 000	80 000	43 000	
预付账款	0		11 300	11 300	0	
其他应收款	0		5 000	5 000	0	
原材料	172 000		178 000	145 000	205 000	
材料采购	0		188 000	178 000	10 000	
生产成本	19 200		227 000	204 000	42 200	
制造费用	0		60 000	60 000	0	
库存商品	1 136 000		204 000	71 600	1 268 400	
固定资产	45 000		244 000	0	289 000	
累计折旧		3 000	0	40 000		43 000
累计摊销		0		5 100		5 100
短期借款		8 000	0	80 000		88 000
应付账款		10 000	114 500	114 500		10 000
其他应付款		0	36 000	7 100	28 900	0
应付职工薪酬		0	70 000	89 800		19 800
应付利息		3 000	3 000	0		0
应交税费		0	23 400	57 800		34 400
应付利润		0	0	64 000		64 000
长期借款		0	0	90 000		90 000
实收资本		1 100 000	0	2 000 000		3 100 000
资本公积		80 000	0	4 000 000		4 080 000
盈余公积		10 000	0	36 000		46 000
本年利润		192 000	525 000	333 000		0
利润分配			100 000	240 000		140 000
主营业务收入			260 000	260 000		
主营业务成本			71 600	71 600		
税金及附加			4 000	4 000		
管理费用			60 000	60 000		
销售费用			20 000	20 000		

续表

账户名称	期初余额		本期发生额		期末余额	
	借方	贷方	借方	贷方	借方	贷方
财务费用			5 400	5 400		
营业外收入			73 000	73 000		
营业外支出			112 000	112 000		
所得税费用			12 000	12 000		
合　计	1 406 000	1 406 000	9 084 500	9 084 500	7 720 300	7 720 300

重要术语

成本计算——把企业在生产经营过程中各阶段所发生的各项费用，按照一定的对象和标准进行归集和分配，以计算出各该对象的总成本和单位成本。

共同采购费用——在采购多种材料过程中发生的、需要分配后计入各材料采购成本的费用。

直接生产费用——生产过程中发生的、能够明确其归属对象，可以直接计入成本计算对象的生产耗费。

间接生产费用——生产过程中发生的、无法分清其归属对象，不能直接计入产品成本，必须先进行归集，然后选择与费用相关性较强的标准分配后计入成本计算对象的生产耗费。

应付职工薪酬——企业为获得职工提供的服务而应支付给全体职工的劳动报酬，包括各种形式的工资、奖金、福利支出和社会保险等。在职工薪酬应付未付时，构成了企业的一项负债。

财务成果的核算——正确计算一定会计期间的收入和费用，通过收入和费用的配比确定会计期间的盈亏，并按规定顺序进行利润分配。

复习思考题

1. 工业企业主要经济业务的核算内容有哪些？
2. 材料采购成本包含哪些内容？如何进行材料采购成本的计算？
3. 生产过程中应设置哪些费用、成本类账户？
4. 简述企业产品生产成本的计算程序。
5. 企业职工薪酬的核算包括哪些内容？
6. 为什么要设置“累计折旧”账户？
7. 什么是企业的财务成果？它由哪些内容构成？
8. 怎样进行企业的利润总额和利润净额的核算？
9. 如何进行完工产品成本的计算？
10. 简述企业成本计算的意义和内容。

自我测试题

一、单项选择题

1. 用于计算产品生产成本的是（　　）账户。

A.“在产品”　　B.“生产成本”

C.“制造费用”　　D.“库存商品”

2.“材料采购”账户的期末余额表示（　　）。

A. 期末库存材料成本　　B. 本期入库材料成本

C. 本期耗用材料成本　　D. 本期在途材料成本

3. 根据新《企业会计准则》，计提生产部门管理人员的福利费，应贷记（　　）账户。

A.“制造费用”　　B.“应付福利费”

C.“应付职工薪酬”　　D.“管理费用”

4.“生产成本”账户的期末余额表示（　　）。

A. 期末库存产成品成本　　B. 期末在产品成本

C. 本期生产费用　　D. 本期完工产品成本

5. 应在“财务费用”账户核算的费用是（　　）。

A. 工会经费　　B. 业务招待费

C. 财务部门人员的工资　　D. 金融机构手续费

二、多项选择题

1. 企业生产业务核算的主要内容包括（　　）。

A. 固定资产的取得　　B. 材料采购业务

C. 材料领用业务　　D. 取得短期借款

2. 属于企业营业外收入的项目有（　　）。

A. 报废固定资产净收益　　B. 罚款收入

C. 销售材料的收入　　D. 收到教育费附加返还款

3. 材料采购成本不包括（　　）。

A. 仓储费　　B. 采购部门人员的经费

C. 入库后的挑选整理费　　D. 途中的合理损耗

4. 产品的生产成本项目包括（　　）。

A. 直接材料　　B. 直接人工

C. 制造费用　　D. 待摊费用

5. 年末结账后，没有余额的账户包括（　　）。

A.“本年利润”　　B.“利润分配”

C.“主营业务成本”　　D.“税金和附加”

三、判断题

1. 材料采购成本包括材料买价、采购费用和增值税。（　　）

2. 完工产品的生产成本就是期初在产品成本和本月的生产费用合计数。（　　）

3. 所有的生产费用都应该先在“制造费用”账户进行归集，然后按一定的标准分配转入“生产成本”账户。（　　）

4. “本年利润”账户的期末余额一定在贷方。（　　）

5. 所有的成本类和损益类账户期末都没有余额。（　　）

练习题

习题一

一、目的：练习资金筹集和购买固定资产业务的核算。

二、资料：

(1)天天公司收到投资人甲公司投入货币资金 600 000 元，款项已存入银行。

(2)天天公司收到乙公司作为投资的新设备一台，根据设备的市场价，投资双方确认的合同价为 100 000 元。设备已办理交接验收手续，可以直接投入使用。

(3)天天公司从银行取得短期借款 60 000 元，期限为 6 个月，年利率为 6%，利息按季度结算，款项已存入银行。

(4)因购置生产设备，天天公司从银行取得长期借款 50 000 元，期限为 2 年，年利率为 5%，到期还本付息，款项已存入银行。

(5)天天公司购入不需要安装的生产设备一套，买价为 40 000 元，支付增值税 5 200 元，支付其他费用 3 200 元，直接投入使用。

三、要求：

1. 根据天天公司的上述经济业务，编制会计分录。

2. 计提本月短期借款的利息费用。

习题二

一、目的：练习材料采购业务的核算和采购成本的计算。

二、资料：

(1)EMILY 公司为一般纳税人，增值税税率为 13%，2020 年 12 月购入下列材料：

品种	数量	单价	买价
A 材料	2 000 千克	20 元/千克	40 000 元
B 材料	1 000 千克	30 元/千克	30 000 元

货款及增值税额均以银行存款支付。

(2)以银行存款支付 A、B 材料的共同运输费 2 600 元，装卸费 400 元。在采购过程中，运输费和装卸费按材料重量比例分配。

(3)材料已验收入库,按实际成本入账。

三、要求:

1. 根据EMILY公司的上述经济业务,编制会计分录。

2. 根据会计分录,登记"材料采购"总账和明细分类账。

3. 编制材料采购成本计算表,计算A、B材料的采购成本。

习题三

一、目的:练习生产过程的核算和产品成本的计算。

二、资料:天天公司本月开始投产,生产车间生产甲、乙两种产品。2020年10月发生的部分经济业务如下:

(1)根据本月发料单汇总,甲产品生产耗用材料32 000元,乙产品生产耗用材料35 000元,车间一般耗用1 000元。

(2)根据本月的职工薪酬分配表,甲产品生产工人工资和津贴为22 800元,乙产品生产工人工资和津贴为21 550元,车间管理人员工资、奖金等职工薪酬为10 000元。

(3)支付本月车间办公用品费1 400元。

(4)以银行存款支付生产车间的水电费1 600元。

(5)计提本月生产车间固定资产折旧2 375元。

(6)摊销已经预付的本月生产车间生产设备保险费2 000元。

(7)甲、乙产品本月的生产工时分别为1 600工时和2 075工时,按生产工人工时比例分配制造费用。

(8)天天公司的产品没有期初在产品,本月甲产品200件全部完工。乙产品完工的100件已验收入库;未完工的100件在产品承担的直接材料为5 000元,直接人工为800元,制造费用为1 125元。

三、要求:

1. 根据天天公司的上述经济业务,编制会计分录,并登记"生产成本"明细分类账户。

2. 编制产品生产成本计算表。

习题四

一、目的:练习销售过程和财务成果的核算。

二、资料:艾米公司为一般纳税人,增值税税率为13%,公司2020年11月发生的销售业务如下:

(1)销售甲产品2 500件,单价为100元,增值税专用发票注明的价格为250 000元,销项税额为32 500元。款项已存入银行。

(2)销售乙产品1 000件,单价为240元,增值税专用发票注明的价格为240 000元,销项税额为31 200元。货款尚未收到。

(3)收到客户以前所欠的货款282 500元,存入银行。

(4)以银行存款支付广告费50 000元、专设销售机构经费20 000元。

(5)计算并结转本月销售甲、乙产品的生产成本。甲产品的单位成本为30元,乙产品的单位成本为100元。

(6)采购人员出差返回,报销差旅费3 800元,余款200元以现金退回。

(7)接银行付款通知,从本公司“银行存款”账户扣除本季度短期借款利息60 000元,前2个月已经预提40 000元。

(8)公司取得一笔教育费附加返还款30 000元,接银行通知已经到账。

(9)对外捐赠人民币50 000元,款项已经通过银行转出。

(10)以银行存款支付管理部门日常费用1 200元。

(11)结转所有损益类账户。

(12)按利润总额的20%计算所得税,假设所得税费用与应交所得税相等。

(13)按利润净额的10%计提盈余公积。

(14)按利润净额的5%分配并支付利润。

(15)用银行存款上交所得税40 000元。

三、要求:

1. 根据艾米公司的上述经济业务,编制会计分录。

2. 计算利润总额和利润净额。

第五章　会计凭证

本章学习指南

通过本章学习，要求熟悉会计凭证的种类，掌握原始凭证的填制内容和填制方法，掌握记账凭证的填制内容和填制方法，熟悉会计凭证的填制要求和审核。

会计凭证是记录经济业务的发生和完成情况、明确经济责任、作为记账依据的书面证明。填制和审核会计凭证，是会计核算工作的起点，也是进行会计监督的重要环节。

会计凭证最基本的分类，是按其填制程序和用途不同，分为原始凭证和记账凭证。

原始凭证又可以按其取得的来源、填制方法、用途和适用性不同，进行进一步的分类。原始凭证的填制要求主要包括真实性、完整性、规范化和及时性。对原始凭证审核的重点在于真实性、合法性、合理性审核。对于原始凭证的错误，要按规范的方法进行更正，确保原始凭证的真实性。

记账凭证是记账的直接依据，不同的记账凭证有不同的填制方法。填制时要特别注意记账凭证中账户对应关系的正确性，只有审核无误的记账凭证，才能作为记账的直接依据。

会计凭证的传递包括传送程序和传递时间两个方面。会计凭证是重要的经济档案和历史资料，应妥善保管，不得丢失或任意销毁，以备日后查考和检查所需。

第一节　会计凭证的意义和种类

一、会计凭证的意义

会计凭证是用来记录经济业务的发生和完成情况、明确经济责任、作为记账依据的书面证明。填制和审核会计凭证，是会计核算工作的起点，也是进行会计监督的重要环节。

经济业务发生后，企业必须采用复式记账法在相应的账户中进行连续、系统的登记，以反映和监督会计个体的经济活动过程。但记账必须以合格的凭证为依据，不能凭空记账。因此，企业发生的每一笔经济业务，经办人员都要按照规定的程序和要求取得或填制适当的凭证，以书面形式记录经济业务发生或完成的日期、经济业务的内容，并由有关经办人员在凭证上签名盖章，以明确责任，有的会计凭证还需要加盖公章才有效。而且，在记账以前，要对所有的会计凭证进行审核，只有经过审核无误的会计凭证才能作为记账的依据，以保证记账依据的真实性和合法性。

会计核算程序主要包括"凭证—账簿—报表"三个步骤，会计凭证则是其中的起点和基础。因此，合法地取得、正确地填制和严格地审核会计凭证，是会计核算工作的起点，对充分发挥会计的职能具有重要意义。

(一)会计凭证是反映经济业务、进行会计核算的记账依据

日常经济业务的发生，都要取得或填制会计凭证。通过会计凭证，可以全面记录和反映所有经济业务的发生情况和具体内容；经过分类和汇总的会计凭证，是据以登记账簿的重要依据。而且，在记账以前，所有的会计凭证都要进行审查，只有经过审核无误的会计凭证，才能作为记账的依据。会计凭证为检查、分析经济活动和财务收支情况提供了切实可靠的原始依据，也为提高会计信息质量奠定了基础。

(二)会计凭证是审核经济业务、进行会计监督的依据

会计凭证是否如实地记录了经济业务的内容，经济业务是否合法、合理，是否客观、真实，在记账前都要经过主管人员审核。通过对会计凭证的审核，可以监督经济活动是否合乎财经纪律和有关制度的规定，控制经济运行，杜绝日常会计核算中的违法、违规行为。这就保证了账簿记录的客观性、真实性和正确性，有利于发挥会计的监督作用。

(三)会计凭证有利于明确经济责任

由于每笔经济业务的发生和完成情况都要填制或取得相应的会计凭证，并由经办人员在凭证上签字盖章，从而确定了经办单位及经办人员的责任。这样，会计凭证就可以起到加强岗位责任制的作用，促使每一岗位人员认真负责地做好本职工作；如果出现问题或引起争端，也便于区分责任，作出合理裁定，有利于强化企业的内部控制。

二、会计凭证的种类

会计凭证的形式和种类多种多样，最基本的分类是按其填制程序和用途不同，会计凭证可以分为原始凭证和记账凭证。

(一)原始凭证

原始凭证俗称单据，是在经济业务发生时填制或取得的、用于记录或证明经济业务的发生或完成情况、明确经济责任，并作为记账原始依据的会计凭证。原始凭证又可以按不同的标准进行分类：

1. 按取得的来源不同，原始凭证可以分为外来原始凭证和自制原始凭证

外来原始凭证是指发生经济往来业务时，从外单位或个人处直接取得的原始凭证。例如，与银行办理结算时取得的结算凭证，购买的飞机票、火车票，购货发票，付款时由收款方开具的收据(见表 5—1)，购货时取得的各种发票(见表 5—2、表 5—3)，等等。

表 5—1 **上海市企业单位统一收据**

收据联(第二联)

收据号:×××

交款单位:××××

2020 年 12 月 20 日

收款内容	单　位	金　额								备　注
		十	万	千	百	十	元	角	分	
包装物押金	元				3	0	0	0	0	
合计(大写)　人民币叁佰元整				¥	3	0	0	0	0	

开票单位(盖章有效):　　税务登记号:

地址:××××　　开户银行:

收款人:××　　账号:

表 5—2 **上海市商业统一发票**

发票联(第二联)

发票号:×××

购货单位:××××

2020 年 12 月 20 日

货　号	品名规格	计量单位	数　量	单　价	金　额							
					十	万	千	百	十	元	角	分
123	工程物资 A	吨	20	1 234		2	4	6	8	0	0	0
合计(大写)　人民币贰万肆仟陆佰捌拾元零角零分					¥	2	4	6	8	0	0	0

企业(盖章有效):　　财务:××　　开单:××　　营业执照号:

地址:××××××　　税务登记号:

银行账号:

表 5—3　　　　<u>**上海增值税专用发票**</u>　　　　NO. 04543211

此联不做报销、扣税使用

开票日期:2020 年 12 月 20 日

销货单位:(盖章有效)　　收款人:×××　　复核:×××　　开票人:××

<table>
<tr><td rowspan="2">购货单位</td><td>名称</td><td>艾米公司</td><td colspan="3">税务登记号</td><td colspan="15">2 3 4 5 5 6 7 8 9 1</td></tr>
<tr><td>地址、电话</td><td>××××××</td><td colspan="3">开户银行及账号</td><td colspan="15">上海银行光大支行 1234</td></tr>
<tr><td colspan="2" rowspan="2">货物或应税劳务名称</td><td rowspan="2">规格型号</td><td rowspan="2">计量单位</td><td rowspan="2">数量</td><td rowspan="2">单价</td><td colspan="7">金　额</td><td rowspan="2">税率(%)</td><td colspan="7">金　额</td></tr>
<tr><td>万</td><td>千</td><td>百</td><td>十</td><td>元</td><td>角</td><td>分</td><td>万</td><td>千</td><td>百</td><td>十</td><td>元</td><td>角</td><td>分</td></tr>
<tr><td colspan="2" rowspan="3">生产用 A 材料</td><td>30CM</td><td>千克</td><td>200</td><td>10</td><td></td><td>2</td><td>0</td><td>0</td><td>0</td><td>0</td><td>0</td><td>13</td><td></td><td></td><td>2</td><td>6</td><td>0</td><td>0</td><td>0</td></tr>
<tr><td>20CM</td><td>千克</td><td>500</td><td>2</td><td></td><td>1</td><td>0</td><td>0</td><td>0</td><td>0</td><td>0</td><td>13</td><td></td><td></td><td>1</td><td>3</td><td>0</td><td>0</td><td>0</td></tr>
<tr><td></td><td></td><td></td><td></td><td></td><td></td><td></td><td></td><td></td><td></td><td></td><td></td><td></td><td></td><td></td><td></td><td></td><td></td><td></td></tr>
<tr><td colspan="2">合　计</td><td></td><td></td><td></td><td></td><td>¥</td><td>3</td><td>0</td><td>0</td><td>0</td><td>0</td><td>0</td><td></td><td></td><td>¥</td><td>3</td><td>9</td><td>0</td><td>0</td><td>0</td></tr>
<tr><td colspan="2">价税合计(大写)</td><td colspan="19">人民币叁仟叁佰玖拾元零角零分</td></tr>
<tr><td colspan="2">备　注</td><td colspan="19"></td></tr>
<tr><td rowspan="2">销货单位</td><td>名称</td><td>大明公司</td><td colspan="3">税务登记号</td><td colspan="15">1 2 3 4 5 6 7 8 9 2</td></tr>
<tr><td>地址、电话</td><td>12345678</td><td colspan="3">开户银行及账号</td><td colspan="15">上海银行广灵支行 2345</td></tr>
</table>

自制原始凭证是指本单位内部经办业务的部门和人员,在执行或完成某项经济业务时自行填制的、仅供本单位内部使用的原始凭证,如验收材料时的收料单、领用材料时的领料单等(如表 5—4、表 5—5 所示)。

2. 按填制方法的不同,原始凭证可以分为一次凭证、累计凭证和汇总原始凭证

一次凭证是指对一项经济业务在发生或完成时一次填制完成的原始凭证。一次凭证是一次有效的凭证,如现金收据、购货发票、销货发票等。外来原始凭证一般属于一次凭证。

累计凭证是指在一定时期内连续多次记录的同类型经济业务,到期末按累计数作为记账依据的原始凭证。工业企业的限额领料单(见表 5—6)就是一种典型的自制累计凭证。采用限额领料单,可以随时掌握领料的限额结余,进行耗用量的控制,并可减少凭证的数量,简化凭证的填制工作。

汇总原始凭证是指在一定时期内将反映同类经济业务的原始凭证按照一定标准进行汇总,定期编制一张汇总凭证,用于集中反映某类经济业务总括情况的会计凭证,如发料凭证汇总表(见表 5—7)、收料凭证汇总表、现金收入汇总表等,都属于汇总原始凭证。

3. 按用途不同,原始凭证可以分为通知凭证、执行凭证和计算凭证

通知凭证是指要求、指示或命令企业进行某项经济业务的原始凭证,如付款通知书、罚款通知书等。

执行凭证是指证明某项经济业务已经完成的原始凭证,如购货发票、完工产品验收单、领料单等。

计算凭证是指对已进行或完成的经济业务进行计算而编制的原始凭证,如产品成本计算单、制造费用分配表、工资分配计算表等。

各种凭证的格式并不完全相同,如全国统一使用的银行承兑汇票,某一地区统一印制的商业发票、收款收据等，是由有关部门统一印制、在一定范围内使用、具有统一格式和使用方法的通用原始凭证；而增值税专用发票、差旅费报销单等凭证，则是专门用于某一类经济业务的专用原始凭证。

(二)记账凭证

记账凭证又称记账凭单，是会计人员根据审核无误的原始凭证或原始凭证汇总表编制的，用来记载经济业务的简要内容、确定会计分录、作为记账直接依据的会计凭证。由于原始凭证的种类繁多、内容不同、格式各异，对应关系也不直观，直接根据原始凭证记账容易发生差错，因此，先根据原始凭证或汇总原始凭证编制记账凭证，确定应借、应贷的账户名称和金额，再据以记账，可以避免很多记账错误。这样，记账凭证作为记账的直接依据，而将原始凭证作为附件和原始依据，便于核对和查账，有利于提高会计工作的质量。记账凭证也可以按不同的标准进行进一步的分类。

1. 按经济业务的适用性不同，记账凭证可以分为专用记账凭证和通用记账凭证

专用记账凭证是专门记录某一类经济业务的记账凭证，按其记录内容是否与货币资金相关，具体又可以分为收款凭证、付款凭证和转账凭证三种。

收款凭证是指用于记录现金和银行存款收款业务的会计凭证。收款凭证又可分为现金收款凭证和银行存款收款凭证，即借方账户为现金或银行存款，分别根据现金或银行存款收入的原始凭证填制，其格式如表5—8所示。

付款凭证是指用于记录现金和银行存款付款业务的会计凭证。付款凭证又可分为现金付款凭证和银行存款付款凭证，分别根据现金或银行存款付出的原始凭证填制，其格式如表5—9所示。

转账凭证是指用于记录不涉及现金和银行存款业务的会计凭证。转账凭证要根据有关转账业务的原始凭证编制，作为登记有关账簿的依据，其格式如表5—10所示。

通用记账凭证的格式，不再按其记录内容区分收款凭证、付款凭证和转账凭证，而是可以按统一格式记录所有收、付款业务及与货币收支无关的转账业务。通用记账凭证的格式与表5—10所示的转账凭证相似。

2. 按其是否经过汇总，记账凭证可以分为汇总记账凭证和非汇总记账凭证

非汇总记账凭证是指没有经过汇总而直接根据原始凭证编制的分录记账。前面介绍的收款凭证、付款凭证和转账凭证，都属于非汇总记账凭证。

汇总记账凭证是为了简化记账凭证的填制工作，根据非汇总记账凭证按一定的方法汇总填制的、据以登记分类账的记账凭证。具体又可以按汇总方法，分为分类汇总凭证和全部汇总凭证。

分类汇总凭证是根据一定期间的记账凭证按其种类分别汇总填制的。

全部汇总凭证也称记账凭证汇总表，是根据一定期间的所有记账凭证汇总填制的。将全部记账凭证的金额按账户名称分别进行汇总形成的科目汇总表，就是全部汇总凭证。

3. 按填制方法不同，记账凭证可以分为单式记账凭证和复式记账凭证，也称单项记账凭证和多项记账凭证

单式记账凭证是指每一张记账凭证只填列经济业务所涉及的一方账户及其金额的记账凭证。填列借方账户的称为借项凭证(如表5—11、表5—12所示)，填列贷方账户的称为贷项凭证(如表5—13所示)。其优点是便于汇总计算每一账户的发生额，便于分工记账；缺点是制证工作量大。

复式记账凭证是指将每一笔经济业务所涉及的全部账户及其发生额均在同一张记账凭证中反映的一种凭证。上述收款凭证、付款凭证和转账凭证都属于复式记账凭证。其优点是便于了解有关经济业务的全貌，减少凭证张数；缺点是不便于汇总计算账户的发生额。

课堂讨论题 1

企业因违反有关规定，被税务部门处以罚款和定期整改。收到的罚款通知书，属于（　　）。

A. 外来原始凭证　B. 自制原始凭证　C. 一次凭证　D. 转账凭证

E. 执行凭证　F. 通知凭证　G. 单式凭证　H. 都不是

第二节　原始凭证的填制和审核

一、原始凭证的基本内容

原始凭证是用来记录经济业务的发生和完成情况的，由于经济业务内容的复杂性和取得途径的区别，决定了原始凭证的格式和内容也千差万别。但作为反映经济业务内容、明确经济责任并具有法律效力的原始凭证，都应该具备一些共同的基本内容，这些内容也可以称为原始凭证的要素，主要包括：

（1）原始凭证的名称；

（2）原始凭证的填制日期和编号；

（3）接受原始凭证的单位名称（俗称抬头）；

（4）经济业务的内容摘要；

（5）经济业务的实物数量、单价和金额；

（6）填制凭证单位名称及签章填制人姓名；

（7）经办人员的签名或盖章。

对于有些经济业务，还需要有相关的原始凭证附件，如与业务有关的合同、费用预算等。经上级有关部门批准的经济业务，应当将批准文件作为原始凭证附件。对于多用途的银行结算凭证等原始凭证，大多一式数联，分别作为收款人、付款人和双方银行的原始凭证，其内容就要相应增加，如增加双方账号和关联行等一些必要项目；又如增值税专用发票，规定为一式四联，分别为存根联、发票联、税款抵扣联和记账联，有时，生产、销售、运输、统计等部门也要用同一原始凭证，为了充分发挥其作用，就必须在原始凭证上增加不同使用者需要的具体内容。

二、原始凭证的填制方法

原始凭证按其来源，可以分为外来原始凭证和自制原始凭证。自制原始凭证可以一次填制完成，也可以多次累计填制完成，甚至可以将凭证进行汇总。因此，按填制方法的不同，原始凭证又可以分为一次凭证、累计凭证和汇总原始凭证。这些凭证的格式和填制方法互不相同。

1. 一次凭证的填制

自制的一次原始凭证，是由本单位经办人员在业务发生或完成时一次性填制完成的。它可以反映一项经济业务或几项同类的经济业务。验收材料时的收料单、领用材料时的领料单等，都是典型的自制一次原始凭证。收料单是由仓库保管人员按照供货方的发票账单严格审查后，根据验收入库材料的实际情况填制的一次凭证。收料单往往一式三联：一联留仓库，据以登记材料明细账；一联随发票账单送会计部门报账；一联交由采购部门以备查。它与领用材料时领料单的填制过程基本相似。它们的格式和填制方法如表5—4、表5—5所示。

表5—4 （企业名称）

收料单

供货单位：A公司 2020年12月12日 凭证编号：×××

发票号码：××× 收料仓库：×××

材料类别	材料编号	材料名称及规格	计量单位	数量		单价	金额
				应收	实收		
棉纱	××	一级棉纱	千克	8 000	8 000	20	160 000
备注						合计	160 000

部门负责人：×× 记账：××× 仓库保管：×× 收料：×××

表5—5 （企业名称）

领料单

领料部门：一车间 2020年12月12日 凭证编号：×××

用途：××× 发料仓库：×××

材料类别	材料编号	材料名称及规格	计量单位	数量		单价	金额
				请领	实领		
棉纱	××	一级棉纱	千克	3 000	3 000	20	60 000
备注						合计	60 000

记账：××× 发料：×× 审批：×× 领料：×××

2. 累计凭证的填制

累计凭证是多次有效的原始凭证。在同类型经济业务多次重复发生时，可以连续多次将这些业务记录在同一张原始凭证上，随时计算累计发生数及结余数，并按照最高限额进行费用的控制。期末，按实际发生累计数额作为直接记账的依据。

例如，生产企业频繁发生材料领用业务时，可以采用限额领料方式，简化烦琐的凭证填制手续。企业生产管理部门可以根据生产任务和材料消耗定额事先开出限额领料单，生产部门在领用材料时，逐笔在限额领料单上进行登记，并随时结出累计领用数和限领余额。月末，可以对实领数与限领数进行比较分析，了解材料的耗用情况，并根据实际领料的累计数直接作为编制记账凭证的依据。

限额领料单一式两联，由仓库和领料部门各执一份。限额领料单的格式可设计如表5—6所示。

表5—6

（企业名称）

限额领料单

领料部门：一车间　　2020年12月12日　　凭证编号：×××

用途：×××　　发料仓库：×××

日期	请　领		实　发				限额：1 000千克
	数量	领料部门负责人	数量	累计	发料人签章	领料人签章	限额结余
4	400		400	400			600
11	200		200	600			400
18	220		220	820			180
25	150		150	970			30
29	20		20	990			10
累计实发金额：990×10＝9 900（元）							

供应部门负责人：××　　生产计划部门负责人：××　　仓库负责人：××

3. 汇总原始凭证的填制

填制汇总原始凭证时，将同类经济业务的原始凭证按照一定标准进行汇总，定期编制成一张汇总的凭证，并按汇总数填制记账凭证。例如，收料凭证汇总表是根据许多收料单汇总而成的，发料凭证汇总表是根据许多领料单汇总而成的，现金收入汇总表等也属于汇总的原始凭证。发料凭证汇总表的格式和填制方法如表5—7所示。

表5—7

发料凭证汇总表

2020年12月12日

会计科目	领料部门	领料单张数	原材料	燃料	××	合　计
生产成本	一车间	30	40 000			40 000
	二车间	21	54 000			54 000
	小计	51	94 000			94 000
制造费用	一车间	20	40 000			40 000
	二车间	30		3 400		3 400
	小计	50	40 000	3 400		43 400
管理费用	行政部门	10		6 600		6 600
合　计		111	134 000	10 000		144 000

财务主管：××　　记账：××　　复核：××　　制表：××

4. 外来原始凭证的填制

外来原始凭证是在企业同外单位发生经济业务时，由外单位经办人员在经济业务发生或完成时一次填制完成的，一般都属于一次凭证。如收据及购货时由供货单位开具的普通发票、增值税专用发票等，它们的格式和填制方法如表5—1、表5—2、表5—3所示。

外来原始凭证一般由税务局等部门统一印制，或授权批准后印制，要加盖公章才有效。

增值税专用发票一般规定为一式四联，各联用途不同：第一联是存根联，由销货方留存备查；第二联为发票联，交给购货方作为付款的记账凭证；第三联为税款抵扣联，交给购货方作为扣税凭证；第四联为记账联，销货方作为确认销售的记账凭证。

对于多用途的原始凭证，大多一式数联，应该用复写纸套写，分别作为业务双方及相关使用者的原始凭证。

三、原始凭证的填制要求

原始凭证是经济业务的原始记录，填制原始凭证是会计工作的起点，也是会计核算的基础。因此，原始凭证的质量对账簿记录和会计报表的质量有着重要影响，它的填制必须符合一定的要求。这些要求主要包括：

1. 真实性

原始凭证必须如实记录已经发生的经济业务。每张凭证上填列的日期、经济业务内容、实物数量、单位价格和金额合计，必须真实、可靠，不得在原始凭证上弄虚作假。各种手续要完备，经办人员必须签名或者盖章，以对凭证的真实性负责。

2. 完整性

原始凭证中应予填写的各项内容必须填写齐全，书写清楚，不得省略或遗漏。从外单位取得的原始凭证，必须盖有填制单位的公章；从个人取得的原始凭证，必须有填制人的签名或者盖章。自制原始凭证必须有经办单位负责人或其他指定人员的签名或者盖章；对外开具的原始凭证，必须在凭证上加盖本单位公章；涉及货币资金收付的凭证，还要加盖财务专用章。

3. 规范化

原始凭证的填制要标准化、规范化。所有数字和文字的书写要清晰、正确，易于辨认；单页凭证必须用钢笔填写；一式多联的凭证，应当注明各联的用途；一式多联的发票和收据，必须用双面复写纸套写，并连续编号；作废时，应当加盖“作废”记号，连同存根一起保存，不得撕毁。发生退货的，必须有退货验收证明，填制退货发票。凭证填写错误时，不得任意涂改或刮、挖、擦、改，要按规定的方法进行更正。尤其在数字和文字的书写方面，要规范以下几点：

(1)中文大写金额数字前应标明“人民币”“美元”等字样，中文大写金额数字应紧接“人民币”字样，用正楷或行书填写。如壹、贰、叁、肆、伍、陆、柒、捌、玖、拾、佰、仟、万、亿、元、角、分、零、整(正)等，不得用一、二(两)、三、四、五、六、七、八、九、十、毛、另(或0)填写，不得自造简化字。如果金额数字书写中使用繁体字，银行也可受理。

(2)中文大写金额到“元”或者“角”为止的，在“元”或者“角”之后，应写“整”(或“正”)字，在“分”以后可以不写。

(3)阿拉伯数字要逐个填写，不得连写。阿拉伯小写金额数字前面，均应填写货币符号，如人民币用“￥”表示，港币用“HK”表示，美元用“US＄”表示等。阿拉伯数字中间有“0”时，中文大写金额要写“零”字。如￥3 504.90,应写成“人民币叁仟伍佰零肆元玖角正”;￥6 102.09,应写成“人民币陆仟壹佰零贰元零玖分”。

(4)阿拉伯数字中间连续有几个“0”时,中文大写金额中可以只写一个“零”字。如￥1 004.67,应写成“人民币壹仟零肆元陆角柒分”。但如果阿拉伯数字的万位或元位是“0”,而千位和角位不是“0”,中文大写金额中可以只写一个“零”字,也可以不写“零”字。如￥503 000.71,可写成“人民币伍拾万叁仟元零柒角壹分”,或“人民币伍拾万叁仟元柒角壹分”。大写数字和小写数字必须相符。

(5)填写银行票据、结算凭证,必须按规定做到标准化、规范化,防止涂改;票据的出票日期必须使用中文大写。票据出票日期使用小写填写的,银行不予受理。为防止篡改票据的出票日期,在填写月、日时,月为壹、贰和壹拾的,日为壹至玖和壹拾、贰拾和叁拾的,应在其前加“零”;日为拾壹至拾玖的,应在其前加“壹”。例如,5 月 20 日应写成“零伍月零贰拾日”,10 月 15 日应写成零壹拾月壹拾伍日。

4. 及时性

原始凭证应该在业务发生或完成时及时取得和填制,并在一个会计结算期内按规定流转程序和手续送交有关业务和会计部门,以便及时办理后续业务,进行会计核算,保证当期会计资料的真实性和完整性。对此,《会计法》明确规定,办理《会计法》第 10 条所列的经济业务事项,必须填制或取得原始凭证并及时送交会计机构。这一规定体现了两层含义:一是办理经济业务事项后,因不填制或取得原始凭证致使会计核算无法继续进行的,属违法行为;二是因填制或取得的原始凭证没有及时送交会计机构而延误会计核算及时进行的,也属违法行为。

需要说明的是,一般的原始凭证都是以实际发生的经济业务为依据填制的,只有个别自制原始凭证是根据账簿记录进行分析、归类、整理和计算后重新编制的,如企业期末计提资产减值准备、制造费用的分配、固定资产按月计提折旧以及更正错账记录等。

四、原始凭证的审核

为了正确地反映和监督各项经济业务,保证会计信息的客观、真实和完整,会计部门、会计人员和经办业务的有关部门,必须对原始凭证进行严格的审核。审核以后的原始凭证,才能作为记账的依据。这是会计机构、会计人员的法定职责,也是正确组织会计核算、充分发挥会计监督作用的重要环节。原始凭证的审核内容主要包括:

1. 真实性、合法性、合理性审核

会计部门和会计人员应该认真审核经济业务的内容是否符合有关政策、法令、制度、计划、预算和合同等规定,是否符合审批权限和手续,费用成本是否符合开支标准和节约原则等。对于完全符合要求的原始凭证,应及时据以编制记账凭证入账;对于不真实、不合法的原始凭证,会计机构、会计人员有权予以拒绝,情节严重的,应该报请单位负责人或上级处理,以严肃财经纪律。

2. 完整性审核

原始凭证的审核是一项细致的工作,在审核原始凭证时,要关注凭证填制的手续是否完备,各项内容是否填写齐全,有关经办人员是否已经签名或盖章,是否经过主管人员的审批同意,购买实物的原始凭证是否附有验收证明等。对于内容真实、合法、合理但项目不够完整或手续不够齐全的原始凭证,应退给有关经办人员将其补充完整后,再办理收付业务,登记入账。

3. 正确性、及时性审核

对于原始凭证的正确性，要审核的内容包括其中的文字摘要和数字填写是否清楚、规范，数量、单价和金额及合计数的计算是否正确，大、小写金额是否一致等。对计算、填写不清楚或有错误的原始凭证，应该退还经办人员，进行更正。同时，要审核是否在业务发生或完成时及时取得或填制了原始凭证，并监督原始凭证及时入账，以保证会计核算资料的有效性。

在审核原始凭证时，会计机构、会计人员要坚持原则，按照国家统一会计制度的规定，依法履行职责，保证原始凭证符合法律规定，并根据具体情况做出处理。

课堂讨论题 2

在填制原始凭证的数据时，大写数字和小写数字必须相符。

如￥305 000.70，可写成(　　)。

A. 人民币叁拾万伍仟元零柒角

B. 人民币叁拾万五千元柒角整

C. 人民币叁拾万伍仟元柒角整

D. 人民币叁拾万伍仟元零柒角整

E. C和D都可以

五、原始凭证的错误更正

为了规范原始凭证的填制，明确相关人员的经济责任，确保原始凭证的真实性，《会计法》第十四条明确规定了原始凭证错误更正的要求：

(1)原始凭证所记载的各项内容均不得涂改，即原始凭证一经填制，就要保持原状，不得擅自涂改、挖补。随意涂改的原始凭证即为无效凭证，不能作为填制记账凭证或登记会计账簿的依据。

(2)原始凭证记载的内容有错误的，应当由开具单位重开或者更正。更正工作必须由原始凭证出具单位进行，并在更正处加盖出具单位印章。

(3)原始凭证的金额有错误的，不得在原始凭证上直接更正，应当由原始凭证出具单位重开。如果随意更改原始凭证上的金额这一重要数据，容易导致舞弊，不利于保证原始凭证的质量。

(4)原始凭证开具单位应当依法开具准确无误的原始凭证，有责任重新开具或更正填制有误的原始凭证。

第三节　记账凭证的填制和审核

一、记账凭证的基本内容

记账凭证是根据审核无误的原始凭证或原始凭证汇总表编制、确定会计分录，据以登记账簿的会计凭证，是登记账簿的直接依据。根据《会计基础工作规范》的规定，记账凭证应当具备以下一些基本内容：

(1)填制单位的名称；

(2)记账凭证的名称；

(3)填制记账凭证的日期和编号；

(4)经济业务的内容摘要；

(5)应借记和贷记的账户名称(包括一级科目和明细科目)和金额；

(6)记账备注、过账；

(7)记账凭证所附原始凭证的张数；

(8)会计主管、审核、制单、记账人员的签名或盖章，收、付款凭证还应该有出纳人员的签名或盖章。

二、记账凭证的填制方法

记账凭证按其经济内容可分为收款凭证、付款凭证和转账凭证三种，收款凭证和付款凭证具体还可以分为现金收款凭证、现金付款凭证、银行存款收款凭证和银行存款付款凭证四种。按其填制方法，还可以分为多项(复式)凭证和单项(单式)凭证。下面分别说明其填制方法：

1. 收款凭证的填制

收款凭证是用于记录货币资金收款业务的记账凭证。它是由出纳人员根据审核无误的现金或银行存款的原始凭证填制的。据以收款时，要在凭证上加盖“收讫”章，以防差错。

按内容不同，收款凭证可以分为现金收款凭证和银行存款收款凭证，即借方科目是库存现金或银行存款。收款凭证左上角的“借方科目”按收款的性质填写“库存现金”或“银行存款”；日期填写的是该凭证的编制日期；两种凭证分别以“现收字”和“银收字”依次编号，并将本收款凭证的编号填写在右上角。“摘要”栏填写对所记录的经济业务的简要说明；凭证内的“应贷科目”，填写与库存现金或银行存款收入相对应的会计科目；“金额”栏是指该项经济业务的发生额，既要记入左上角账户的借方，又要记入凭证中对应账户的贷方；在凭证右侧填列本记账凭证所附原始凭证的张数；凭证最下边一栏分别由相关人员签名或盖章，以明确经济责任。

收款凭证的格式和填制方法如表5—8所示。

表5—8　　　　**收款凭证**

总号	
分号	

借方科目：银行存款　　　　2020年12月8日

摘　要	应贷科目			金　额										
	一级科目	二级和明细科目		亿	千	百	十	万	千	百	十	元	角	分
收回欠款	应收账款	光明公司							2	3	4	0	0	0
合　计								¥	2	3	4	0	0	0

附件2张

财务主管：××　　记账：××　　出纳：××　　复核：××　　制单：××

2. 付款凭证的填制

付款凭证是用于记录货币资金付款业务的记账凭证。它是由出纳人员根据审核无误的现金或银行存款的原始凭证填制的。未经审核的，不能作为付款的依据。据以付款时，要在凭证上加盖“付讫”章，以防差错。

按内容不同，付款凭证可以分为现金付款凭证和银行存款付款凭证，即贷方科目是库存现金或银行存款。付款凭证的编制方法与收款凭证基本相同，只是付款凭证的左上角是“贷方科目”，按性质填写“库存现金”或“银行存款”；两种凭证分别以“现付字”和“银付字”依次编号，凭证内的“应借科目”填写与库存现金或银行存款支付相对应的会计科目。除此以外的项目的填写方法，与收款凭证没有区别。

付款凭证的格式和填制方法如表 5—9 所示。

表 5—9 付款凭证

贷方科目：银行存款 2020 年 12 月 8 日

总号	
分号	

摘　要	应借科目			金　额										
	一级科目	二级和明细科目		亿	千	百	十	万	千	百	十	元	角	分
采购材料	原材料	甲材料							2	0	0	0	0	0
	应交税费	应交增值税								2	6	0	0	0
合　计								¥	2	2	6	0	0	0

附件 4 张

财务主管：×× 记账：×× 出纳：×× 复核：×× 制单：××

需要说明的是：对于涉及“库存现金”和“银行存款”之间的经济业务，一般只编制付款凭证，不编制收款凭证。例如，如果将现金送存银行，只编制现金付款凭证，不编制银行存款收款凭证；如果从银行提取现金，一般只编制银行存款付款凭证，不编制现金收款凭证。因为如果同时填制银行存款付款凭证和现金收款凭证，两者都是借记“库存现金”账户，贷记“银行存款”账户，容易重复记账。

记账凭证要定期编号，每月应从“1”连续编号，即为总号；对于现金收款凭证、现金付款凭证、银行存款收款凭证、银行存款付款凭证等，还可以编列分号。例如，本月有银行存款收款凭证 20 张，编号即从“银收 1”号编至“银收 20”号止，其余类推。这种编号，是出纳登记现金和银行存款日记账的依据。

3. 转账凭证的填制

企业的有些经济业务并不涉及现金和银行存款的收付，如领用原材料、结转成本、计提固定资产折旧等，这些业务称为转账业务。会计人员应该根据审核无误的转账业务的原始凭证填制转账凭证。与填制收、付款凭证不同的是，在填制转账凭证时，要将经济业务所涉及的全部会计科目都列入记账凭证之内，并按先借后贷的顺序记入“会计科目”栏中的“一级科目”栏和“二级及明细科目”栏；按应借方向记入“借方金额”栏，按应贷方向记入“贷方金额”栏。其他项目的填列与收、付款凭证基本相同。

转账凭证的格式及其填制方法如表 5—10 所示。

表 5—10

转账凭证(通用记账凭证)

2020 年 12 月 8 日

总号	
分号	

摘　要	会计科目		金　额																				
				借方金额											贷方金额									
	一级科目	二级和明细科目		千	百	十	万	千	百	十	元	角	分		千	百	十	万	千	百	十	元	角	分
销售商品一批,款未收	应收账款	A 公司						3	3	9	0	0	0											
	主营业务收入	甲产品																	3	0	0	0	0	0
	应交税费	应交增值税																		3	9	0	0	0
合　计							¥	3	3	9	0	0	0					¥	3	3	9	0	0	0

附件×张

财务主管:×× 记账:×× 出纳:×× 复核:×× 制单:××

对于一笔业务,既有收、付款业务,又有转账业务的,应相应填制收款凭证、付款凭证和转账凭证。例如,报销差旅费多退少补的情况。如报销差旅费 400 元,曾经预借过现金 500 元,则一方面根据差旅费报销凭单填制转账凭证,同时根据收回的 100 元的收款收据的记账联填制现金收款凭证。

4. 通用记账凭证的填制

通用记账凭证是用于记录各种经济业务的凭证。采用通用记账凭证的企业,不再按经济业务的内容分别填制收款凭证、付款凭证和转账凭证,而是按统一格式记录所有收、付款业务及与货币收支无关的转账业务。对于涉及货币资金收付业务的记账凭证,由出纳人员根据审核无误的原始凭证收款、付款后填制。具体项目的登记与转账凭证相似,只要将收、付款凭证中左上角的"库存现金""银行存款"账户纳入记账凭证中即可;涉及转账业务的,由会计人员根据审核无误的原始凭证填制,登记方法与表 5—10 所示的转账凭证相似。

5. 单项记账凭证的填制

上面所列的记账凭证,不论是收、付款凭证还是转账凭证,都采用复式的记账凭证,把一项经济业务涉及的所有账户填制在一张记账凭证上。其优点是便于了解有关经济业务的全貌,减少凭证张数;缺点是不便于汇总计算账户的发生额。因此,有的企业会采用单项记账凭证。

单项记账凭证就是把一项经济业务所涉及的有关对应账户,按每一账户分别填制一张记账凭证。即一项经济业务涉及几个账户,就填制几张。例如,外购原材料、货款未付的业务,涉及"原材料""应交税费"和"应付账款"三个账户,就要填制三张单项记账凭证。其中,填列借方"原材料"和"应交税费"账户的称为借项凭证,填列贷方"应付账款"账户的称为贷项凭证。编制单项记账凭证的优点是便于汇总计算每一账户的发生额，便于分工记账；缺点是制证工作量大。

单项记账凭证的格式和填制方法如表5—11、表5—12、表5—13所示。

表5—11 **借项记账凭证**

对应账户：应付账款　　2020年12月26日　　编号记字1302—1/3

摘　要	一级科目	二级或明细科目	金　额	记　账
购入材料，款未付	原材料	××材料	6 000	

附件×张

财务主管：××　　记账：××　　审核：××　　出纳：××　　制单：××

表5—12 **借项记账凭证**

对应账户：应付账款　　2020年12月26日　　编号记字1302—2/3

摘　要	一级科目	二级或明细科目	金　额	记　账
购入材料，款未付	应交税费	应交增值税	780	

附件×张

财务主管：××　　记账：××　　审核：××　　出纳：××　　制单：××

表5—13 **贷项记账凭证**

对应账户：原材料、应交税费　　2020年12月26日　　编号记字1302—3/3

摘　要	一级科目	二级或明细科目	金　额	记　账
购入材料，款未付	应付账款	××单位	6 780	

附件×张

财务主管：××　　记账：××　　审核：××　　出纳：××　　制单：××

上述会计凭证可以用图5—1列示。

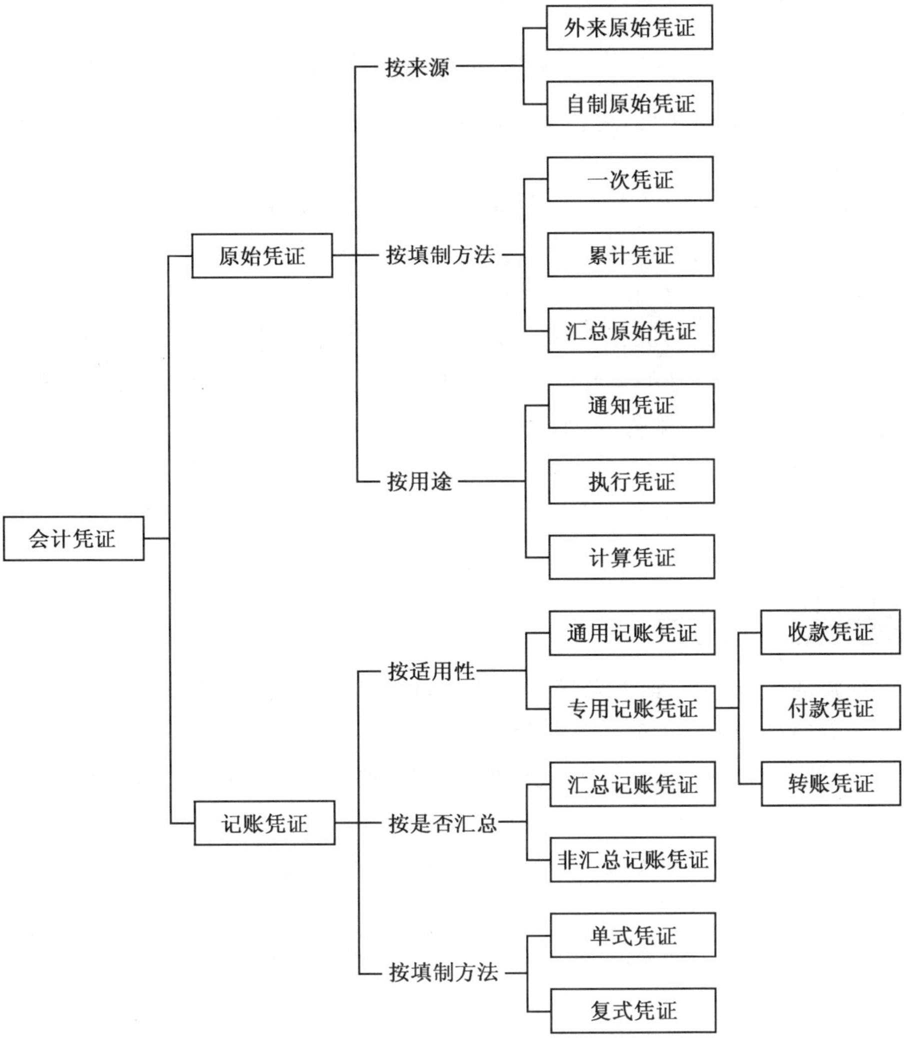

图 5—1 会计凭证的分类

三、填制记账凭证的基本要求

如前所述，记账凭证的种类很多，可以按经济内容分类，也可以按填制方法分类。不同的记账凭证有不同的填制方法，但其基本要求是一致的，可以归纳如下：

(1)记账凭证的各项内容必须完整；记账凭证的“摘要”栏是对经济业务的简要说明，又是记账的重要依据，因此，要根据业务特点正确填写；金额的书写和日期要清楚、规范、正确。

(2)记账凭证可以根据每一张原始凭证填制，或将若干张相同业务的原始凭证汇总后编制，也可以根据原始凭证汇总表填制，但不同内容和类别的原始凭证不能汇总；对于一笔业务，既有收付业务，又有转账业务的，应相应填制收款凭证、付款凭证和转账凭证。例如，报销差旅费，曾经预借过现金的多退少补的情况。

(3)记账凭证应连续编号。如果一笔经济业务要涉及填制两张以上记账凭证的，可以采用分数编号法编号。例如，如果第四笔转账业务需要编制两张记账凭证，则第一张记账凭证可以编号为“转(字)4 $\frac{1}{2}$ 号”，第二张记账凭证可以编号为“转(字)4 $\frac{2}{2}$ 号”，以此类推。

(4)记账凭证中的账户名称，应按照会计制度的规定使用，不能随意用账户的编号和简称代替。

(5)记账凭证中的账户对应关系要明确、清晰，以便于了解经济业务的内容。一般应采用一借一贷、一借多贷或多借一贷的会计分录。明确的对应关系有利于了解和分析经济业务的内容。对于多借多贷的会计分录，一般不宜多用。

(6)除了结账和更正错误的记账凭证可以不附原始凭证外，记账凭证后都应附有原始凭证，并正确填写所附原始凭证的张数，注明“附件×张，见第××号记账凭证”字样。对于原始凭证需要另行保管的，应在“附件”栏加以注明。

(7)记账凭证填制后，相关人员要签名盖章。如有空行，应当划线注销。

(8)记账凭证若发生填制错误，应当重新填制或用划线更正法进行更正，并在更正处盖章，以示负责。

四、记账凭证的审核

为了保证账簿记录的正确性，监督经济业务，记账凭证填制完成后，要经过专人审核，才能据以记账。记账凭证的审核内容主要包括：

(1)记账凭证所附原始凭证是否齐全，两者反映的经济业务内容是否一致，其金额与原始凭证上的金额是否一致。

(2)记账凭证中确定的应借、应贷的账户名称是否与经济业务内容相符，对应关系是否明确，金额的计算是否正确。

(3)记账凭证的手续是否完整，摘要的填写是否清楚，项目的填写是否齐全，有关人员是否进行复核和审查并已签章。

在审核过程中，如果发现手续不全的，应予以补齐；如有差错的，应查明原因，按规定办法及时更正和处理。只有审核无误的记账凭证，才能作为记账的直接依据。

课堂讨论题 3

一张已经列明了填制日期和编号的转账凭证，还需要审核的内容主要包括(　　)。

A. 记账凭证所附原始凭证的张数

B. 经济业务的内容摘要

C. 应借记和贷记的账户名称和金额

D. 出纳人员的签名或盖章

E. 会计主管、审核、制单、记账人员的签名或盖章

第四节 会计凭证的传递和保管

一、会计凭证的传递

会计凭证的传递是会计工作的重要组成部分。正确组织会计凭证的传递，可以使会计资料及时传递到各个部门、各个环节，对于及时反映和监督经济业务的发生和完成情况、提高工作效率，具有重要的意义。会计凭证的传递是指从取得或填制会计凭证时起到归档保管为止，按规定的程序和时间在单位内部有关部门和人员之间的传送和交接，包括传递程序和传递时间两个方面。

传递程序是指规定会计凭证在经济业务所涉及的部门和人员之间的传递路线。各种会计凭证所记录的经济业务不尽相同，所要办理的业务手续和所需的时间也不尽相同。简单的业务，会计凭证的传递也简单；复杂的业务，涉及的部门多，会计凭证的传递程序也复杂。要根据经济业务的特点、企业内部机构和人员的设置情况以及业务手续的需要，恰当地规定各种会计凭证的联数和每一联凭证所经过的必要环节，满足各个部门的需要。

对于传递时间，则要根据办理业务的每一道手续所需的时间确定。时间过紧，会影响质量；时间过长，则影响办事效率。因此，合理的凭证传递程序，既要使各有关部门和人员能根据凭证按照规定手续进行处理和审核，又要避免不必要的耽搁，提高工作效率。

因此，为了确保会计凭证的安全和完整，企业应该建立简便易行的凭证交接签收制度，在各个环节指定专人办理交接手续，以明确责任。会计部门也要定期检查凭证传递的执行情况，确实属于程序方面不合理的，要协同相关部门进行适当的调整。

二、会计凭证的保管

会计凭证是重要的经济档案和历史资料，应妥善保管，不得丢失或任意销毁，以备日后查考和检查所需。会计凭证的保管是指会计凭证在记账后进行的整理、装订、归档和存查工作。会计凭证的保管既要保证会计凭证的安全与完整，又要方便日后会计凭证的调阅和查找。

会计凭证归档保管的主要方法和要求是：

（1）每月记账工作结束后，应将本月所有的记账凭证及其附件加以整理，按顺序号排列整齐，连同汇总表和银行对账单加具封面、封底，装订成册，并在装订线上加贴封签，盖上公章。为了便于事后查阅，应在封面上注明单位名称、所属年度和月份、起讫日期、记账凭证种类、起讫编号、本期的总计册数和分册数等，将附件折叠整齐后归档保管。

会计凭证封面的格式如表 5－14 所示。

表 5—14　　会计凭证的封面

	（企业名称）
年	年　月份　共　册　第　册
	收款
月	付款　凭证第　号至第　号共　张
份	转账
第	附:原始凭证共　张
册	
	会计主管:(签章)　保管人:(签章)

(2)如果1个月内会计凭证过多,可以分成若干册装订,并在封面上注明“共几册”等字样。有些记账凭证所附原始凭证数量过多,也可另行装订保管,并在封面及有关记账凭证上注明。对于如合同、契约等重要原始凭证需要单独保管时,应编制目录,并在原记账凭证上注明,以便查核。

(3)原始凭证不得外借。因特殊情况,如发生经济案件或其他单位需要借用时,经本单位负责人批准后,可查阅或复制原件。本单位取得的外来原始凭证遗失时,应取得盖有原签发单位公章的证明,并注明原始凭证的号码、金额、内容等,由负责人批准后,才能代作原始凭证。如果确实无法取得证明,应由当事人书面说明并经负责人批准后,代作原始凭证。

(4)会计凭证经整理装订后按年、月份顺序排列,由会计机构保管1年后移交会计档案管理机构或指定专人按照《会计档案管理办法》的规定进行管理。会计档案的保管期限分为永久和定期两类。年度财务报告及会计档案保管清册、会计档案销毁清册属于永久保管档案;其他的则属于定期保管档案。原保管期限分为3年、5年、10年、15年、25年五种,企业和其他组织机构的原始凭证和记账凭证以及汇总凭证的保管期限为15年。2015年12月,财政部、国家档案局修订了1998年颁布的《会计档案管理办法》,自2016年1月1日起执行。修订后的《会计档案管理办法》规定,将会计档案保管期限调整为10年、30年两类,其中会计凭证、会计账簿等主要会计档案的最低保管期限延长至30年。各种会计档案的具体保管期限,可以参见本书末附录二的内容。

(5)保管期满的会计档案需要销毁时,应由本单位档案机构会同会计机构提出销毁意见,严格审查,编制销毁清册,报单位负责人批准后销毁。销毁会计档案时,应当由档案机构和会计机构共同派员监销。保管期满但未结清的债权、债务原始凭证和涉及其他未了事项的原始凭证,不得销毁,纸质会计档案,需单独抽出立卷,电子档案需单独转存,保管至未了事项了结时为止。

重要术语

会计凭证——用来记录经济业务的发生和完成情况、明确经济责任、作为记账依据的书面证明。

原始凭证——俗称单据,是在经济业务发生时填制或取得的、用于记录或证明经济业务的发生或完成情况、明确经济责任,并作为记账原始依据的会计凭证。

一次凭证——对一项经济业务，在发生或完成时一次填制完成的原始凭证，是一次有效的凭证。

累计凭证——在一定时期内连续多次记录的同类型经济业务，到期末按累计数作为记账依据的原始凭证。

汇总原始凭证——对一定时期内，将反映同类经济业务的原始凭证按照一定标准进行汇总后定期编制而成的、用于集中反映某类经济业务总括情况的会计凭证。

通知凭证——要求、指示或命令企业进行某项经济业务的原始凭证。

执行凭证——证明某项经济业务已经完成的原始凭证。

计算凭证——对已进行或完成的经济业务进行计算而编制的原始凭证。

记账凭证——会计人员根据审核无误的原始凭证或原始凭证汇总表编制的，用来记载经济业务的简要内容、确定会计分录、作为记账直接依据的会计凭证。

专用记账凭证——某一类经济业务的记账凭证，按其记录内容是否与货币资金相关，具体又可以分为收款凭证、付款凭证和转账凭证三种。

收款凭证——专门用于记录现金和银行存款收款业务的会计凭证，分为现金收款凭证和银行存款收款凭证。

付款凭证——专门用于记录现金和银行存款付款业务的会计凭证，分为现金付款凭证和银行存款付款凭证。

转账凭证——根据有关转账业务的原始凭证编制、用于记录不涉及现金和银行存款业务的会计凭证。

通用记账凭证——不区分凭证记录的业务内容，按统一格式记录所有收、付款业务及与货币收支无关的转账业务的记账凭证。

汇总记账凭证——为了简化记账凭证的填制工作，根据非汇总记账凭证按一定的方法汇总填制、据以登记分类账的记账凭证。

单式凭证——每一张记账凭证只填列经济业务所涉及的一方账户及其金额的记账凭证。填列借方账户的称为借项凭证，填列贷方账户的称为贷项凭证。

复式凭证——将每一笔经济业务所涉及的全部账户及其发生额均在同一张记账凭证中反映的记账凭证。

会计凭证的传递——从取得或填制会计凭证时起到归档保管为止，按规定的程序和时间在单位内部有关部门和人员之间传送和交接的过程。

复习思考题

1. 什么是会计凭证？填制和审核会计凭证有什么重要意义？
2. 什么叫原始凭证？原始凭证的填制要求有哪些？
3. 什么叫一次凭证？什么叫累计凭证？两者的填制方法有何不同？
4. 什么叫记账凭证？记账凭证可以按哪些标准进行分类？
5. 如何进行原始凭证的审核？
6. 记账凭证的基本内容有哪些？填制有什么要求？

7. 记账凭证的审核内容有哪些?

8. 会计凭证的传递包括什么内容?如何进行会计凭证的保管?

自我测试题

一、单项选择题

1. 会计凭证按其(　　)的不同,可以分为原始凭证和记账凭证。

A. 填制方法　　B. 来源　　C. 业务内容　　D. 填制程序和用途

2. 从银行提取现金,应该编制(　　)。

A. 现金收款凭证　　B. 银行存款付款凭证

C. 转账凭证　　D. 现金收款凭证和银行存款付款凭证

3. 会计分录一般被列示于(　　)。

A. 原始凭证　　B. 记账凭证　　C. 账簿　　D. 会计报表

4. 制造费用分配表属于(　　)。

A. 收款凭证　　B. 付款凭证　　C. 转账凭证　　D. 自制凭证

5. 人民币 1 409.50 元的大写金额应该写成(　　)。

A. 人民币壹仟肆佰零玖元伍角　　B. 人民币壹仟肆佰玖元伍角

C. 人民币壹仟肆佰玖元伍角整　　D. 人民币壹仟肆佰零玖元伍角整

二、多项选择题

1. 按照不同的分类标准,限额领料单属于(　　)。

A. 原始凭证　　B. 记账凭证　　C. 自制凭证　　D. 累计凭证

2. (　　)属于原始凭证。

A. 购销发票　　B. 购销合同　　C. 领料单　　D. 协议书

3. 记账凭证按其反映经济业务的内容,可以分为(　　)。

A. 收款凭证　　B. 付款凭证　　C. 转账凭证　　D. 累计凭证

4. 曾预借差旅费 700 元,报销 800 元,并用现金补付 100 元,企业需要填制(　　)。

A. 收款凭证　　B. 付款凭证　　C. 转账凭证　　D. 累计凭证

5. 原始凭证的填制要求包括(　　)。

A. 真实性　　B. 完整性　　C. 规范化　　D. 及时性

三、判断题

1. 原始凭证记载的金额有错误的,应当由开具单位更正。更正工作必须由原始凭证出具单位进行,并在更正处加盖出具单位印章。(　　)

2. 所有的原始凭证,都要以实际发生的经济业务为依据进行填制。(　　)

3. 所有的记账凭证后都应该附有原始凭证,并正确填写所附原始凭证的张数。(　　)

4. 本单位取得的外来原始凭证遗失时，应由当事人书面说明并签字后，代作原始凭证。
（　　）

5. 银行存款收款凭证是由会计人员根据审核无误的银行存款的原始凭证填制的。据以收款时，要在凭证上加盖“收讫”章，以防出现差错。（　　）

练习题

习题一

一、目的：练习会计凭证的编制。

二、资料：艾米公司为一般纳税人，2020 年 1 月发生的有关业务如下：

(1)2 日，向天天公司购入甲材料 10 000 元，取得的增值税专用发票所列增值税金额为 1 300 元，款项尚未支付。

(2)5 日，上述材料已验收入库，对方代垫了运费 1 700 元，运费不考虑增值税。

(3)6 日，用银行存款支付了天天公司甲材料款和代垫的运费，共计 13 000 元。

(4)7 日，预付客户天一公司货款 40 000 元，准备购买乙材料。

(5)8 日，从天一公司购入乙材料 30 000 元，增值税 3 900 元，材料尚未到达。

(6)9 日，天一公司退回多余的 6 100 元，已经转入银行账户。

(7)10 日，生产 A 产品，领用甲材料 8 000 元，领用乙材料 2 000 元；生产 B 产品，领用甲材料 1 000 元，领用乙材料 4 000 元。车间耗用乙材料 1 000 元，行政管理部门耗用乙材料 800 元，专设销售机构耗用乙材料 200 元。

(8)11 日，银行转账 5 000 元，购买办公用品，直接投入使用。

(9)12 日，通过银行转账方式支付职工薪酬及交通补贴，共计 500 000 元。

(10)15 日，从二级市场买入甲公司股票 10 000 股，共支付款项 50 000 元，作为交易性金融资产进行管理。

(11) 17 日，甲公司宣告发放现金股利，每 10 股 6 元。

(12)20 日，收到甲公司现金股利 6 000 元。

(13)20 日，接受投资人投入的货币资金 100 000 元、专利权 800 000 元，取得公司面值 1 元的股票 50 000 股。

(14)21 日，收到李四交来的应由李四个人负担的国际长途电话费 500 元现金。

(15)22 日，公司取得罚款现金收入 600 元。

(16)23 日，用现金支付员工生活困难补助 4 000 元。

(17)24 日，购入一台不需要安装的管理用设备，发票价格为 30 000 元，增值税为 3 900 元，同时支付保险费 1 100 元，直接投入使用。

(18)26 日，收到其他单位追加投入的资金 200 000 元，取得公司股票 10 000 股。

(19)27 日，向艾利公司销售 A 产品，货款为 200 000 元，增值税为 26 000 元，款项未收。该产品的生产成本为 100 000 元。

(20)31 日，收到客户的欠款 226 000 元，并存入银行。

三、要求:根据上述资料,编制收款凭证、付款凭证和转账凭证。

习题二

一、目的:练习会计凭证的编制。

二、资料:天天公司为一般纳税人,2020 年 12 月发生的部分业务如下:

(1)1 日,销售甲产品 10 000 件,单价为 100 元,增值税专用发票上注明的价格为 1 000 000 元,销项税税额为 130 000 元。货款尚未收到。甲产品的单位生产成本为 30 元。

(2)2 日,借入短期借款 200 000 元,年利率为 6%,期限为 2 个月。

(3)10 日,收到客户所欠货款 1 130 000 元,存入银行。

(4)15 日,以银行存款购入 A 材料 40 000 元,增值税税率为 13%,材料已经入库。

(5)16 日,采购人员曾暂借差旅费 4 000 元,出差报销差旅费 3 800 元,余款 200 元以现金退回。

(6)17 日,甲产品生产耗用材料 40 000 元,车间一般耗用 2 000 元,厂部管理部门一般耗用 200 元。

(7)18 日,计提甲产品生产工人工资和津贴为 60 000 元,车间管理人员工资和津贴为 30 000 元,管理部门人员工资和津贴为 80 000 元。

(8)19 日,按职工薪酬的 14%计提并发放职工奖金。

(9)20 日,以银行存款支付董事会经费 40 000 元。

(10)21 日,支付本月生产车间生产设备修理费 2 000 元。

(11)22 日,以银行存款支付水电费 3 600 元,其中,车间 800 元,管理部门 2 800 元。

(12)23 日,计提本月生产车间的固定资产折旧 6 000 元,管理部门的固定资产折旧 12 000 元,专设销售机构的固定资产折旧 2 000 元。

(13)24 日,结转本月制造费用。

(14)25 日,销售不需用的丙材料 1 000 千克,售价为 20 000 元,款项和 13%的税金已经收到。丙材料的采购成本为 14 000 元。

(15)25 日,根据国家政策,公司取得一笔政府补助 20 000 元,接银行通知已经到账,直接确认利得。

(16)26 日,以银行存款支付罚款支出 1 000 元。

(17)26 日,对外捐赠人民币 50 000 元,款项已经通过银行转出。

(18)27 日,预付管理部门房租 30 000 元,分摊本月应负担的租金 10 000 元。

(19)28 日,结转完工甲产品成本 80 000 元。

(20)29 日,计提本月产品消费税 12 000 元。

(21)31 日,接银行付款通知,从本公司银行存款账户扣除本季度的短期借款利息 3 000 元,前两个月已经预提 2 000 元。

(22)31 日,结转有关收入账户。

(23)31 日,结转有关成本账户。

(24)31 日,假设全年利润为 800 000 元,按利润总额的 25%计提所得税并结转。

(25)31 日,按税后利润的 10%计提盈余公积。

三、要求:根据上述经济业务,编制收款凭证、付款凭证和转账凭证。

第六章　会计账簿

本章学习指南

会计账簿是由一定格式和互相联系的账页所组成，以经过审核的会计凭证为依据，系统、连续、分类记录和反映经济业务的会计簿籍。本章要求理解设置和登记账簿的意义，掌握各种账簿的特点和登记方法，掌握结账和对账的方法以及记账发生错误时的更正方法。

会计账簿有多种不同用途和形式，按照其用途的不同，账簿可以分为日记账簿、分类账簿和备查账簿；按照其外表形式，账簿可以分为订本式账簿、活页式账簿和卡片式账簿。

每个企业都要设置现金和银行存款特种日记账，专门记录现金和银行存款的收支业务；并设置总分类账簿和明细分类账簿，分别提供总括性的会计资料和详细的会计资料，以满足不同核算资料的需求。总分类账簿往往采用三栏式账页，明细分类账的账页格式可以根据内容选择三栏式、数量金额式、多栏式和平行式等格式。为了保证账簿记录的正确性、完整性和合法性，启用和登记账簿都应该遵循相应的规则，并定期进行对账，以达到账证相符、账账相符、账实相符和账表相符的目的。

账簿是重要的经济档案，如果账簿记录发生了错误，必须根据具体情况，采用适当的方法予以更正。常用的错账更正方法有划线更正法、红字更正法和补充登记法三种。然后，根据正确的账簿记录定期结账，结算各种账簿的本期发生额和期末余额，据以编制会计报表。

第一节　会计账簿的意义和种类

一、会计账簿的含义

在会计核算中，每一笔经济业务所涉及的资料和会计信息，都已经按照一定的账户和复式记账反映在会计凭证上，但会计凭证仅仅反映个别经济业务的发生和完成情况，所提供的资料比较分散、零乱，不够系统，无法据以判断一个单位经济活动的全貌。因此，为了提供系统化的会计信息，就需要运用设置会计账簿的方法，把大量分散在会计凭证中的资料和信息进行归类整理，使之成为有用的会计信息，以系统、连续、分类地反映和监督一个特定单位在一定时期内经济业务的总体情况。

会计账簿是由一定格式和互相联系的账页所组成，以经过审核的会计凭证为依据，系统、连续、分类记录和反映经济业务的会计簿籍（简称账簿）。它与会计凭证、会计报表一样，都是会计信息的载体。根据会计凭证登记账簿，叫作记账，记账要用一定的账簿。从外表形式看，账簿是由若干预先印制成专门格式的账页组成的。从内容看，账簿中包含按统一会计制度的规定和会计业务的需要开设的反映特定会计核算内容的账户，各个账户之间的关系通过账户的对应关系来体现。设置账户可以对经济业务进行分类，提供某个会计要素具体核算内容的总括指标和详细指标，而账簿记录是对所有会计业务或某类会计业务核算内容全面、系统的反映。

二、设置会计账簿的意义

设置和登记账簿是会计核算的一种专门方法，是对经济业务的原始数据进行加工，使之成为有用的会计信息的重要步骤，对于加强经济核算、提高会计在经济管理中的作用具有重要意义。具体可概述如下：

1. 为经营管理提供系统、完整的会计信息

设置和登记账簿是会计核算工作的重要环节。通过设置和登记账簿，可以对分散的经济业务归类整理，从而将分散的核算资料集中化、系统化，使之成为经营管理所需的系统、完整、有用的会计信息。

2. 为定期编制会计报表提供资料

通过账簿记录可以分门别类地对经济业务进行登记，能够及时提供会计个体资产、负债、所有者权益的增减变动情况和结果，以及收入、费用、收益及其分配等的经营成果的形成和分配情况。这些会计资料是进行成本计算和编制会计报表的基本依据和数据来源。

3. 为考核企业业绩、保护财产安全提供依据

通过账簿连续、系统的记录，能及时了解会计个体的财务状况和经营成果，如资产的增值保值、成本的控制、应收账款的管理、收入的实现、企业盈利情况等信息资料。结合有关考核指标，进行分析考核，有利于绩效管理；也可以作为经济分析的依据，总结经验，提出改进措施；同时，可以借助于财产清查、账目核对等方法，将财产物资、往来款项、货币资金等的实际情况与账簿记录进行核对，及时发现管理中存在的问题，采取有效措施，保护财产安全和完整。

4. 起经济档案的作用

账簿是重要的经济档案，它全面、系统地记录着会计主体经济活动的全貌，一般需要长期保存，以备日后查考。上级主管部门、税务、审计部门查账时，也需要用到账簿的资料。

在规模较大、经济业务繁多的企业里，会计工作要根据记账工作量的大小，进行必要的分工。因此，账簿还起着有利于会计分工的作用。

三、设置会计账簿的原则

企业应当根据本身经济业务的特点和经营管理的要求，设置一定种类和数量的账簿，以满足会计核算的需要。一般来说，设置账簿应当遵循以下原则：

(1)账簿的设置应当能全面、系统地反映和监督各单位的经济活动情况，为经营管理提供系统、连续的核算资料。

(2)在满足会计核算实际需要的前提下，尽量简化设置。

(3)账簿的格式要按照所记录经济业务的内容和需要提供的核算指标进行设计，力求简便实用，避免烦琐重复。

四、会计账簿的种类

会计账簿有多种不同用途和形式，从不同的角度，账簿可以按以下标准进行分类：

(一)账簿按用途分类

账簿按照其用途的不同，可以分为日记账簿、分类账簿和备查账簿。

1. 日记账簿

日记账簿又称序时账簿，它是按照经济业务发生或完成时间的先后顺序，逐日、逐笔进行登记的账簿。由于这种账簿是按每天发生的经济业务时序和应借、应贷账户的金额进行记账的，所以称为日记账或分录簿，中式簿记中俗称流水账，其时间先后顺序通常是指会计凭证编号的顺序。最常见的日记账是现金日记账和银行存款日记账，每一个单位都要求开设。

2. 分类账簿

分类账簿又称分类账，是对全部经济业务按总分类账户和明细分类账户进行分类登记的账簿。由于账户有总分类账户和明细分类账户之别，因此，分类账簿按其反映指标的详细程度划分，也分为总分类账簿和明细分类账簿两种。

总分类账簿又称总分类账，是根据总分类账户进行分类登记、用于反映全部经济业务总括核算资料的分类账簿，简称总账。明细分类账簿又称明细分类账，是根据明细分类账户进行分类登记、用于反映某一类经济业务明细核算资料的分类账簿，简称明细账。

3. 备查账簿

备查账簿是对日记账和分类账中没有予以登记或记录不全的经济业务，而管理上又需要掌握的事项进行备查补充登记的账簿，是上述两种正式账簿的辅助账簿，主要起备忘参考和补充某些信息的作用。例如，以经营方式租入固定资产的登记簿、受托加工物资的登记簿等，因其所有权不属于企业，因而没有在日记账和分类账中予以登记，但由于管理上需要掌握其动态情况，就可以设置相应的备查账簿进行备查记录。备查账簿可以根据各单位的实际需要选择是否设置，没有固定的格式要求。

(二)账簿按外表形式分类

账簿按照其外表形式，可以分为订本式账簿、活页式账簿和卡片式账簿。

1. 订本式账簿

订本式账簿又称订本账，是在使用前就把若干账页固定装订成册的账簿。采用订本式账簿，优点是账页固定，可以防止散失账页或被抽换，有利于保证账簿记录的完整和安全。但账页固定，不能根据需要随时添换账页，若账页预留过多，易造成浪费；若账页预留过少，又会影响账户记录的连续性。而且，一本账簿只能由一个人登记，不利于分工记账或机器记账。

2. 活页式账簿

活页式账簿简称活页账，是指在起用前和使用中都不把账页固定装订成册，而是将账页用账夹固定，随时可开启账夹添换账页的一种账簿。

3. 卡片式账簿

卡片式账簿简称卡片账，它是由许多具有账页格式的卡片作为账页登记经济业务，并插在卡片箱中进行保管的一种账簿。

活页式账簿和卡片式账簿的共同优点是：不受固定账页的限制，可以根据需要随时添换账页，不会造成账页的浪费，而且便于分工记账或机器记账。但其缺点是：账页未装订成册，容易散失或被随意抽换。因此，对使用中的活页账或卡片账的账页，应注意连续编号，并经主管盖章后放入账夹或卡片箱中，防止散失。记账完毕、更换新账时，要装订成册，并妥善保存。

账簿的形式不同，作用也有区别，在实际工作中，可以根据需要进行设置。通常，对重要的账簿，如总分类账、库存现金日记账、银行存款日记账等，一般采用订本式账簿；对总分类账起补充说明作用的一般明细分类账，则往往采用活页式账簿；而卡片式账簿则适用于数量众多、内容复杂的财产物资如固定资产明细账等。

课堂讨论题 1

销售业务较多并通过银行结算的企业，应该设置的日记账簿包括(　　)。

A. 库存现金日记账　　B. 银行存款日记账

C. 总分类账　　D. 销货日记账

E. 订本账

上述会计账簿可用图 6—1 列示。

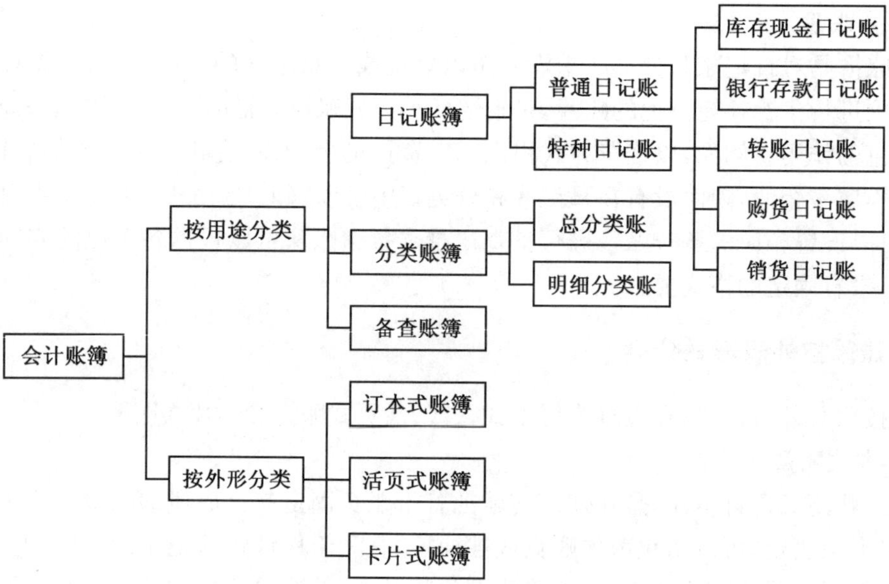

图 6—1　会计账簿的分类

第二节　会计账簿的启用和记账规则

一、会计账簿的启用

会计账簿是需要长期保存的重要经济档案，尽管其形式和作用不同，所记录的经济业务内容有别，会计账簿中账页的格式也多种多样，但为了保证会计账簿记录的正确性、完整性和合法性，明确经济责任，启用的会计账簿都应该具备以下基本内容：

（一）封面

封面上写明会计账簿的名称和记账单位的名称。

（二）会计账簿启用表

在启用会计账簿时，应在扉页上填写会计账簿启用表。在会计账簿启用表中详细填列启用单位名称、账簿名称、编号、册数、页数、启用日期、会计主管、记账人员、接替人员等内容，并签章以明确记账责任。记账人员交接时，也应写明交接人员名称和交接日期，以明确责任。会计账簿启用表的格式和内容如表 6－1 所示。

表 6－1　　会计账簿启用表

<table>
<tr><td>单位名称：</td><td colspan="3">账簿名称：</td><td>印　鉴</td></tr>
<tr><td>账簿编号：</td><td colspan="3">账簿册数共　　册，第　　册</td><td rowspan="4"></td></tr>
<tr><td>账簿页数：</td><td colspan="3">本账簿共计使用　　页</td></tr>
<tr><td>启用日期</td><td colspan="3">年　　月　　日</td></tr>
<tr><td>截止日期</td><td colspan="3">年　　月　　日</td></tr>
<tr><td rowspan="2">责任者盖章</td><td>记　账</td><td>审　核</td><td>会计主管</td><td>部门领导</td></tr>
<tr><td></td><td></td><td></td><td></td></tr>
<tr><td>交接记录</td><td></td><td></td><td></td><td></td></tr>
<tr><td>交接日期</td><td>移交人</td><td>接管人</td><td>交接盖章</td><td>会计主管</td></tr>
<tr><td></td><td></td><td></td><td></td><td></td></tr>
<tr><td></td><td></td><td></td><td></td><td></td></tr>
<tr><td>印花税票</td><td></td><td></td><td></td><td></td></tr>
</table>

启用未印制顺序号的订本式账簿，应从第一页到最后一页按顺序编定页数，不得跳页、缺号。

（三）账户目录

账户目录是由记账人员在账簿中开设账户后，为便于查阅账簿记录而编制的、按顺序记录每个账户的名称和页次的目录。账户目录的格式和内容如表 6—2 所示。

表 6—2 账户目录(科目索引)

页数	科目	页数	科目	页数	科目	页数	科目

如果使用活页式账簿,在启用时无法确定页数,可先将账户名称填写好,待定期装订归档时,再按实际使用的账页顺序填写页数,另加账户目录,以便查阅。

(四)账页

因反映的经济业务内容不同,账页的格式也不同,但基本内容应包括:

(1)账户的名称(总分类账户、二级账户或明细账户);

(2)登记账户的“日期”栏;

(3)“凭证种类和号数”栏;

(4)“摘要”栏;

(5)“金额”栏;

(6)总页次和分户页次。

二、会计账簿的记账规则

记账和编制会计凭证一样,都是会计的基本工作。为了保证会计工作的质量,登记会计账簿时,要遵循以下一些规则:

(1)认真填写会计账簿启用表和账户目录。

(2)会计账簿应按页次顺序编号,防止散失。记账时,应按页次逐页、逐行登记,不能跳行、隔页。如果发生了跳行、隔页,应在跳行、隔页的空白处用单红线划一对角线注销,注明“此行空白”或“此页空白”字样,并由记账人员签章。

(3)记账时,每一笔账都要记明日期、凭证号数、摘要和金额,做到数字准确、摘要清楚、登记及时。账簿记录要保持清晰、整洁,文字和数字书写要规范。记账后,要在记账凭证上注明所记账簿的页数,或打“√”,表示已经入账,避免重记、漏记。

(4)作为重要的经济档案,账簿记录要用蓝黑墨水书写,不能用圆珠笔或铅笔,以保证账簿记录的清晰、耐久,便于日后查考,防止涂改。记账除冲账、划线和改错外,不能使用红墨水。

(5)需要结出余额的账户,结出余额后,应在“借或贷”栏写明“借”或“贷”的字样。没有余额的账户,应在“借或贷”栏写“平”字,并在余额栏用“0”表示。库存现金日记账和银行存款日记账需要逐日结出余额。

(6)账页记完时,应在每页最后一行结出借、贷方的发生额合计数和余额,并在该行的“摘要”栏写上“转次页”字样。然后,将上页的发生额和余额转入下一页第一行,在“摘要”栏,写上“承上页”(或“接上页”)字样,并从下一页开始登记新的业务。这样可以保持账簿记录的连续性。

第三节 日记账的格式和登记方法

一、日记账的设置

日记账是随着经济业务的发展而发展的。随着经济业务日益纷繁复杂，登记分类账的工作要求和工作量大量增加，记账需要分工，管理上要求提供更多的信息，这些因素都会促使日记账不断改进与发展，并沿着普通日记账、多栏式日记账、特种日记账和多栏式特种日记账的过程发展。

按其记录的内容不同，日记账又分为普通日记账和特种日记账两种。

普通日记账是用来登记全部经济业务的日记账，即按每天发生的经济业务发生的先后顺序，逐项编制会计分录记入账簿，即俗称的分录簿。对规模较小、业务量较少且简单的企业，使用普通日记账不仅程序简便，而且可以了解企业一定时间内发生的所有经济业务的全貌，也能满足业务的需要。但规模较大、业务量较多且复杂的企业，不适宜使用普通日记账。

特种日记账是专门用来记录某一特定经济业务发生情况的日记账，将该类比较重要的经济业务，按发生的先后顺序记入账簿中。库存现金日记账和银行存款日记账就是最常见的特种日记账。我国《企业会计准则》规定，每个单位都要设置库存现金日记账和银行存款日记账。

在会计实务中，除了现金和银行存款的收付一定要记入库存现金日记账和银行存款日记账以外，企业可以自行选择是否设置其他特种日记账，如购货日记账和销货日记账等登记相关购货业务和销货业务。

二、普通日记账的登记

普通日记账是用来序时、全面地登记一个单位的经济业务并确定会计分录的账簿。在登记时，按照经济业务发生或完成时间的先后顺序，将所有业务逐项编制会计分录，记入账簿中。

为了便于说明各种日记账的登记方法，这里列举大地公司 2020 年 12 月几笔简单的经济业务，以会计分录分析其应确定的账户名称和借贷方向，并说明普通日记账的记账过程。

[业务 1] 向银行提取现金 22 000 元，准备发放工资。

这笔业务涉及现金资产的增加和银行存款资产的减少。应编制会计分录如下：

借：库存现金　　22 000

　　贷：银行存款　　22 000

[业务 2] 用现金 22 000 元支付职工福利。

这笔业务涉及现金资产的减少和应付职工薪酬负债的减少。应编制会计分录如下：

借：应付职工薪酬　　22 000

　　贷：库存现金　　22 000

应付职工薪酬福利按职工所在部门进行计提，分别记入“生产成本”“制造费用”“管理费用”等有关账户。

[业务 3] 用银行存款偿还以前月份结欠光明厂的应付账款 10 000 元。

这笔业务涉及银行存款资产的减少和应付账款负债的相应减少。应编制会计分录如下：

借：应付账款 10 000

贷：银行存款 10 000

[业务 4] 向大华公司购进甲材料 20 吨，每吨 1 000 元，计 20 000 元，进货增值税按 13% 计算，计 3 400 元，款项未付。

这笔业务涉及"材料采购""应交税费"两个账户的借方和"应付账款"账户的贷方。上述业务应编制会计分录如下：

借：材料采购 20 000

应交税费——应交增值税(进项税额) 2 600

贷：应付账款 22 600

[业务 5] 以银行存款支付甲材料的运杂费 1 000 元。

运杂费是材料采购成本的组成部分，应记入"材料采购"账户的借方。应编制会计分录如下：

借：材料采购 1 000

贷：银行存款 1 000

[业务 6] 上述甲材料已验收入库，结转采购成本 21 000 元。

这笔业务，材料验收入库，即应将其采购成本从"材料采购"账户结转至"原材料"账户。应编制会计分录如下：

借：原材料 21 000

贷：材料采购 21 000

[业务 7] 以银行存款支付上述应付账款 22 600 元。

这笔业务使得银行存款资产和应付账款负债同时减少，应记入"应付账款"账户的借方和"银行存款"账户的贷方。应编制会计分录如下：

借：应付账款 22 600

贷：银行存款 22 600

[业务 8] 销售给大地公司 A 产品 2 000 件，每件单价为 20 元，共计 40 000 元，增值税为 5 200 元，货款未收。

这笔业务涉及"应收账款"账户的借方和"主营业务收入""应交税费——应交增值税(销项税额)"两个账户的贷方。应编制会计分录如下：

借：应收账款 45 200

贷：主营业务收入 40 000

应交税费——应交增值税(销项税额) 5 200

[业务 9] 销售给大同公司 A 产品 1 000 件，每件单价为 20 元，共计 20 000 元，增值税为 2 600 元。货款已经收讫。

这笔业务，应该记入"银行存款"账户的借方和"主营业务收入""应交税费——应交增值税(销项税额)"两个账户的贷方。应编制会计分录如下：

借：银行存款 22 600

贷：主营业务收入 20 000

应交税费——应交增值税(销项税额) 2 600

［**业务10**］ 收回上月结转的应收账款10 000元，已存入银行存款户。

这笔业务使得银行存款增加和应收账款减少，应记入"银行存款"账户的借方和"应收账款"账户的贷方。应编制会计分录如下：

借：银行存款 10 000

贷：应收账款 10 000

［**业务11**］ 以银行存款支付本月水电费共计5 000元，其中：生产部门负担3 000元，管理部门负担2 000元。

由生产部门负担的水电费，应记入"制造费用"账户；由管理部门负担的水电费，应记入"管理费用"账户。应编制会计分录如下：

借：制造费用 3 000

管理费用 2 000

贷：银行存款 5 000

［**业务12**］ 以银行存款支付管理部门办公费600元。

这笔业务，办公费应记入"管理费用"账户的借方。应编制会计分录如下：

借：管理费用 600

贷：银行存款 600

下面说明上述经济业务在普通日记账中的登记方法。企业普通日记账的格式和登记方法如表6—3所示。

1."日期"栏

登记记账凭证的日期应与经济业务发生或完成的日期一致，在"年、月、日"栏按顺序登记。

2."凭证编号"栏或"业务编号"栏

登记入账的收款凭证、付款凭证或转账凭证的种类和编号，如"现金收(付)款凭证"简写为"现收""现付"，"银行存款收(付)款凭证"简写为"银收""银付"。"凭证编号"栏还应登记凭证的编号，如第三号"转账凭证"简写为"转3"，以便于查账和核对。

本例为了方便起见，"凭证编号"栏填入了业务编号。在实际使用普通日记账的单位，有时为了简化工作，可以直接根据经济业务登记日记账，而不预先编制记账凭证，则设置"业务编号"栏填入业务编号。

3."摘要"栏

记录经济业务的内容摘要，用于说明登记入账的经济业务内容。要求文字简练、说明清楚。

4."会计科目"栏

登记该笔经济业务应借、应贷的科目名称，作用在于了解经济业务的来龙去脉。

5."借方金额"栏和"贷方金额"栏

登记应记入各个科目的借方金额或贷方金额。

6."过账"栏

当将日记账的金额过入分类账后，在此栏做一"√"符号，表示已过账，以免漏记或重记。

表 6—3

普通日记账

第 页

单位:元

年		凭证编号		摘 要	会计科目	借方金额	贷方金额	过 账
月	日	字	号					
		银付	1	提取现金	库存现金	22 000		√
略					银行存款		22 000	√
		现付	2	发放职工薪酬	应付职工薪酬	22 000		√
					库存现金		22 000	√
		转	3	偿还光明厂的应付账款	应付账款	10 000		√
					银行存款		10 000	√
		转	4	购进甲材料,款项未付	材料采购	20 000		√
					应交税费	2 600		√
					应付账款		22 600	√
		银付	5	支付甲材料运费	材料采购	1 000		√
					银行存款		1 000	√
		转	6	甲材料验收入库	原材料	21 000		√
					材料采购		21 000	√
		银付	7	偿还应付账款	应付账款	22 600		√
					银行存款		22 600	√
		转	8	销售 A 产品,款项未收	应收账款	45 200		√
					主营业务收入		40 000	√
					应交税费		5 200	√
		银收	9	销售 A 产品,货款已收	银行存款	22 600		√
					主营业务收入		20 000	√
					应交税费		2 600	√
		银收	10	收回应收账款	银行存款	10 000		√
					应收账款		10 000	√
		银收	11	支付水电费	制造费用	3 000		√
					管理费用	2 000		√
					银行存款		5 000	√
		银收	12	支付管理部门办公费	管理费用	600		√
					银行存款		600	√
				合 计				

在日记账中按经济业务的时间顺序编制会计分录，并据以登记分类账，这种将日记账的数据转记到分类账的工作，会计上称为过账。

普通日记账的优点是：可以全面、连续地记录一个单位的经济业务情况，为过入分类账做好准备；将每一经济业务的应借、应贷账户的名称、金额汇集在一起，可以比较容易地发现记账错误；对会计凭证也能起到保护作用，一旦凭证遗失，可从日记账中查出。普通日记账的缺点是：要逐笔过账，工作量大；而且在一本账簿中记录，不便于会计分工记账。

三、多栏式日记账的登记

多栏式日记账又称专栏日记账，它是在日记账中将一些经常重复出现的账户分设专栏，汇总其发生额后一次过入有关分类账户的一种日记账。多栏式日记账是在普通日记账的基础上进行的改进和发展。设置专栏的目的，主要是为了定期汇总发生额，然后根据发生额合计数一次过账，以减少逐笔过账的工作量。

仍然采用前面的业务举例，多栏式日记账的格式和登记方法如表 6—4 所示。

表 6—4　　多栏式日记账　　单位：元

年		凭证编号		摘　要	银行存款		应付账款		管理费用借方	其　他			过账
月	日	字	号		借方	贷方	借方	贷方		账户名称	借方	贷方	
		银付	1	提取现金		22 000				库存现金	22 000		√
		现付	2	发放职工薪酬						应付职工薪酬	22 000		√
										库存现金		22 000	√
略		银付	3	偿还应付账款		10 000	10 000						
		转	4	赊购甲材料				22 600		材料采购	20 000		√
										应交税费	2 600		√
		银付	5	支付甲材料运费		1 000				材料采购	1 000		√
		转	6	甲材料验收入库						原材料	21 000		√
										材料采购		21 000	√
		银付	7	偿还应付账款		22 600	22 600						
		转	8	赊销 A 产品						应收账款	45 200		√
										主营业务收入		40 000	√
										应交税费		5 200	√
		银收	9	销售 A 产品，款已收	22 600					主营业务收入		20 000	√
										应交税费		2 600	√
		银收	10	收回应收账款	10 000					应收账款		10 000	√
		银付	11	支付水电费		5 000			2 000	制造费用	3 000		√
		银付	12	支付办公费		600			600				
				合　计	32 600	61 200	32 600	22 600	2 600				

限于篇幅，这里仅设置“银行存款”“应付账款”“管理费用”几个账户专栏进行说明。在实际工作中，对经常重复出现的账户，如“库存现金”“应收账款”“材料采购”“制造费用”“主营业务收入”“应交税费”等，均可设置专栏。对出现频率低的账户，则可在“其他”栏进行登记。

多栏式日记账的登记方法如下：

(1)在“年、月、日”栏和“凭证编号”栏，按经济业务发生或完成的时间顺序登记。为了举例方便起见，其中的“凭证编号”栏填入了业务编号。

(2)在“摘要”栏记录经济业务的内容摘要。

(3)设有专栏的账户，如表6－4中的“银行存款”“应付账款”“管理费用”等，平时只登记其发生额，不需要逐笔过账。根据需要定期加计其借方和贷方的合计数，并将合计数一次过入有关分类账户。例如，将合计数32 600元填入分类账“银行存款”的借方，将合计数61 200元填入“银行存款”的贷方。

(4)没有设置专栏的账户，可在“其他”栏中登记，列示其账户的名称和应借、应贷的金额。这一栏的账户仍需逐笔过入有关分类账户，过账后在“过账”栏做一“√”符号，表示已过账。

多栏式日记账的优点是对设有专栏的账户，不用逐笔过账，而是定期根据其汇总数一次过账，减轻了过账工作量。所以，设置专栏的账户越多，平时记账和过账的工作量就越小。但专栏过多、账页过长，也会给记账带来不便。而且，这种日记账的账簿只有一本，也不便于记账分工。

四、特种日记账的登记

特种日记账是指专门用来登记某一类经济业务的发生和完成情况的日记账。为了加强对现金和银行存款的管理，企业一般都要设置库存现金日记账和银行存款日记账，以连续地反映和监督企业现金、银行存款的收支业务和结存情况。库存现金日记账是指专门用来反映和监督现金收、付款业务和结存情况的日记账。特种日记账需要由专门人员进行登记。银行存款日记账是指专门用来反映和监督银行存款收、付款业务和结存情况的日记账。

库存现金、银行存款两种日记账的格式和登记方法基本相同，现根据前面的业务，重点以银行存款为例，说明特种日记账的格式和登记方法。

(一)银行存款日记账的登记

银行存款日记账应根据企业在银行开立的账户和币种分别设置，每一个银行账户设置一本日记账。通常由出纳人员根据审核无误的与银行存款收、付款业务有关的记账凭证，按经济业务发生时间的先后顺序，逐日、逐笔进行登记。即根据银行存款收款凭证和与银行存款有关的现金付款凭证(记录库存现金存入银行的业务)登记银行存款“收入”栏，根据银行存款付款凭证登记银行存款“支出”栏，并逐日结出银行存款余额。

银行存款日记账按照其格式，可分为三栏式和多栏式两种。

三栏式银行存款日记账是指设有借方、贷方和余额三个金额栏的特种日记账，一般称为“收入”“支出”和“结存”三栏。三栏式银行存款日记账的格式和登记方法如表6－5所示。

表 6—5 银行存款日记账(三栏式) 单位:元

年		凭证号码	摘要	对应科目	过账"√"	收入	支出	结存
月	日							
			期初结存					278 600
		银付 1	提取现金	库存现金			22 000	
略		银付 3	偿还应付账款	应付账款	√		10 000	
		银付 5	支付甲材料运费	材料采购	√		1 000	
		银付 7	偿还应付账款	应付账款	√		22 600	
		银收 9	销售 A 产品,款已收	应交税费	√	2 600		
				主营业务收入	√	20 000		
		银收 10	收回应收账款	应收账款	√	10 000		
		银付 11	支付水电费	制造费用	√		3 000	
				管理费用	√		2 000	
		银付 12	支付办公费	管理费用	√		600	
			合计			32 600	61 200	250 000

1. "凭证号码"栏

登记入账的收、付款凭证的种类和编号。例如,"银行存款收(付)款凭证"简写为"银收""银付","现金收(付)款凭证"简写为"现收""现付"。"凭证号码"栏还应登记凭证的编号,以便于查账和核对。

2. "摘要"栏

记录经济业务的内容摘要。

3. "对应科目"栏

登记与银行存款收入或付出相对应的账户名称。与银行存款收入相对应的,是有关的贷方账户;与其支出相对应的,应为有关的借方账户。

4. "收入"栏、"支出"栏

登记银行存款的实际收付金额。每日终了,分别计算银行存款收入和支出的合计数,并根据"收入"栏合计数一次过入"银行存款"分类账户的借方,根据"支出"栏合计数一次过入"银行存款"分类账户的贷方。月终,同样要计算银行存款收入、支出和结存的合计数。

5. "过账"栏

每日对银行存款以外的对应科目的过账,需要逐笔过账。具体方法是要反方向过账,即:将"收入"栏的金额,逐笔过入对应账户的贷方;将"支出"栏的金额,逐笔过入对应账户的借方。以业务 3 为例,"支出"栏中的金额,表示银行存款支出(贷方)10 000 元,同时又表示"应付账款"账户的借方应记 10 000 元;反之,银行存款的借方金额,也表示对应账户的贷方金额。

6. 现金和银行存款的互转业务

在同时设有库存现金日记账和银行存款日记账的情况下,对于现金和银行存款之间的互转业务，如从银行提取现金或将现金存入银行，因为在两本日记账中都做了登记，过账时，为避免发生重复的情况，双方的对应账户都不必过账。具体地说，就是在银行存款日记账中遇到对应账户是“库存现金”时，不必过入“库存现金”分类账户，因为在库存现金日记账中也已做了相应登记；同样，库存现金日记账中遇到对应账户是“银行存款”时，也不必过入“银行存款”分类账户，否则会发生重复过账。

多栏式特种日记账是在三栏式银行存款日记账基础上发展而来的，因为在前述的三栏式银行存款日记账中，“银行存款”账户按合计数过账，简化了工作，但有关对应账户仍然需要逐笔过账，工作量较大。因此，银行存款日记账可以根据需要分为“银行存款收入日记账”和“银行存款支出日记账”，并进一步按对应账户分设专栏，将其发生额定期汇总后一次过入分类账户，简化对应账户的过账工作。多栏式银行存款收入日记账和银行存款支出日记账的格式和登记方法如表 6—6、表 6—7 所示。

表 6—6 　　**银行存款收入日记账(多栏式)** 　　第　页

年		收款凭证		摘　要	对应科目贷方					收入合计	支出合计	结存
月	日	字	号		应收账款	主营业务收入	应交税费	库存现金	短期借款			
		期初结存										278 600
略		银收	9	销售 A 产品		20 000	2 600			22 600		
		银收	10	收回应收款	10 000					10 000		
				(略)								
				合　计	10 000	20 000	2 600			32 600	61 200	250 000

表 6—7 　　**银行存款支出日记账(多栏式)** 　　第　页

年		收款凭证		摘　要	对应科目借方						支出合计
月	日	字	号		材料采购	应付账款	库存现金	制造费用	管理费用	……	
略		银付	1	提取现金			22 000				
		银付	3	偿还应付款		10 000					
		银付	5	支付运费	1 000						
		银付	7	偿还应付款		22 600					
		银付	11	支付水电费				3 000	2 000		
		银付	12	支付办公费					600		
				(略)							
				合　计	1 000	32 600	22 000	3 000	2 600		61 200

这种多栏式特种日记账的登记方法与多栏式日记账基本相同，而且内容更为简单。但要注意以下三个方面：

(1)在银行存款收入方，要按贷方对应科目设专栏汇总，对应的金额记入有关的“贷方科目”栏，并计算“收入合计”。

(2)在银行存款支出方,要按借方对应账户设专栏汇总,对应的金额记入有关的“借方科目”栏,并计算“支出合计”。

(3)每天或定期将银行存款支出日记账中“支出”栏的合计数,转记到银行存款收入日记账中的“支出合计”栏,并结出余额填入“结存”栏。

(二)库存现金日记账的登记

库存现金日记账由出纳人员根据审核无误的与现金收、付款业务有关的记账凭证,按经济业务发生时间的先后顺序,逐日、逐笔进行登记。即根据现金收款凭证和与现金有关的银行存款付款凭证(记录从银行提取现金的业务)登记现金“收入”栏,根据现金付款凭证登记现金“支出”栏,并逐日结出现金余额。

库存现金日记账的格式与银行存款日记账相同,可以采用三栏式,也可以采用多栏式。

三栏式库存现金日记账与三栏式银行存款日记账相同,设“收入”“支出”和“结存”三栏,分别代表借方、贷方和余额三个金额栏。其“收入”“支出”栏分别用来登记现金收入和支出的实际金额。每日终了,应分别计算现金收入和支出的合计数,结出余额,填入“结存”栏。同时将余额与实有库存现金核对,即通常所说的“日清”。如果账和款不符,则应查明其原因,并记录备案。月终,同样要计算现金收入、支出和结存的合计数并核对相符,即通常所说的“月结”。三栏式库存现金日记账的格式和登记方法如表 6—8 所示。

表 6—8　　**库存现金日记账**　　第　页

年		凭证号码		摘　要	对方科目	过　账	收　入	支　出	结　存
月	日	字	号						
略				期初结存					500
		银付	1	提取现金	银行存款		22 000		
		现付	2	支付职工福利	应付职工薪酬	√		22 000	
				⋮					
				合　计					

如果需要,库存现金日记账也可以按现金收入和现金支出设置多栏式的“库存现金收入日记账”和“库存现金支出日记账”。其格式和登记方法与“银行存款收入日记账”和“银行存款支出日记账”基本相同。现金收入要按对应科目的金额记入有关的“贷方科目”栏,并计算“收入合计”;现金支出要按对应科目的金额记入有关的“借方科目”栏,并计算“支出合计”。每日终了,要将库存现金支出日记账的支出合计数过入库存现金收入日记账的“支出合计”栏,并结出余额,填入“结存”栏。

(三)销货日记账的登记

销货日记账的格式和登记方法如表 6—9 所示。

表 6—9 销货日记账(多栏式)

年		凭证号码	摘　要	购货单位名称	应收账款借方	银行存款借方	主营业务收入贷方		过账	销货分析		
月	日									北京	杭州	上海
略		5	赊销 A 产品	甲商店	22 600		26 000	3 400	√			
		11	现销 A 产品	乙商店		11 300	13 000	1 700				
			(略)									
			合　计		A	B	C	D				

(1)对设有专栏的账户,定期汇总后一次过入有关分类账户,不需逐笔过账,以便简化过账工作。

(2)在同时设置银行存款日记账和销货日记账的情况下,因为在两本日记账中都登记了现款销货业务,所以,过账时,在银行存款日记账中遇到“主营业务收入”和“应交税费”两个对应账户时,不必过账;同样,在销货日记账中遇到“银行存款”这一对应账户时,也不必过账,否则过账会重复。

(3)“过账”是在对应收账款过入其明细分类账户时采用,过账后即在“过账”栏做一“√”符号,表示已过账。

(4)如果在管理上有必要提供某些信息,可以单独设置“销货分析”栏,提供各种类产品或各地区的销售指标等。

从以上说明中可以看出,设置特种日记账有其特殊的作用,不仅有利于记账分工、提高工效,而且在简化过账工作的同时,可以利用专栏的设置,为经济管理提供一些信息。

综上所述,日记账是随着经济业务的发展而逐步发展并不断改进的。从简单的普通日记账,到专栏日记账,再到特种日记账,都经历了一个由简单到复杂、由低级到高级的发展过程。

需要说明的是,上面所述的各种日记账,都是根据原始凭证或原始凭证粘贴单进行登记,在日记账中编制会计分录后,再过入分类账户,即按“原始凭证—日记账—分类账”这一程序进行的。但在我国的会计实务中,一般采用的记账程序是按“原始凭证—记账凭证—分类账”这一程序进行的,即在记账凭证中编制会计分录,并直接过入分类账,用记账凭证代替日记账的作用。虽然在会计实务中仍然要求设置库存现金日记账和银行存款日记账,但它们已不是原来意义上的日记账,并不根据这两本日记账的数据录入分类账,仅是用于详细记录库存现金和银行存款的收付业务,作为与“库存现金”和“银行存款”两个分类账户进行核对的资料。

课堂讨论题 2

登记库存现金日记账的依据,可以是(　　)。

A. 现金收款凭证　　B. 银行存款付款凭证　　C. 现金付款凭证

D. 银行存款收款凭证　　E. 现金支票

第四节 分类账的格式和登记方法

一、总分类账簿

如前所述，日记账是按经济业务的先后顺序登记的，各个账户互相交替记录，无法看出某一个账户在一定时期内的增减变化情况和变化的结果。因此，为了连续、系统地反映企业的经济业务，提供会计信息，就要根据日记账或记账凭证，按分类账户设置分类账簿，并按提供资料的详细程度设置总分类账簿和明细分类账簿，分别提供总括性的会计资料和详细的会计资料，以满足不同信息使用者的需求。

总分类账簿是将经济业务按照总分类账户进行分户登记的账簿，简称"总分类账"或"总账"。总分类账簿往往是订本账，并采用三栏式账页。三栏式账页是总账最常用的基本格式，它除了设有"日期"(年、月、日)、"凭证号数"和"摘要"等栏外，只设有"借方""贷方""余额"三个金额栏。

在登记总分类账时，既可以直接根据记账凭证按经济业务的先后顺序逐笔登记，也可以根据汇总记账凭证分次或一次汇总登记。其具体格式如表 6—10、表 6—11 所示。

表 6—10 **总分类账**

(逐笔登记)

会计科目：应付账款　　　　第　页

年		凭证号数	摘　要	借　方	贷　方	借或贷	余　额
月	日						
略			期初余额			贷	30 000
		银付 3	偿还应付账款	10 000		贷	20 000
		转 4	采购甲材料		22 600	贷	42 600
		银付 7	偿还应付账款	22 600		贷	20 000
			本期发生额和余额	32 600	22 600	贷	20 000

表 6—11 **总分类账**

(汇总登记)

会计科目：应付账款　　　　第　页

年		凭证号数	摘　要	借　方	贷　方	借或贷	余　额
月	日						
略			期初余额			贷	30 000
			1～10 日汇总	20 000	30 000	贷	40 000
			11～20 日汇总	70 000	50 000	贷	20 000
			21～30 日汇总	10 000	40 000	贷	50 000
			本期发生额和余额	100 000	120 000	贷	50 000

总分类账的登记方法，视采用的账务处理程序而定。在以记账凭证为基础的账务处理程

序下，它可以直接根据记账凭证进行登记，或将记账凭证进行汇总，编制科目汇总表或汇总记账凭证后进行登记，以减少过账工作。在以日记账为基础的账务处理程序下，它可以根据普通日记账，或专栏日记账，或特种日记账等进行登记。

二、明细分类账簿

明细分类账簿是按照二级科目或各个明细科目设置、分类登记经济业务事项的账簿，应根据记账凭证和原始凭证登记。通过明细分类登记，可以为总分类账户提供其增减变动的详细情况。根据经济业务性质的不同，可采用的明细分类账的账页格式也不同，一般有三栏式、数量金额式、多栏式和平行式等格式。

(一)三栏式明细分类账

三栏式明细分类账与三栏式总分类账的格式相同，只设有“借方”“贷方”和“余额”三个金额栏，主要适用于只需要登记金额，不需要进行数量核算的债权、债务结算账户，如各种应收账款、应付账款、短期借款等。其格式和登记方法与总分类账基本相同，可参见表6—12。此处不再赘述。

(二)数量金额式明细分类账

数量金额式明细分类账是在“收入”“发出”和“结存”栏内分别设置“数量”“单价”和“金额”栏目，分别登记实物的数量、单价和金额。它主要适用于如“原材料”“库存商品”等财产物资明细分类账。数量金额式明细分类账的格式如表6—12所示。

表6—12　　原材料明细分类账

会计科目：原材料　　第　页

类别：棉花　　品名规格：一级棉花　　计量单位：千吨　　存放地点：12仓库

年		凭证号数	摘要	收入			发出			结存		
月	日			数量	单价	金额	数量	单价	金额	数量	单价	金额
略			期初余额							20	2 000	40 000
		收1	购进棉花	10	2 300	23 000				30	2 100	63 000
		转3	生产领用				5	2 100	10 500	25	2 100	52 500

(三)多栏式明细分类账

多栏式明细分类账根据经济业务的特点和管理要求，在一张账页内按有关明细账项目的借方或贷方分设若干专栏，分户登记其明细情况，以集中反映该明细项目的核算资料，提供管理所需的详细信息。多栏式明细分类账一般都是单方面登记，如费用明细账平时只作借方登记，收入明细账平时只作贷方登记。如果有冲减费用、冲减收入或月底分配结转等情况，可用红字冲销法进行冲减。多栏式明细分类账主要适用于有关费用成本类、收入类、财务成果类等账户的明细核算，其格式如表 6—13 所示（与本章举例数据无关）。

表 6—13 **制造费用明细分类账**

会计科目：制造费用 第 页

年		凭证号数	摘 要	借 方						贷方	合计
月	日			职工薪酬	水电费	折旧费	修理费	办公费	材料费		
略		现付 1	支付水电费		2 000						2 000
		银付 2	支付工资	50 000							50 000
		现付 5	支付修理费				600				600
		转 20	领用办公用品					400			400
		转 25	计提折旧		4 000						4 000
		转 28	领用辅料						3 000		3 000
		转 30	结转生产成本							60 000	0

（四）平行式明细分类账

平行式明细分类账也称横线登记式明细分类账。这种明细账实际上也是一种多栏式明细分类账，其特点是将前后密切相关的经济业务在同一横格内进行登记，从而可以依据每行各个栏目的登记是否齐全来判断该项业务的进展情况，以检查每笔业务的变动及完成情况。平行式明细分类账适用于登记在途物资业务、应收票据和备用金等业务。

下面以“其他应收款”账户的备用金明细分类账为例，说明平行式明细分类账的登记方法。例如，某企业 2020 年 8 月发生以下有关业务：8 月 5 日，职工张山借款 800 元；8 月 9 日，李四借款 900 元；9 月 26 日，李四报销 900 元。上述业务记账之后，有关备用金明细分类账的内容、格式和登记方法如表 6—14 所示。

表 6—14 **备用金明细分类账**

会计科目：其他应收款 第 页

2020 年		凭证号数	摘 要	借方金额			贷方金额					结余金额
月	日			原借	补付	合计	月	日	凭证号	摘要	金额	
8	1	略	月初余额				9					0
	5		张山借款	800		800						
	9		李四借款	900		900		26	略	报销	900	0

为了使总分类账与所属的明细分类账之间能起到控制和补充说明的作用，对所发生的每一笔经济业务，都要以会计凭证为依据，采用平行登记的方法，在记入总分类账户的同时，以相等的金额，在相同的方向，记入它所属的明细分类账户，以便于进行核对，并确保账户记录的正确性。

第五节　错账查找与更正方法

一、查找错账的方法

会计人员登记账簿和填制会计凭证一样，都是会计的基本工作。为了保证会计核算工作的质量，记账必须严肃、认真、一丝不苟，严格按照记账规则进行，力求记账的正确性、及时性和完整性。

但是，在记账过程中，难免会发生各种各样的差错，如重记、漏记、数字颠倒、数字错位、数字记错、会计账户名称记错、借贷方向记反(反向)等，从而产生错账。为了保证会计信息的准确性，会计人员应及时找出差错，并予以更正。查找错账的方法主要有：

(一)差数法

差数法是指按照错账的差数查找错账的方法。如果在记账过程中只登记了会计分录的借方或贷方，而漏记了另一方，会使得试算平衡表中借方合计与贷方合计不相等。如果借方金额漏记，会使该金额在贷方超出；如果贷方金额漏记，会使该金额在借方超出。对于这样的差错，可通过核对相关金额的账面记录来查找。

(二)尾数法

对于发生的角、分的差错，可以只查找小数部分，以提高查找错账的效率。

(三)除 2 法

除 2 法是指以差数除以 2 来查找错账的方法。因为当某个借(贷)方金额错记时，出现错账的差额数应该表现为错误数额的 2 倍，所以，将该差额数除以 2，得到的商就是反向错记的金额。例如，某会计人员记账时，将应记入“库存商品——甲商品”科目的借方金额 5 000 元误记入贷方，会使该明细账的期末借方余额合计数比总分类账的期末借方余额少 10 000 元，将 10 000 元除以 2 的商 5 000 元就是借方可能少记的金额。同样，如果借方总额大于贷方 400 元，就应该查找是否有 200 元的贷方金额误记入了借方。当然，如果并非一个单纯的错误，则无法通过这一方法查到错误，而应该另寻查找差错的原因。

(四)除 9 法

除 9 法是指以差数除以 9 来查找错账的方法。以下三种情况常常采用除 9 法：

(1)将数字写小一个位数。如将 300 写为 30，36 写为 3.6 等，错误数字小于正确数字 9 倍。查找的方法是：以差额数除以 9 后得出的商，就是要重点查找的写错的数字，商乘以 10，即为正确的数字。如果将 300 写为 30，差额 270(即 300－30)除以 9，商 30 即为错数，扩大 10 倍后得出的金额就是正确的数字 300；如果将 36 写为 3.6，差额 32.4(即 36－3.6)除以 9，商 3.6 即为错数，扩大 10 倍后得出的金额 36 就是正确的数字。

(2)将数字写大一个位数。如将 30 写为 300，错误数字大于正确数字 9 倍。查找的方法是:以差额数除以 9 后得出的商就是正确的数字,商乘以 10,即为要重点查找的写错的数字。

(3)邻数颠倒。如将 81 错记为 18、将 63 错记为 36 等。颠倒的两个数字之差介于 1 到 8 之间。查找的方法是:将差额数除以 9,得到的商连续加 11,一直到找出颠倒的数字为止。如将 81 错记为 18,其差额数为 63,将差额数除以 9 得 7,7 连续加 11,可能 18 与 81 或者 29 与 92 是要找的颠倒的数字。可能的颠倒数可以查表 6—15。

表 6—15　　可能的颠倒数

颠倒数字的差额数	1		2		3		4		5		6		7		8	
颠倒的数字	12	21	13	31	14	41	15	51	16	61	17	71	18	81	19	91
	23	32	24	42	25	52	26	62	27	72	28	82	29	92		
	34	43	35	53	36	63	37	73	38	83	39	93				
	45	54	46	64	47	74	48	84	49	94						
	56	65	57	75	58	85	59	95								
	67	76	68	86	69	96										
	78	87	79	97												
	89	98														

二、错账更正方法

账簿是重要的经济档案,如果账簿记录发生了错误,就必须根据具体情况,采用适当的方法予以更正,切忌乱涂乱改和刮、擦、挖、补,也不能使用“褪色灵”等进行褪色更正。常用的错账更正方法有划线更正法、红字更正法和补充登记法三种。

(一)划线更正法

划线更正法是指用红线划去原有的错误记录,然后在红线上方空白处写上正确记录的一种方法。划线更正时,应用尺在写错的文字或数字上划一道单红线,以保持账簿整洁和被划去的字体仍清晰可辨,在划线上方写上正确的文字或数字,并由会计人员和会计机构负责人(会计主管人员)在更正处加盖印章,以示对该更改事项负责。遇到更正错误数字时,要求将整笔数字划掉,不能仅划去和更改其中的几个错误数字。例如,小丁在记账时,将数字 3 857 元错写为 3 875 元,更改时不能只划去其中的“75”,把它改为“57”,而应该将“3 875”用一道单红线全部划去,并在红线上方用蓝黑笔书写“3 857”字样,并加盖小丁的图章。

划线更正法主要适用于结账以前发现的账簿记录有误而记账凭证无误的情况。

(二)红字更正法

红字更正法又称红字冲销法,是指用红字冲销或冲减原有的错误记录,以更正或调整记账错误的一种方法。如果发现账簿有错误,且这些错误是因为记账凭证上会计科目错误、借贷方向错误和金额错误而引起的,可以采用该方法。具体包括以下两种情况:

(1)记账后发现原记账凭证的会计分录中应借、应贷账户名称有误,从而引起记账错误。更正的方法是:第一步,先用红字编制一张与原来错误记账凭证完全相同的记账凭证,写明更正第几号记账凭证,并用红字登记入账,冲销原来的错误记录;第二步,用蓝字编制一张正确的记账凭证,重新登记入账。

[业务13] 某企业生产车间领用修理用备料200元,应记入"制造费用"账户;但在编制记账凭证时,误记为"生产成本"账户,并已登记入账。

原错误会计分录为:

借:生产成本　200

　贷:原材料　200

更正时,用红字编制一张与上述错误记账凭证相同的凭证,并据以入账,冲销原错误记录(括号内的数字代表红字):

借:生产成本　(200)

　贷:原材料　(200)

然后,用蓝字编制一张正确的记账凭证并记账,分录为:

借:制造费用　200

　贷:原材料　200

(2)记账后发现记账凭证上与账簿记录中的应借、应贷账户名称正确,只是金额大于应记金额。更正的方法是:按多记的金额用红字编制一张与原记账凭证应借、应贷账户名称完全相同的凭证,以冲销原多记的金额,并据以入账。

[业务14] 上述业务13中的会计账户名称没有错,但金额误记为2 000元,多记了1 800元。即原记录为:

借:制造费用　2 000

　贷:原材料　2 000

更正时,按多记的金额1 800元用红字编制一张凭证,以冲销原多记的金额,并据以入账,更正会计分录为:

借:制造费用　(1 800)

　贷:原材料　(1 800)

(三)补充登记法

记账后发现记账凭证和账簿记录中应借、应贷账户名称无误,只是金额少于应记金额,可以采用补充登记法。更正的方法是:按少记的金额用蓝字金额编制一张与原记账凭证应借、应贷账户名称完全相同的凭证,以补足账户中少记的金额,并据以入账。

[业务15] 上述业务13中的会计账户名称没有错,但金额误记为20元,少记了180元。即原记录为:

借:制造费用　20

　贷:原材料　20

更正时,按少记的金额180元用蓝字编制一张记账凭证,并据以入账。

更正会计分录为:

借：制造费用　　180

　　贷：原材料　　180

课堂讨论题 3

记账以后发现取得的发票中，将 3 425 元写成了 3 452 元，应该采用的方法是(　　)。

A. 划线更正法　　B. 红字更正法

C. 补充登记法　　D. 重新取得正确的发票

第六节　对账和结账

一、对账

为了保证账簿所提供的会计资料正确、真实、可靠，会计人员应该定期进行对账，使各种账簿的记录保持完整和正确，并据以编制会计报表，保证会计信息的质量。简单地说，对账就是对账簿记录进行的核对工作，具体包括账证核对、账账核对、账实核对和账表核对，以达到账证相符、账账相符、账实相符和账表相符的目的。

(一)账证核对

在企业采用记账凭证账务程序的前提下，账簿据以登记的会计凭证是经过审核的，但实际工作中仍然可能发生账实不符的情况。因此，记账后，仍需要将各种账簿记录与记账凭证及其所附原始凭证进行核对，包括账簿记录与原始凭证、记账凭证的时间、凭证字号、内容、金额等是否一致，借贷方向是否相符。这种核对除在日常编制凭证、记账过程中进行外，如果期末发现账账不符的，也应该追本溯源，进行账簿与会计凭证的检查核对，以确保账证相符。

(二)账账核对

各个会计主体的会计账簿体系是一个有机的整体，为了全面、系统、综合地反映会计主体的经济活动与财务收支情况，各种账簿之间相互既有分工，又有衔接。会计人员可以利用这种相互依存的勾稽关系进行对账，发现记账工作是否有误。账账核对是指各种账簿之间有关数字的相互核对。一旦发现错误，应立即更正，以确保账账相符。

账账之间的核对主要包括：

(1)总分类账簿记录的核对。按照“资产＝负债＋所有者权益”这一会计等式和“有借必有贷、借贷必相等”的记账规律，总分类账簿各账户的期初余额、本期发生额和期末余额之间存在对应的平衡关系；总分类账中全部账户的期末借方余额合计数应与全部账户的期末贷方余额合计数核对相符。通常采用编制“总分类账户本期发生额和余额对照表”即“试算平衡表”来检查总账记录是否正确和完整，其具体内容和格式可参见第三章中“借贷记账法的试算平衡”的相关内容及表 3－11。

(2)总分类账簿与其所属明细分类账簿的核对。总分类账中各账户的期末余额应与其所属明细分类账的期末余额合计数核对相符。

(3)总分类账簿与日记账簿的核对。如前所述,每个会计主体都必须在设置总分类账簿的同时设置现金日记账和银行存款日记账,而且总分类账与日记账之间不能相互转记,因此,可以通过核对总分类账簿中"库存现金"和"银行存款"账户的期末余额,与库存现金日记账和银行存款日记账的期末余额是否相符,来检查记账的正确性。

(4)明细分类账簿的核对。会计部门有关实物资产的明细分类账的期末余额应与财产物资保管或使用部门的财产物资明细账的储存数核对相符。一般由财产物资保管部门或使用部门定期编制收发结存汇总表,报会计部门核对。

(三)账实核对

账实核对是指各种财产物资和债权、债务等结算款项的账面余额与其实存数额之间的核对。账实核对的主要内容包括:

(1)库存现金日记账的账面余额与库存现金实存数是否相符。

(2)银行存款日记账的账面余额与银行对账单余额是否相符。

(3)有关债权、债务明细账的账面余额与有关债务人、债权人相关的账面金额的记录是否相符。

(4)各种财产物资明细分类账的账面余额与财产物资的实有数额是否相符。

造成账实不符的原因是多方面的,在实际会计核算工作中,账实核对一般通过财产清查进行。财产清查是会计核算的一种专门方法,将在后面的章节中专门介绍。

(四)账表核对

账表核对是指账簿的有关记录与会计报表的有关指标相核对。账簿记录是编制会计报表资料的来源,将会计报表的有关指标与账簿的有关记录进行核对,可以确保会计报表信息资料的可靠性。

二、结账

结账就是在把一定时期内所发生的经济业务全部登记入账的基础上,定期将账簿记录结算清楚的账务工作。

企业的经济活动是连续不断的,为了反映某一个会计期间(月份、季度、半年度、年度)的经济活动情况,考核会计主体的经营成果,并反映其财务状况,必须定期进行结账,结算出各种账簿的本期发生额和期末余额,并据以编制会计报表。另外,企业因撤销、合并等原因而办理交接时,也需要进行结账。结账工作的内容通常包括两个方面:一是结清各种损益类账户,并据以确定该会计期间的利润;二是结清资产、负债和所有者权益账户,分别结出本期发生额合计数和期末余额,并转入下期,作为下期的期初余额。

(一)结账程序

(1)检查本期发生的经济业务是否已经全部登记入账,并保证其正确性。如果发现漏账、错账,应及时补记或改正。应防止为赶编会计报表而提前结账或把本期的经济业务延迟至下期，也不能先编制会计报表后结账。

(2)根据权责发生制的要求，编制有关调整账项的记账凭证，并据以登记账簿记录，以正确反映本期应计的收入和应计的费用。例如，企业已经发生且符合收入确认标准但未登记入账的应计收入，应确认为本期收入；对那些已在本期发生、因款项未付而未登记入账的费用，如应付未付的借款利息等，也应予以确认；长期待摊费用应按规定的方法摊销成本和费用。

(3)对于需要在月末办理的其他有关转账业务，均应编制记账凭证，并据以登记入账，如本期完工产品生产成本的结转，已售商品成本结转，税金的计算，财产物资盘盈、盘亏的处理等。

(4)将本期实现的各项收入以及应负担的费用成本、利得和损失，全部转入"本年利润"账户的贷方，以便计算确定本期的经营成果。

(5)在本期全部经济业务登记入账的基础上，结算所有账户的本期发生额和期末余额。结算库存现金日记账、银行存款日记账总分类账和各明细分类账各账户的本期发生额和期末余额，并将余额结转至下期，确定为下期的期初余额。

(二)结账方法

结账是为了反映和监督一定时期经济活动的变动情况和结果。结账通常采用划线结账的方法，按月度、季度、半年度和年度进行。具体有以下几种情况：

(1)需要按月结账的，如库存现金、银行存款和其他需要按月结账的收入、费用等明细账，月末结账时，在各账户的最后一笔经济业务下，结出本月借方发生额、贷方发生额和期末余额，在"摘要"栏内注明"本月合计"或"本月发生额及期末余额"字样，并在该行上端和下端划通栏单红线，以示区别。

(2)对于不需要按月结计本月发生额的，如各项应收、应付款明细账和财产物资明细账等，要在每次记账后随时结出余额，因此，每个月的最后一笔余额，就是月末余额。月末结账时，只要在最后一笔业务记录下通栏划单红线即可，不需要再结计一次余额。

(3)需要逐月结转累计发生额的某些明细账户，每月末结账时，应在"本月合计"行下结出自年初至本月止的累计发生额，登记在本月发生额下面，在"摘要"栏注明"本年累计"或"本年累计发生额"，并在该行下面通栏划单红线。12 月份的"本年累计"就是全年累计发生额，全年累计发生额下通栏划双红线，表示年度封账。

(4)季度结账时，在"摘要"栏注明"本季累计"字样，在账户的最后一笔数字下，结出本季度发生额合计数，并在该行下面划通栏单红线。半年度结账方法与季度结账方法相同。

(5)总分类账户只需在月末结计月末余额。年度结账时，要将所有总账账户结出全年借方发生额、贷方发生额和年末余额，在"摘要"栏内注明"本年合计"字样，并在"全年合计数"栏下通栏划双红线，表示年度封账。

年度结账时，对于有余额的账户，应该将其余额结转下年，并在"摘要"栏内注明"结转下年"字样。即将所有有余额账户的本年余额直接记入下年新账余额栏内，既不需要编制记账凭证，也不必将余额再记入已结账的本年账户的借方或贷方，使本年有余额的账户的余额变为零，使其年末余额如实地反映在账户中，避免混淆有余额的账户和无余额的账户。

第七节 账簿的更换和保管

一、账簿的更换

年度结账后，总账、日记账和大部分明细账都应按规定更换新账，只有变动不多的明细账，如“固定资产明细账”，才可以跨年度继续使用。

更换新账时，应将有余额账户的上年末余额过入本年度新账簿。在新账簿有关账户新账页的第一行“余额”栏内，填写该账户上年的余额，并在“摘要”栏注明“上年结转”字样。年度结账的格式如表 6—16 所示。

表 6—16 **银行存款**

2020 年		凭证编号		摘　要	借　方	贷　方	借或贷	余　额
月	日	字	号					
1	1			上年结转			借	60 000
12	31			本月合计	30 000	20 000	借	140 000
	31			本季累计	80 000	40 000	借	140 000
	31			本年累计	180 000	100 000	借	140 000
				结转下年				

注：虚线表示红线。

二、账簿的保管

各种账簿同会计凭证及会计报表一样，都是重要的经济档案，必须按照《会计法》及《会计档案管理办法》规定的保管年限妥善保管，不得丢失和任意销毁。对于会计账簿类档案，有以下一些规定：企业和其他组织的会计账簿，如总账、明细账、日记账和辅助账簿，保管期限一般为 30 年；固定资产卡片在固定资产报废清理后再保管 5 年。保管期满后，应按照规定的审批程序报经批准以后，再进行销毁。

会计账簿的保管，既要做到安全、完整，又要保证在需要的时候能从账簿中快速查到所需要的资料。为此，会计人员必须在年度结束后，将各种活页账簿连同“账簿启用和经管人员一览表”装订成册，加上封面，统一编号，与各种订本式账簿一起归档保管。保管期限从会计年度终了后第一天算起。单位会计机构保管 1 年后，移交会计档案管理机构保管。没有设置专门档案管理机构的单位，应由会计机构指定专人继续保管。账簿等会计档案不得外借，遇到特殊情况，经本单位负责人批准，可以提供查阅或者复制原件。

重要术语

会计账簿——由一定格式和互相联系的账页所组成，以经过审核的会计凭证为依据，系统、连续、分类记录和反映经济业务的会计簿籍。

日记账簿——按照经济业务发生或完成时间的先后顺序，逐日、逐笔进行登记的账簿，又称序时账簿。

普通日记账——按照经济业务发生或完成时间的先后顺序，登记全部经济业务，并确定会计分录的日记账。

特种日记账——按照经济业务发生或完成时间的先后顺序，专门记录某一特定经济业务发生情况的日记账。

分类账——对全部经济业务按总分类账户和明细分类账户进行分类登记的账簿。

总分类账——根据总分类账户进行分类登记、用于反映全部经济业务总括核算资料的分类账簿，简称总账。

明细分类账——根据明细分类账户进行分类登记、用于反映某一类经济业务明细核算资料的分类账簿，简称明细账。

备查账簿——对日记账和分类账上没有予以登记或记录不全的经济业务，而管理上又需要掌握的事项进行备查补充登记，起备忘参考和补充信息作用的辅助账簿。

订本账——在使用前就把若干账页固定装订成册的账簿。

活页账——在起用前和使用中都不把账页固定装订成册，而是将账页用账夹固定，随时可开启账夹添换账页的一种账簿。

卡片——由许多具有账页格式的卡片作为账页登记经济业务，并插在卡片箱中进行保管的一种账簿。

结账——在把一定时期内所发生的经济业务全部登记入账的基础上，定期将账簿记录结算清楚的账务工作。

复习思考题

1. 什么叫会计账簿？设置和登记会计账簿有什么作用？
2. 会计账簿按不同的标准分为哪几类？
3. 如何进行特种日记账的设置和登记？
4. 什么是分类账？为什么要设置分类账？
5. 总分类账和明细分类账应如何选择账页格式？
6. 如何进行总分类账和明细分类账的登记？
7. 企业对账的内容有哪些？如何进行对账？
8. 错账的更正方法有哪几种？简述其更正的方法和适用性。
9. 企业结账的内容有哪些？

自我测试题

一、单项选择题

1. 实际工作中使用的销货日记账、购货日记账属于(　　)。

A. 特种日记账　B. 普通日记账　C. 总分类账　D. 分录簿

2. 材料采购明细账一般使用的格式是(　　)。

A. 三栏式　B. 多栏式　C. 数量金额式　D. 横线登记式

3. 记账以后发现记账凭证中将 1 800 元误记为 1 860 元,应采用的错账更正方法是(　　)。

A. 划线更正法　B. 红字更正法　C. 补充登记法　D. 记账更正法

4. 一定要采用订本账形式的是(　　)。

A. 明细账　B. 备查账　C. 总分类账　D. 日记账

5. 账簿记录不能使用红墨水的是(　　)。

A. 冲账　B. 改错　C. 划线　D. 转账

二、多项选择题

1. 每个企业必须设置的账簿包括(　　)。

A. 库存现金日记账　B. 银行存款日记账　C. 总分类账　D. 备查账

2. 账簿按用途可以分为(　　)。

A. 日记账　B. 分类账　C. 订本账　D. 备查账

3. 常用的错账更正方法有 (　　)。

A. 划线更正法　B. 红字更正法　C. 补充登记法　D. 记账更正法

4. 对账的内容包括(　　)。

A. 账账核对　B. 账证核对　C. 账实核对　D. 账表核对

5. 账簿按外形可以分为 (　　)。

A. 日记账　B. 活页账　C. 卡片账　D. 订本账

三、判断题

1. 账账核对是指总分类账簿与其所属明细分类账簿的核对。(　　)

2. 结账工作就是结清各种损益类账户,并据以确定一定会计期间的利润。(　　)

3. 总分类账都是直接根据记账凭证按经济业务的先后顺序逐笔登记的。(　　)

4. 在同时设置银行存款日记账和销货日记账的情况下,销货日记账中的"银行存款"这一对应账户不必过账。(　　)

5. 以经营方式租入固定资产,可以设置相应的备查账簿,并同时登记日记账。(　　)

练习题

习题一

一、目的：练习普通日记账的登记方法。

二、资料：艾米公司 2020 年 6 月的会计事项如下：

(1)6 月 3 日，向银行借款 40 000 元，存入银行存款户。期限为 2 年，年利率为 6%。

(2)6 月 5 日，开出支票支付企业所得税费用 8 000 元。

(3)6 月 6 日，从二级市场买入乙公司股票 20 000 股，共支付款项 500 000 元，作为交易性金融资产进行管理。

(4)6 月 7 日，用通过银行转账发放应付给职工的薪酬 90 000 元。

(5)6 月 8 日，乙公司宣告发放现金股利。每 10 股 8 元。

(6)6 月 10 日，收到甲公司现金股利 16 000 元。

(7)6 月 12 日，向天天公司购进甲材料 1 000 千克，每吨 10 元，计 10 000 元；增值税为 1 300 元。款项未付。

(8)6 月 16 日，以银行存款支付甲材料的运杂费 1 000 元（不考虑增值税）。

(9)6 月 18 日，上述甲材料已验收入库，结转采购成本 11 000 元。

(10)6 月 19 日，开出支票购买一项专利技术，共计 20 000 元，已经用于生产。

(11)6 月 20 日，领用材料一批，其中：产品耗用 40 000 元，生产车间耗用 1 000 元，行政管理部门耗用 500 元。

(12)6 月 22 日，以银行存款支付上述应付账款 11 300 元。

(13)6 月 24 日，以银行存款支付本月水电费、通信费共计 8 000 元，其中：生产部门负担 3 000 元，管理部门负担 5 000 元。

(14)6 月 26 日，现销产品一批，销售额为 40 000 元，增值税为 5 200 元，已存入银行存款户，产品成本 32 000 元。

(15)6 月 29 日，购买办公用品 400 元，直接交付管理部门使用。

(16)6 月 28 日，计提本月工资 90 000 元，其中：生产工人工资 60 000 元，车间管理人员工资 10 000 元，行政管理人员工资 20 000 元。

(17)6 月 28 日，收到客户所欠的货款 20 000 元，存入银行。

(18)赊销产品一批，销售额为 20 000 元，增值税为 2 600 元，产品成本为 12 000 元。

(19)用银行存款偿还以前月份欠光明公司的应付账款 20 000 元。

(20)接受投资人投入的货币资金 100 000 元、土地使用权 800 000 元，取得公司面值 1 元的股票 30 000 股。

三、要求：根据上述资料，登记普通日记账。

习题二

一、目的：练习特种日记账的登记。

二、资料：天天公司为一般纳税人，2020 年 5 月有关购货和销货的交易如下（为简单起见，假设材料采购成本直接记入“原材料”账户)：

(1)5 月 1 日，期初银行存款户结存余额 57 000 元。

(2)5 月 3 日，向 A 公司销售商品一批，销货款 40 000 元和 13%的增值税尚未收到。

(3)5 月 6 日，向乙公司赊购材料 60 000 元，增值税税率为 13%，已验收入库。运杂费 500 元，用现金付讫。

(4)5 月 7 日，收到 A 公司销货款，已存入银行存款户。

(5)5 月 9 日，开出支票偿付甲商店货款 22 600 元。

(6)5 月 11 日，开出支票偿付本月 6 日所欠乙公司货款 67 800 元。

(7)5 月 12 日，销售给 B 公司商品一批，销货款 60 000 元和增值税尚未收到。

(8)5 月 13 日，向丙公司购入材料一批，价值 30 000 元，已验收入库，货款及增值税(税率为 13%)尚未支付。

(9)5 月 14 日，从银行存款户中提取现金 2 000 元，以备日常开支。

(10)5 月 15 日，向甲商店赊购材料 10 000 元，增值税税率为 13%，已验收入库。

(11)5 月 18 日，收到 B 公司上月所欠销货款 44 000 元，存入银行存款户。

(12)5 月 21 日，赊销给 B 公司商品一批，销售额为 20 000 元，增值税税率为 13%。

(13)5 月 22 日，向乙公司购入材料 20 000 元，增值税税率为 13%，已验收入库，货款及运杂费 1 000 元当即从银行存款户中支付。

(14)5 月 23 日，收到 B 公司销货款 22 600 元，已存入银行存款户。

(15)5 月 26 日，开出支票支付本月广告费 5 000 元。

(16)5 月 27 日，向甲商店赊购材料 40 000 元，增值税税率为 13%，商品已验收入库。

(17)5 月 30 日，向 A 公司赊销商品一批，销售额为 80 000 元。

(18)5 月 31 日，支付水电费 2 000 元，市内交通费 600 元。

三、要求：根据上述资料，登记材料采购日记账、销货日记账和银行存款日记账。

第七章　财产清查

本章学习指南

财产清查是指通过对财产物资及库存现金的实地盘点，以及对银行存款和债权债务的询证核对，确定各项财产物资、货币资金、债权债务的实有数，以查明账实是否相符。通过本章学习，要求理解财产清查的重要意义，熟悉财产清查的不同类别，掌握实物财产的清查方法、货币资金的清查方法、往来款项的清查方法，以及不同财产清查结果的账务处理。

按对象和范围，财产清查可分为全面清查和局部清查；按其清查的时间，可分为定期清查和不定期清查。财产清查是一项技术性很强的工作，必须做好清查前的准备工作，以保证财产清查工作的顺利进行。财产清查的准备工作包括组织准备和会计部门、财产物资保管部门的业务准备。财产清查中如发现实物与账面记录不符，应进一步查明原因，并及时调整账面记录，以保证账实相符。实物财产和库存现金的清查，往往采用实地盘点法；银行存款和往来款项的清查，一般采用询证核对法。对于单位与银行之间由于凭证传递或入账时间的不一致所引起的未达账项，可以通过编制"银行存款余额调节表"，进一步判断日记账余额与银行对账单余额是否一致。对于清查中发现的盘盈、盘亏数，应设置"待处理财产损溢"账户，进行财产清查结果的账务处理。在报请批准以前，先根据核实后的实存数调整账面余额，同时查明造成各项财产物资盈亏的原因，分清责任；然后，按照企业管理规定的程序和处理原则，经批准后于会计期末前处理完毕。

第一节　财产清查的意义和种类

一、财产清查的意义

财产清查是指通过对财产物资及库存现金的实地盘点，以及对银行存款和债权债务的询证核对，确定各项财产物资、货币资金、债权债务的实有数，并查明实有数与账面数是否相符的一种会计方法。通过财产清查，可以明确经济责任，挖掘财产物资的潜力，加强对财产物资的管理，加速资金周转，保证账簿记录和会计报表信息的真实性。

在会计核算中，任何单位都必须通过会计凭证的填制和审核，在账簿中进行全面、连续、系统的登记，以反映企业各项财产物资的增减变动和结存情况，并通过物资管理，保证账簿记录与实物、款项相符。从理论上讲，通过这一过程的账簿记录应该是可靠的，也应该能反映财产物资的实存情况。但客观情况十分复杂，由于种种原因，财产物资的账面记录往往与财产物资的实存数发生差异，造成账实不符。这就需要定期或不定期盘点实物、核对账目，进行财产清查。在财产清查中如果发现实物与账面记录不符，应进一步查明原因，并及时调整账面记录，以保证账实相符。

（一）账实不符的原因

1. 账簿记录方面的原因

由于工作的疏忽，发生漏编、编错记账凭证，漏记账、记错账等情况，造成账簿记录发生差错；或者由于结算过程中凭证传递的时间差异，造成企业银行存款、债权债务等的账面记录数与银行、客户的记录数不一致。

2. 实物管理方面的原因

在实物的收发过程中，由于计量不准、质量检验的疏忽而造成库存物资数量、品种或质量上的差错；或者由于管理不善，造成库存物资的残损、霉变、短缺和过期失效等；由于营私舞弊、贪污盗窃、非法侵占等不法行为造成的损失。

3. 自然因素、技术等其他原因

由财产物资的物理、化学特性引起的，由于气候原因致使其在重量或体积上引起自然的增加或减少，如风干、挥发等；或者由于机械操作、切割等工艺技术原因，会造成一些数量的短缺；企业的财产物资也可能会由于火灾、地震等不可抗力的作用而造成损失。

进行财产清查，对于保证会计记录的真实可靠、保护企业财产的安全与完整，具有重要意义。

（二）财产清查的作用

1. 保证账实相符，使会计资料真实可靠

通过财产清查，可以定期或不定期地查明各项财产物资的实有数，将实存数与账存数进行核对，可以揭示各项财产物资的溢缺情况。如果发现账实不符，要及时按规定的程序和方法调整账面记录，保证账簿记录的真实可靠。

2. 加强物资管理，保护财产的安全与完整

通过财产清查，可以查明各项财产物资的保管情况是否良好，有无因管理不善造成的财产物资的损失浪费、残损霉变，或者被人非法挪用、贪污盗窃等情况。如果发现情况，应及时查明原因，分清责任，并积极采取措施，加强管理，防止类似情况再次发生，切实保护企业财产物资的安全和完整。

3. 挖掘财产物资的潜力，加速资金周转

通过财产清查，可以及时查明各项财产物资的储备和利用情况。如果发现企业有闲置、积压、呆滞、过期的财产物资，应及时采取措施，以充分挖掘潜力，促使各项财产物资合理利用，加速资金周转，提高企业的经济效益。同时，要及时补充各项储备不足的物资，以保证正常生产的需要。通过财产清查，也可以查明各项往来款项的结算情况是否正常，了解对账过程中发现的差异的原因，及时追踪处理，降低坏账的发生率，保证企业对外经济往来的正常进行。

4. 促进企业管理制度的建立与健全

通过财产清查，可以全面核查企业有关财产物资验收保管、收发报废、资金结算以及债权债务的管理等方面存在的问题和制度的贯彻执行情况，找出薄弱环节，有针对性地采取措施，健全管理制度，以促进制度的贯彻执行，严格遵守财经纪律。

课堂讨论题 1

造成账实相符的原因可能是(　　)。

A. 企业记账差错　　B. 银行记账差错
C. 实物收发差错　　D. 自然因素
E. 实物的非法侵占　　F. 客户记账差错

二、财产清查的种类

财产清查可以按不同的标准进行分类。按其清查的对象和范围，可分为全面清查和局部清查；按其清查的时间，可分为定期清查和不定期清查。

(一)全面清查

全面清查是指对企业的全部财产物资、货币资金和债权债务等进行全面的盘点和核对。以工业企业为例，全面清查的对象一般包括以下内容：

(1)库存现金、银行存款、企业所持有的股票、债券、基金投资等货币资金及有价证券。

(2)原材料、在产品、库存商品、在途材料、委托加工材料等各种存货。

(3)机器设备、房屋、建筑物、在建工程等固定资产。

(4)应收账款、应付账款、银行借款、应收票据、应付票据等债权、债务。

全面清查涉及的范围广、工作量大，一般在年度决算前进行，以保证会计报表的正确性。另外，在一些特殊情况下，如企业破产、合并、改变经济性质、清产核资或主要负责人离岗时，也要进行全面清查。

(二)局部清查

局部清查是指根据需要对企业部分财产物资、货币资金和债权债务进行的盘点和清查。局部清查通常根据企业管理的需要而进行，管理的需要不同，其选择清查的对象也不同。

(1)对于流动性大的现金，应由出纳员在每日业务终了时清点，做到日清月结。

(2)对于银行存款和借款，应由出纳员每月同银行核对。

(3)对于原材料、在产品和库存商品等，除了年度清查外，每月要有计划地重点抽查；对于贵重物品要经常性清点；在更换财产物资经管人员时，对其经管的那一部分财产要进行清查交接。

(4)对于债权、债务，每年应定期核对 1～2 次，有问题的应及时核对。

(三)定期清查

定期清查是指根据企业管理制度的规定，按事先确定的时间对财产进行的清查。定期清查的目的在于核实企业账实是否相符,以保证会计信息真实可靠。定期清查一般在会计期末结账时进行,如月末、季末、半年末和年末。定期清查可以是全面清查,也可以是局部清查,年终结账所进行的定期清查一般为全面清查。

(四)不定期清查

不定期清查是指事先没有规定清查时间,根据特殊需要所进行的临时性清查。不定期清查的对象通常是局部清查,其目的在于查明情况、分清责任。不定期清查主要在以下几种情况下进行:

(1)在物资或现金的保管人员变动时,对其经管的财产进行清查,以明确经济责任。

(2)根据上级或有关部门的要求,对本单位的会计或业务的特定范围和内容进行审查,目的往往是验证会计资料的可靠性。

(3)企业进行兼并、破产或转移所有权时,对企业进行财产清查,目的是摸清企业的家底。

(4)发生自然灾害或贪污盗窃时,对受损的财产物资进行清查,目的是确认损失情况。

上述定期清查、不定期清查可以是全面清查,也可以是局部清查,应根据实际需要来确定。财产清查既可以由企业内部组织实施,作为保护企业财产安全、提高资产利用效率的一种管理手段;也可以由企业以外的单位或部门对企业实施外部清查,如上级主管部门、会计师事务所等实施的清查,这种清查的结果往往为企业以外的会计资料使用者所需要。例如,注册会计师对企业存货所进行的清查,最终是为了形成对被审计单位的审计意见,以帮助外部的会计资料使用者确定对企业会计资料的依赖程度。

第二节 财产清查的准备工作

财产清查是一项技术性很强的工作,涉及企业各个财产物资的经管部门和人员,同时也涉及财产物资盘存制度的选择。由于工作量较大,必须做好清查前的准备工作,以保证财产清查工作的顺利进行。财产清查的准备工作包括组织准备和会计部门、财产物资保管部门的业务准备。

一、财产清查前的准备工作

(一)建立清查领导小组

从组织准备的角度,企业应设立由主管财务工作的单位或以总会计师为首的,由有关职能部门的主管人员、专业人员和保管人员组成的财产清查领导小组,负责财产清查工作。其主要职能包括制定财产清查计划,确定财产清查的对象和范围,配备清查人员,安排清查工作进度,监督清查工作质量,处理在清查过程中出现的问题。在财产清查工作结束以后,总结清查结果,写出清查报告,对发生的盘盈和盘亏提出处理意见。

(二)检查和结清账目

为了保证账簿记录的正确性,会计部门必须在财产清查前,将清查日前的有关会计凭证全部登记入账，结出总账、明细账户的本期发生额和期末余额；财产物资保管部门应将截至财产清查时点之前的各项财产物资的收发业务，根据有关凭证全部记入实物账簿，并结出各实物明细账的余额。会计部门的明细账与财产保管部门的实物账进行核对，做到账证相符、账账相符、账卡相符，为财产物资的清查提供依据。相关人员还必须取得银行存款和往来款项的对账单。

（三）分类整理实物

为了使财产清查工作更加有序和顺利，各实物负责人应将其所保管的实物分类整理，码放整齐，对受托加工的、代销的、代保管的等另行堆放，并按规定的要求挂上标签，列明实物的名称、类别、规格和数量等，以方便实物清点。

（四）校正度量衡器

对清查时准备使用的度量衡器，应事先进行仔细的检查和校正，以确保盘点计量的精确性。

财产清查前的准备工作是财产清查得以进行的必要条件，其准备工作的好坏不仅关系到清查工作进行的顺利程度，而且会直接影响清查结果的准确性。

二、财产物资的盘存制度

进行实物财产的清查，先要确定实物财产的结存数，因而也涉及财产物资盘存制度的选择。财产物资的盘存制度有实地盘存制和永续盘存制两种。

（一）实地盘存制

实地盘存制是指企业对日常的各项财产物资的收发，只在账簿中登记其收入数，不登记其发出数，到期末，通过对实物的实地盘点所确定的实际结存数量，来确定财产物资的结余数，并以此为依据倒轧出本期发出数的一种盘存制度。其计算公式为：

期初结存数＋本期收入数－期末实存数＝本期发出数

实地盘存制的优点是简便易行，但缺点是不分原因地将所有的减少都作为本期发出数量，并不合理，尤其是如果期末实存数不正确，从而导致本期发出数也不准确，会影响会计信息的质量。

（二）永续盘存制

永续盘存制也称账面盘存制，是指企业对各项财产物资的收入和发出的数量和金额，都必须根据会计凭证在有关账簿中进行连续登记，并随时结出账面余额的一种盘存制度。其计算公式为：

期初账面结存数＋本期收入数－本期发出数＝期末账面结存数

这种盘存制度对日常各项财产物资的收发规定了严格的记录和控制程序，从而有利于正确反映和监督财产物资的增减变动和结存情况，保护财产物资的完全和完整。

永续盘存制对财产物资的发出逐笔都有记录，以原始凭证为依据，会计账簿起到了实际控制财产物资收、付、存的作用，有利于加强财产管理，因此为大多数企业所采用。

实地盘存制需要对实物进行实地盘点，其目的是为了确定财产物资的结余数；而永续盘存制虽然在会计账簿中记录了财产物资的收、付、存的数量和金额的全部情况，但账簿记录与实际盘存的数量和金额由于种种原因而不可避免地存在差异。因此，实行永续盘存制，也必须定期进行实地盘点，其目的是为了进行账实核对。

课堂讨论题 2

定期对实物财产进行实地盘点的目的是为了(　　)。

A. 确定财产物资的结余数　　B. 调整账面记录

C. 编制会计分录　　D. 进行账实核对

第三节　财产清查的方法

一、实物财产的清查

实物财产是指企业中具有实物形态的财产物资，它们构成了企业财产物资的重要部分，包括对原材料、在产品、库存商品及固定资产等财产物资的清查。对实物财产的清查，不仅要从数量上校对账面数与实物数是否相符，而且要确认是否有积压、损坏、变质等情况，以及时处理。

(一)实物财产的清查方法

实物财产的清查主要采用实地盘点法。所谓实地盘点法，是指在保管和使用财产物资的现场，采用清点计数或其他计量方法来确定实物数量的一种方法。

由于企业各项财产物资的存在形态不同，其保管和使用情况也不尽相同，清点的方式也有所区别：对能够逐一清点的实物，一般都应通过点数、过磅、度量等方法来确定其实存数量。其中，对于成件堆放、包装完整的物资，可以按大件清点，必要时可以抽查清点；对于散装的物资，为了防止漏盘或重盘，可以采取移位盘点、过秤盘点或分处盘点的方法；对于大量成堆、难以逐一清点的大宗物品，如煤炭、矿石等物资，则可以采取量方、计尺等，按其堆放体积进行技术推算的方法来确定实存数量。

(二)盘存单

在完成清查盘点工作后，应逐一如实填写盘存单，并由盘点人员和实物保管人员共同签章。盘存单是记录和反映盘点日各项财产物资实存数量和质量的书面证明，也是财产清查工作的原始凭证之一。盘存单至少填制一式两份，一份由实物保管人员留存，一份交会计部门用于与账面结存数额相核对。盘存单的一般格式如表 7—1 所示。

表 7—1 **盘存单**

单位名称： 编号：

盘点时间： 财产类别： 存放地点：

序号	名称	规格型号	计量单位	实存数量	单价	金额	备注

盘点人签章： 保管人员签章：

在实际工作中，为了加快盘点速度，一般都事先按实物明细账中的顺序，将财产物资的编号、名称、规格、计量单位和单价等在盘存单中写好，盘点时只填列实存数量即可。

(三)账存实存对比表

在盘点结束后，核对盘存单中所记录的实存数额与账面结存数额，将其中账实不符的财产项目，填入账存实存对比表(也称盘点盈亏报告表)，作为查明盈亏原因、分清责任、调整账簿记录的原始凭证。账存实存对比表的一般格式如表 7—2 所示。需要说明的是，账存实存对比表是在企业采用永续盘存制条件下的做法。

表 7—2 **账存实存对比表**

单位名称： 年 月 日

序号	名称	规格型号	计量单位	单价	实存		账存		实存与账存对比				备注
									盘盈		盘亏		
					数量	金额	数量	金额	数量	金额	数量	金额	

盘点人签章： 会计： 制表：

在实物财产的清查中，还应注意以下几个问题：

(1)在实施实地盘点时，必须使所有的被盘点对象在盘点日都处于静止状态。如因特殊原因某项财产物资需要流动时，必须报财产清查领导小组批准，其收发的会计凭证将记录在盘点日后而不反映在本期的账面数中；同样，其实际盘存的数量，也应加上(减去)发出(收入)数，作为该项财产物资的实存数，与账面数进行核对。

(2)为了明确经济责任，在进行财产物资的盘点时，有关财产物资的保管人员必须在场，并参加盘点工作。

(3)财产清查对象的确定，应以财产物资的所有权为标准。凡是属于企业的财产物资，无论其是存放在本企业，还是存放在外地、外单位，都应作为清查的对象。根据管理的需要，对所有权不属于本企业的经营性租入固定资产、受托加工材料、代销商品等，也应进行清查，并在有关备查账簿中登记。如有委托外单位加工或保管的物资，或委托销售的商品，应采用函证的方法进行核对，必要时应专门派人核对。

(四)残存变质物资、伪劣产品情况表

为了加强管理,对房屋及机器设备等实物财产的清查,不仅要清点实物的数量和附属部件,而且还要检查实物的质量及其使用情况,以便及时发现和处理积压、变质、过时物资,以利于提高使用效率。对于清查出来的残存变质物资、伪劣产品,应另行编制残存变质物资、伪劣产品情况表,写明损失程度、损失金额,并研究、提供处理意见;情节严重的,应做专案说明。残存变质物资、伪劣产品情况表的格式见表 7—3。

表 7—3　　残存变质物资、伪劣产品情况表

单位名称：　　　　年　月　日

名称规格	单价	原价	账面记录		报　废		报　损		残存伪劣		处理意见
			数量	金额	数量	金额	数量	金额	数量	金额	
合计											

主管人员：　　　　会计：　　　　制表：

二、货币资金的清查

货币资金包括库存现金、银行存款和其他货币资金等。对货币资金的清查主要是对库存现金和银行存款的清查。

(一)库存现金的清查

对库存现金的清查,通常采用实地盘点的方法,即通过实地盘点先确定库存现金的实存数,并与库存现金日记账的账面余额相核对,判断账实是否一致。如果不一致,要查明原因,并根据不同情况提出处理意见。

库存现金的清查,一般由盘点人和出纳人员共同进行。对于存放在不同地点的现金或备用现金,应同时进行清点。对于尚未入账的暂时性借条以及暂未领取的代保管现金,都不应该计入实存金额。

在进行库存现金清查时,出纳人员应该将全部有关现金的收、付款凭证登记入账,结算出库存现金的账面余额,并填制库存现金盘点表,将表中“账存金额”栏与“实存金额”栏进行比较,就可以查证账实是否相符。

库存现金的清查,除了要查清库存现金的实存数外,还要检查是否有违反现金管理规定的情况发生,以加强和完善现金的内部控制和管理制度。盘点以后,对发现的差错应查明原因,等待处理。对白条抵库、坐支现金和库存现金超过限额等情况,应在“备注”栏中说明。为了增强库存现金清查的有效性,可以采用不定期突击检查的方式。

库存现金盘点表的格式如表 7—4 所示。

表 7—4　　库存现金盘点表

单位名称：　　年　月　日

实存金额	账存金额	对比结果		备注
		盘盈	盘亏	

盘点人(签章)：　　出纳员(签章)：

课堂讨论题 3

发现出纳人员有挪用公款的嫌疑,应该采用的现金盘点和清查方法是(　　)。

A. 局部清查　　B. 全面清查

C. 不定期清查　　D. 实地盘点

E. 询证核对　　F. 定期清查

(二)银行存款的清查

银行存款的清查一般采用询证核对法。所谓询证核对法,是指由业务往来的一方抄录往来清单,请另一方进行核对,以查明往来账项无误的一种方法。通过逐笔核对本单位的银行存款日记账与开户银行转来的对账单,以查明账实是否相符。

由于银行存款收、付业务很多,企业和银行的入账时间又各不相同,往往会出现企业银行存款日记账余额和银行对账单余额不相同的情况,这种结果主要出于两个方面的原因:一是一方或双方的错记、漏记、串户记账等记账错误,二是存在未达账项。所谓未达账项,是指单位与银行之间,由于凭证传递或入账时间不一致所引起的一方已登记入账、另一方尚未入账的款项。未达账项一般有以下四种情况:

(1)企业已收、银行未收的账项。如企业将收到的支票送存银行,即根据加盖银行印章的"进账单"回联登记银行存款的增加;而银行则需待款项从付款人账户转进企业账户后才能进行账务处理。如果根据此时开出的银行对账单进行对账,就会出现企业已入账、银行未入账的款项,使得企业日记账余额大于银行账面余额。

(2)企业已付、银行未付的账项。如企业开出支票,即可根据支票存根及其他原始凭证登记银行存款的减少;而收款人拿到支票后并不一定立刻送交银行,此时银行由于尚未接到支付款项的凭证,也就无法进行账务处理,登记银行存款的减少。如果此时对账,就会出现企业已入账、银行未入账的支付款项,使得企业日记账余额小于银行账面余额。

(3)银行已收、企业未收的账项。如银行已经结算的企业存款利息,因利息结算凭证尚未送达,企业银行存款日记账中没有登记银行存款的增加。如果此时进行对账,就会出现银行已入账、企业未入账的款项,使得银行账面余额大于企业日记账余额。

(4)银行已付、企业未付的账项。如银行代扣企业水电费等业务,银行已取得支付款项的凭证并已登记银行存款减少,而企业尚未接到结算凭证,未登记银行存款的减少。如果此时对账，就会出现银行已入账、企业未入账的支付款，使得银行账面余额小于企业日记账余额。

以上四种情况都会引起企业日记账余额与银行对账单余额不一致。对存在的未达账项，企业可以编制银行存款余额调节表进行调整，进一步判断日记账余额与银行对账单余额是否一致。

银行存款余额调节表的编制方法是，企业与银行双方都在各自账面金额的基础上补记（加或减）对方已经入账、自己尚未记账的未达账项（包括增加额和减少额），计算出双方调节后的余额。

例1 某公司2020年10月31日人民币存款日记账余额为210 000元，银行对账单余额为354 000元。经逐笔核对，查明存在以下几笔未达账项：

（1）企业收到的一张金额为10 000元的转账支票，于10月25日送存银行，企业已入账，而银行对账单上无此款项；

（2）企业于10月26日开出一张金额为164 000元的转账支票，企业已入账，而银行对账单上无此款项；

（3）企业委托银行代收的货款20 000元，银行已于10月27日收讫并已入账，但企业尚未收到相关凭证，因而尚未入账；

（4）银行于10月29日代扣企业当月水电费30 000元，企业尚未收到银行付款通知，因而尚未入账。

根据上述资料，可编制银行存款余额调节表，其格式如表7—5所示。

表7—5 **银行存款余额调节表**

2020年10月31日 单位：元

项　目	金　额	项　目	金　额
企业银行存款日记账余额	210 000	银行对账单余额	354 000
加：银行已收、企业未收的账项	20 000	加：企业已收、银行未收的账项	10 000
减：银行已付、企业未付的账项	30 000	减：企业已付、银行未付的账项	164 000
调节后余额	200 000	调节后余额	200 000

采用这种方法进行调节，调节后的存款余额，是企业实际可动用的存款实有数额，即该企业10月底实际可动用的存款数额是200 000元。在双方记账均无差错的前提下，调节后的余额必然一致。反过来说，调节后的余额一致，并不能说明银行或企业的记录完全正确；但如果不相等，则说明一定有问题，要进一步逐笔核对，查明原因，并采取相应措施进行更正。

需要注意的是，银行存款余额调节表只起到核对账簿记录和核实企业银行存款实有数额的作用，不能作为登记账簿的依据。对于未达账项，无须做账面调整，待收到结算凭证以后，按正常程序根据凭证登记入账。

三、往来款项的清查

企业对应收应付款、预收预付款等非实物状态的往来款项进行清查时，主要采用的是询证核对法。

进行往来款项的核对时，企业应该先核对清楚本单位债权、债务的总分类账和明细分类账，确认其准确无误。然后，按明细科目逐个编制对账单，送交各往来单位，以供核对。

对账单的格式一般是一式两联，其中一联由对方留存，另一联作为回单，要求对方单位核对后注明结果并签章退回。如果退回的对账单注明是核对相符的，可以直接在对账单上注明“核对无误”；如果注明是核对不符的，则要求注明对方账面金额及不符情况，作为进一步核对的依据。

其格式如表 7—6 所示。

函证信

××公司：

本公司与贵单位的业务往来款项有下列各项目，为了核对账目，特函请查证是否相符，请在回执联中注明后盖章寄回。

此致

敬礼！

表 7—6　　往来结算款项对账单

单位名称：　　　　地址：　　　　编号：

会计科目名称	截止日期	经济事项摘要	账面余额

单位名称：(公章)

年　月　日

往来款项的清查核对，根据管理的需要或债权、债务的重要程度，可以只核对余额，也可以核对一定时期内全部往来账目及余额。对没有收到对账单回联的，应再次送单核对；多次核对而无回复的，应进行追查，直至弄清结果。

清查结束后，一般应根据结果编制往来款项清查报告表，其格式如表 7—7 所示。

表 7—7　　往来款项清查报告表

总分类账户名称：　　　　年　月　日

明细分类账户		清查结果		核对不符原因分析			备　注
名称	账面余额	核对相符金额	核对不符金额	未达账项金额	有争议款项金额	其　他	

课堂讨论题 4

对(　　)的清查应该采用实地盘点法。

A. 实物财产　　B. 库存现金

C. 往来款项　　D. 银行存款

第四节 财产清查结果的处理

财产清查工作结束以后，应组织有关部门进一步核实账存实存对比表等原始凭证上所记录的财产物资的盘盈、盘亏数，并进行财产清查结果的账务处理。这个处理过程分两步进行，即在报请批准以前，先根据核实后的实存数调整账面余额；同时，应积极开展调查研究，查明造成各项财产物资盈亏的原因，分清责任。然后，按照企业管理规定的程序和国家有关法律、法规履行报批手续，经批准后于会计期末前处理完毕。

一、账户设置

为了正确反映财产物资的盘盈、盘亏、毁损及其处理情况，企业应设置“待处理财产损溢”账户。该账户用来核算企业在清查财产过程中查明的各种财产盘盈、盘亏和毁损的价值。其下设“待处理固定资产损溢”和“待处理流动资产损溢”两个二级账户，分别核算固定资产和流动资产的盘盈、盘亏、毁损及其处理情况。“待处理财产损溢”账户的核算内容见图 7—1。

待处理财产损溢

尚未处理的各种财产的净损失 批准处理的各种财产的净溢余	尚未处理的各种财产的净溢余 批准处理的各种财产的净损失
期末无余额	

图 7—1 “待处理财产损溢”账户的核算内容

“待处理财产损溢”账户的借方用来登记待处理的各项财产物资的盘亏及毁损数，以及已批准处理的盘盈财产物资的结转数；贷方登记待处理的各项财产物资的盘盈数，以及已批准处理的盘亏及毁损财产物资的结转数。

对期末未完成批准手续的待处理财产损溢，应先行处理，并在会计报表附注中做出说明，因此，该账户期末没有余额。

二、库存现金短缺或溢余的处理

（一）现金溢余的处理

如果在现金清查中发现确实有待查明原因的现金短缺或溢余，应通过“待处理财产损溢”科目核算。属于现金溢余的，应按实际溢余的金额，借记“库存现金”科目，贷记“待处理财产损溢——待处理流动资产损溢”科目。

例 2 中海公司在进行现金清查时，发现现金溢余 200 元。应做如下会计分录：

借：库存现金　　200

　　贷：待处理财产损溢——待处理流动资产损溢　　200

属于应支付给有关人员或单位的现金溢余，应借记“待处理财产损溢——待处理流动资产损溢”科目，贷记“其他应付款——应付现金溢余(××个人或单位)”科目；属于无法查明原因的现金溢余，经批准后，借记“待处理财产损溢——待处理流动资产损溢”科目，贷记“营业外收入——现金溢余”科目。

上述现金溢余的原因如果无法查清，经批准转为营业外收入。应做如下会计分录：

借：待处理财产损溢——待处理流动资产损溢　　200

　贷：营业外收入——现金溢余　　200

(二)现金短缺的处理

如果在现金清查中发现确实有待查明原因的现金短缺的，应按实际短缺额，借记“待处理财产损溢——待处理流动资产损溢”科目，贷记“库存现金”科目；待查明原因后，按规定处理。属于应由责任人赔偿的现金短缺部分，借记“其他应收款——现金短缺款”或“库存现金”等科目，贷记“待处理财产损溢——待处理流动资产损溢”科目；对于无法查明的其他原因，根据管理权限，经批准后处理，借记“管理费用——现金短缺”科目，贷记“待处理财产损溢——待处理流动资产损溢”科目。

例 3　大海公司在进行现金清查时，发现库存现金短缺 2 400 元。应做如下会计分录：

借：待处理财产损溢——待处理流动资产损溢　　2 400

　贷：库存现金　　2 400

经查明，在上述现金短缺中，400 元是由出纳人员张三的责任造成的，应由其赔款；另外 2 000 元无法查清原因，经批准转为管理费用。应做如下会计分录：

借：其他应收款——现金短缺款(张三)　　400

　管理费用——现金短缺　　2 000

　贷：待处理财产损溢——待处理流动资产损溢　　2 400

三、存货盘盈、盘亏的处理

企业在财产清查中发现的盘盈、盘亏和毁损的存货，应在报请批准以前，根据账存实存对比表的记录，核实存货的实存数，及时调整存货的账面数；批准后，根据处理原则进行相应的会计处理。

(一)存货的盘亏及毁损

对于盘亏或毁损的存货，在报经批准以前，按盘亏或毁损存货的实际成本，贷记“原材料”“库存商品”等有关资产账户；同时，根据国家有关增值税管理条例的规定，非正常消耗材料等相应的进项税额不允许抵扣，应予以转出，贷记“应交税费——应交增值税(进项税额转出)”账户；按其实际成本和进项税的合计数，借记“待处理财产损溢——待处理流动资产损溢”账户。

待确定原因报经批准后，根据造成盘亏和毁损的原因，分别按以下原则进行处理：

(1)属于定额内的自然损耗，经批准后转作管理费用；

(2)属于计量收发差错或管理不善等原因造成的存货短缺和毁损，应先扣除残料价值、可以收回的保险赔偿或过失人的赔偿，然后将净损失计入管理费用；

(3)属于自然灾害或意外事故造成的存货毁损，应先扣除残料价值和可以收回的保险赔偿，然后将净损失转作营业外支出。

进行会计处理时，对应该由企业承担的部分，借记“管理费用”账户；对保险赔偿或过失人的赔偿部分，借记“其他应收款”账户；自然灾害的净损失，借记“营业外支出”账户，贷记“待处理财产损溢——待处理流动资产损溢”账户。

例4 甲公司为增值税一般纳税人，增值税税率为13%。公司于年末进行财产清查，通过实地盘点，确定A材料的实际库存数量为19 800千克，而账存实存对比表中该材料的期末账面结存数量为20 000千克，确定短缺200千克。A材料的实际单位成本为50元。经过审查，该盘亏的材料中，属于定额内的自然损耗为20千克，材料成本和税金合计为1 130元；属于管理员李某管理不善造成存货短缺80千克，合计损失4 520元；由于自然灾害造成的存货损失部分，其进项税额可抵扣，不转出，因此，属于自然灾害造成存货损失100千克，合计5 000元。批准前，应编制会计分录如下：

借：待处理财产损溢——待处理流动资产损溢	10 650	
贷：原材料		10 000
应交税费——应交增值税(进项税额转出)		650

批准后的会计分录为：

借：管理费用	1 130	
其他应收款——李某	4 520	
营业外支出	5 000	
贷：待处理财产损溢——待处理流动资产损溢		10 650

(二)存货的盘盈

对于财产清查中发现的盘盈存货，应及时将存货的盘盈数据入账，调整存货账面数，以免形成账外资产。在报经批准以前，按盘盈存货的计划成本或估计成本，借记“原材料”“库存商品”等有关资产账户，贷记“待处理财产损溢——待处理流动资产损溢”账户。经查明原因，确定是由于收发计量造成的，经有关部门批准后，做冲减管理费用处理。

例5 甲公司于年末进行财产清查，盘盈B材料200千克，该同类材料的市场价格为10元/千克。批准前，根据资料应编制会计分录如下：

借：原材料	2 000	
贷：待处理财产损溢——待处理流动资产损溢		2 000

查明原因，确定是由于收发计量造成的，批准后，应编制会计分录如下：

借：待处理财产损溢——待处理流动资产损溢	2 000	
贷：管理费用		2 000

这是一般企业存货盘盈、盘亏的会计处理。根据《小企业会计准则》的规定，小企业存货的盘亏损失确认为营业外支出，存货的盘盈利得则确认为营业外收入。

四、固定资产盘盈、盘亏的处理

企业财产清查中发现盘亏的固定资产，要通过“待处理财产损溢——待处理固定资产损溢”账户进行账务处理。

(一)固定资产的盘亏

企业发生固定资产盘亏时，按盘亏固定资产的账面价值，借记“待处理财产损溢——待处理固定资产损溢”账户；按已提折旧额，借记“累计折旧”账户（折旧尚未提足的，不得补提折旧）；按固定资产的原价，贷记“固定资产”账户。按管理权限报请批准以后，将盘亏的固定资产可收回的保险赔偿或过失人赔偿，借记“其他应收款”账户，按应计入营业外支出的金额，借记“营业外支出——盘亏损失”账户，贷记“待处理财产损溢——待处理固定资产损溢”账户。

例 6 甲公司在清查中盘亏D机器一台，账面原始价值为5 000元，已提折旧2 000元。发现盘亏时，应编制会计分录如下：

借：待处理财产损溢——待处理固定资产损溢	3 000	
累计折旧	2 000	
贷：固定资产		5 000

盘亏的D机器经查明是由于企业财产管理制度不严所造成的，在报经批准后同意处理。应编制会计分录如下：

借：营业外支出——盘亏损失	3 000	
贷：待处理财产损溢——待处理固定资产损溢		3 000

与一般企业对于固定资产盘亏净损失的处理不同，在《小企业会计准则》下，固定资产盘亏属于经营净损失的，借记“管理费用”账户；如属于非正常损失，借记“营业外支出”账户。《企业会计准则》不需要区分原因，全部计入营业外支出。

(二)固定资产的盘盈

根据《企业会计准则》，对于企业财产清查中盘盈的固定资产，作为前期差错处理，在按管理权限报请批准以前，先通过“以前年度损益调整”科目核算。在财产清查中盘盈的固定资产，应按重置成本确定其入账价值，借记“固定资产”科目，贷记“以前年度损益调整”科目。

《小企业会计准则》下，盘盈的固定资产先记入“待处理财产损溢”账户，然后记入“营业外收入”等科目。

例 7 符合小企业评定标准的甲公司在固定资产清查中，发现未入账的C机器一台，目前市场上该机器的重置成本为30 000元。按管理权限报请批准以前，根据资料，应编制会计分录如下：

借：固定资产	30 000	
贷：待处理财产损溢——待处理固定资产损溢		30 000

报请批准以后，应编制会计分录如下：

借：待处理财产损溢——待处理固定资产损溢	30 000	
贷：营业外收入——盘盈利得		30 000

需要特别说明的是，在企业往来款项的清查过程中发现确实无法收回的应收账款，在采用备抵法核算坏账的企业，借记“坏账准备”账户，贷记“应收账款”账户。

课堂讨论题 5

以下各项中，需要通过“待处理财产损溢”账户进行处理的是(　　)。

A. 固定资产的盘亏　　B. 固定资产的盘盈

C. 货币资金的盘盈、盘亏　　D. 无法支付的应付账款

E. 存货的盘盈、盘亏

重要术语

财产清查——通过对财产物资及库存现金的实地盘点，以及对银行存款和债权债务的询证核对，确定各项财产物资、货币资金、债权债务的实有数，并查明实有数与账面数是否相符的一种会计方法。

全面清查——对企业的全部财产物资、货币资金和债权债务等进行全面的盘点和核对。

局部清查——根据需要对企业的部分财产物资、货币资金和债权债务进行的盘点和清查。

定期清查——根据企业管理制度的规定，按事先确定的时间对财产进行的清查。

不定期清查——事先没有规定清查时间，根据特殊需要所进行的临时性清查。

实地盘存制——企业对日常的各项财产物资的收发，只在账簿中登记其收入数，不登记其发出数，到期末，通过对实物的实地盘点所确定的实际结存数量，来确定财产物资的结余数，并以此为依据倒轧出本期发出数的一种盘存制度。

永续盘存制——企业对各项财产物资的收入和发出的数量和金额，都必须根据会计凭证在有关账簿中进行连续登记，并随时结出账面余额的一种盘存制度。

未达账项——单位与银行之间，由于凭证传递或入账时间不一致所引起的一方已登记入账、另一方尚未入账的款项。

复习思考题

1. 什么是财产清查？为什么要进行财产清查？
2. 财产清查有什么作用？要做哪些准备工作？
3. 财产清查可以分为哪些类别？分别说明其适用性。
4. 如何进行实物财产的清查？
5. 如何进行往来款项的清查？
6. 什么叫未达账项？未达账项有哪几种情况？
7. 企业应如何进行存货盘盈、盘亏的账务处理？
8. 试比较永续盘存制和实地盘存制。

自我测试题

一、单项选择题

1. 属于管理不善造成的存货盘亏及毁损报请批准后，应记入(　　)账户的借方。

A.“待处理财产损溢”　　B.“营业外支出”

C.“制造费用”　　D.“管理费用”

2. 对各项财产物资的收入和发出的数量和金额，平时都要在有关账簿中进行连续登记的存货制度是(　　)。

A. 实地盘存制　　B. 权责发生制　　C. 永续盘存制　　D. 收付实现制

3. 盘点结束后，发现有账实不符的实物财产项目，应该填制(　　)。

A. 账存实存对比表　　B. 盘存单

C. 银行存款余额调节表　　D. 对账单

4. 属于自然灾害造成的原材料净损失，经批准后转作(　　)处理。

A. 其他应收款　　B. 管理费用　　C. 营业外支出　　D. 制造费用

5. 对库存现金的清查，通常采用的方法是(　　)。

A. 实地盘点　　B. 询证核对　　C. 永续盘存　　D. 全面清查

二、多项选择题

1. 存货的盘亏报请批准后，可能记入(　　)账户的借方。

A.“待处理财产损溢”　　B.“营业外支出”

C.“其他应收款”　　D.“管理费用”

2. 期末需要对财产物资进行实地盘点的盘存制度是(　　)。

A. 实地盘存制　　B. 权责发生制　　C. 永续盘存制　　D. 收付实现制

3. 对财产进行全面清查的时间一般是(　　)。

A. 月末　　B. 改变隶属关系时

C. 年终　　D. 企业关、停、并、转时

4. 全面清查时的财产清查对象包括(　　)。

A. 受托代销商品　　B. 委托加工材料　　C. 委托代销商品　　D. 经营性出租固定资产

5. 需要进行账面调整的账实不符的事项包括(　　)。

A. 未达账项　　B. 记账错误　　C. 实物管理的差错　　D. 自然灾害的损失

三、判断题

1. 对库存现金的清查，一般由出纳人员进行。(　　)

2. 对于尚未入账的暂时性借条以及暂未领取的代保管现金，都不应该计入现金实存金额。(　　)

3. 出现企业银行存款日记账余额和银行对账单余额不相同的情况，主要原因是一方或双方的记账错误。(　　)

4. 企业对非实物状态的往来款项进行清查时，主要采用的是询证核对法。（ ）

5. 自然灾害或意外事故造成的存货毁损，全部转作营业外支出。（ ）

练习题

习题一

一、目的：练习银行存款余额调节表的编制。

二、资料：天天公司 2020 年 11 月 30 日银行存款日记账余额为 100 000 元，银行对账单的存款余额为 90 000 元。11 月底，天天公司与银行往来的其余资料如下：

(1)30 日，本公司签发的转账支票＃1108、＃1109 尚未兑现，金额共计 8 000 元。

(2)30 日，本公司送存银行的客户＃1208 支票 4 000 元，因对方存款不足而被退票，公司尚未接到通知。

(3)30 日，已经送存银行营业款 12 000 元，但银行尚未入账。

(4)30 日，银行已扣除手续费 50 元，代付公用事业费 4 950 元，公司尚未收到通知入账。

(5)30 日，银行代收天天公司应收账款 3 000 元，公司尚未收到通知入账。

三、要求：根据上述资料，编制天天公司 2020 年 11 月 30 日的银行存款余额调节表。

习题二

一、目的：练习财产清查结果的会计处理。

二、资料：天天公司是一般纳税人，增值税税率为 13%，2020 年 12 月末进行财产清查后，发现下列账实不符的情况：

(1)盘盈甲材料 60 千克，单价为 10 元。

(2)盘亏乙材料 200 千克，单价为 5 元。

(3)盘亏机器一台，原价为 80 000 元，已计提折旧 20 000 元。

(4)盘亏甲产成品 10 000 元。

(5)发现现金短缺了 1 800 元。

上述盘盈、盘亏情况，经分析，查明原因如下：

(1)甲材料盘盈属于计量仪器不准所致。经查明，是由自然升溢引起的。

(2)乙材料盘亏系定额内损耗。

(3)盘亏的机器经过批准，确认为营业外支出。

(4)产成品盘亏系自然损耗引起，保险公司同意赔偿 7 000 元。

(5)经查询证明，短缺的现金 1 000 元由责任人赔偿，其他部分无法确定原因。

三、要求：根据上述清查结果，编制审批前及审批后的会计分录。

第八章 财务报表

本章学习指南

财务报表是企业财务报告的主要组成部分，是以企业日常会计核算资料为依据，以货币为计量单位，按规定的格式和内容编制的，总括反映会计主体在特定日期的财务状况和某一会计期间的经营成果、现金流量和权益变动等会计信息的书面文件，是构成财务报告的核心内容。

通过本章学习，要求理解编制企业财务报表的意义，熟悉财务报表的种类，掌握资产负债表、利润表、现金流量表和所有者权益变动表的内容和结构，了解现金流量表的概念，重点掌握资产负债表和利润表的编制方法。

根据《企业会计准则》，财务报表至少应该包括资产负债表、利润表、现金流量表和所有者权益(股东权益)变动表。根据《小企业会计准则》的规定，财务报表至少应该包括资产负债表、利润表和现金流量表。财务报表的编制要求为：数据真实、内容完整，并及时提供。通过资产负债表，可以了解会计主体在特定日期的资本结构、偿债能力等情况。资产负债表的项目不同，其填列方法也不同。通过利润表，可以了解企业的收入、成本、费用的发生情况，分析企业净利润(或亏损)的实现及构成情况。编制多步式利润表时，要经过营业利润、利润总额和净利润三个步骤。利润表中各项目的“本月数”，都可以根据损益类账户的发生额直接填列。

第一节 财务报表的意义和种类

财务报表是对企业财务状况、经营成果和现金流量的结构性表述，是构成财务报告的核心内容。财务报告又称财务会计报告，是指企业对外提供的、反映企业某一特定日期的财务状况和某一会计期间的经营成果、现金流量等会计信息的文件，包括财务报表和附注。附注是对财务报表以外的其他应当在财务报告中披露的相关信息和资料。为保证同一企业不同期间和同一期间不同企业的财务报表相互可比，各企业的财务报表列报应遵守一定的原则。

一、财务报表的作用

如第一章所述，企业的财务报告能够反映企业的财务状况、经营成果和现金流量等有关的会计信息，能够反映企业管理层受托责任的履行情况，有助于财务报告使用者做出经济决策。

从形成报表的过程看，财务报表是根据登记完整、核对无误的账簿记录和其他有关资料加以汇总、整理而定期编制的，对企业财务状况、经营成果和现金流量信息的书面报告。企业财务报表的使用者包括投资者、债权人、政府及其有关部门和社会公众等，这些使用者会借助企业所提供的财务报告，解释、评价和预测企业的偿债能力和获利能力，以决定其购买、出售或持有等方面的经济决策。

编制财务报表是会计核算的一项专门方法，是会计核算工作的重要环节。企业在日常的会计核算中，对发生的各项经济业务，都已经通过设置账户、复式记账、填制和审核凭证、登记账簿、成本计算、财产清查等会计核算方法，在会计账簿中进行了反映，但就其某一会计期间的经营过程整体而言，账簿记录中提供的信息仍然是不完整和相对分散的。为了更加全面、系统地反映企业经营过程的全貌，必须在日常会计核算的基础上，定期对会计账簿记录进行归集、加工、汇总，编制财务报表，并结合财务报表附注以及其他相关信息，以财务会计报告的形式，为企业利益相关者提供信息。具体来说，财务报表的作用主要体现在以下几个方面：

(1)为企业外部投资者、债权人和社会公众等会计信息使用者提供决策有用的信息，帮助他们了解并分析企业的财务状况、经营成果和现金流量情况。通过财务报表，可以了解企业资源及其构成情况，判断企业的生产能力和获利水平，了解企业成本费用的控制情况，分析企业的偿债能力和现金流动情况，并预测企业财务状况和盈利能力的变化趋势，以利于做出合理的决策。

(2)为企业内部管理人员改善经营管理提供依据。通过财务报表，企业管理人员可以了解一定会计期间取得的成绩，发现存在的不足，为事前决策、事后分析考核以及日后改进管理方法、调整战略目标提供依据。

(3)为反映企业管理层受托责任的履行情况提供依据。现代企业的特点之一是所有权与经营权的分离，这就形成了委托代理关系。通过财务报表提供的信息，企业投资人可以全面了解企业的情况，评价和考核管理层的经营业绩，判断企业管理者受托责任的履行情况，并做出是否继续维持委托代理关系的决策。

(4)为国家进行宏观经济统计和管理提供信息资料。通过财务报表的逐级汇总和上报，企业主管部门和统计部门可以掌握各企业、各行业、各系统的综合情况。同时，也为国家调整产业结构、制定宏观经济政策提供了依据，及时、相关、可靠的会计信息能够有助于社会资源的有效配置，对实现国家可持续发展的战略目标具有十分积极的作用。

根据《企业会计准则》的规定，财务报表至少应该包括资产负债表、利润表、现金流量表和所有者权益(股东权益)变动表及相关附表。它们从不同侧面反映企业的财务状况、经营成果、现金流量和所有者权益变动的信息。

财务报表附注是财务报表的重要组成部分。附注是对资产负债表、利润表、现金流量表和所有者权益变动表等报表中列示项目的文字描述或明细资料，以及对未能在这些报表中列示项目的说明等。

附注应当披露的内容包括企业的基本情况、财务报表的编制基础、遵循《企业会计准则》的声明、重要会计政策和会计估计、会计政策和会计估计变更以及差错更正的说明、重要报表项目的说明等事项。

根据2013年开始实施的《小企业会计准则》，小企业财务报表至少应该包括资产负债表、利润表和现金流量表。与资产负债表、利润表一样，现金流量表的编制不再具有可选择性。

二、财务报表的种类

由于各会计主体的经济性质不同，报表反映的经济内容不一样，财务报表按其服务的对象、报表的编制时间、编制的用途等分为不同的种类。

(一)按财务报表反映的经济内容分类

财务报表按反映的经济内容不同，可以分为反映企业财务状况的报表、反映企业经营成果的报表和反映企业成本费用情况的报表。

反映企业财务状况的报表主要包括资产负债表、现金流量表和所有者权益(股东权益)变动表，反映企业经营成果的报表主要是指利润表，反映企业成本费用情况的报表有管理费用明细表、制造费用明细表、生产成本明细表等。

(二)按财务报表的服务对象分类

财务报表按报送对象，可分为内部报表和外部报表。

外部报表是对外报送的财务报表，是根据《企业会计准则》和相关规定必须定期向外部信息使用者提供的财务报表，主要包括资产负债表、利润表、现金流量表和所有者权益(股东权益)变动表等。这些报表可用于企业内部管理，但更倾向于满足投资者、债权人、政府及有关部门和社会公众等企业外部利益相关者的信息需求。外部报表一般有统一的格式、内容和编制要求。

内部报表是根据企业内部管理需要，自行设计、填制的向管理层和各责任部门提供的内部财务报表。这类报表主要用于企业内部成本控制、业绩考评、定价决策、投资或筹资方案的选择等。内部报表没有统一规定的格式、内容。

(三)按财务报表的编制时间分类

财务报表按其编制时间，可分为月报、季报、半年报和年报。我国将月报、季报和半年报统称为中期报告。

年报也称为年终决算报表，是每年年末编制的、全面反映会计主体全年财务状况、经营成果及其分配、现金流量、权益变动等方面信息的报表。所有财务报表都需要编制年报。

半年报是年中编制的、反映会计主体上半年情况的报表，内容和种类与年报基本相同。季报是每一季度末编制的报表，种类比年报少一些。月报是月终编制的报表，只包括一些主要的报表，如资产负债表、利润表等。

(四)按财务报表的编制主体分类

财务报表按其编制单位，可分为单位财务报表、汇总财务报表和合并财务报表。单位财务报表是由单位根据自身的账簿记录进行加工编制的、反映自身情况的报表。汇总财务报表是由主管部门、上级机关或专业公司根据所有单位所提供的财务报表，结合主管部门、上级机关或专业公司本身的业务进行汇总后编制的综合性财务报表。合并财务报表是母公司以母公司个别财务报表和子公司个别财务报表为基础，对内部交易编制的财务报表。

课堂讨论题 1

我国会计报表的中期报告是指(　　)。

A. 半年度报表　　B. 月度报表　　C. 季度报表　　D. 年度报表

三、财务报表的编制要求

为了充分发挥财务报表的作用,使会计信息使用者准确地了解并分析企业的财务状况、经营业绩、现金流动和权益变动的信息,客观评价企业管理层受托责任的履行情况,对财务报表的质量提出了要求。财务报表的编制应达到以下几点基本要求:

(一)数据真实可靠

财务报表各个项目的数字必须计算准确、真实可靠,如实地反映企业的财务状况、经营成果和现金流量。因此,企业应当根据实际发生的交易和事项,遵循各项具体会计准则的规定进行确认和计量,并在此基础上编制财务报表。财务报表必须根据登记完整、核对无误的账簿记录和其他核算资料,按一定的指标体系进行编制,不得以任何方式弄虚作假;否则,容易导致报表使用者的决策失误。同时,在编制报表之前,一定要核查各种账簿,要进行财产清查,保证在编制报表时账账相符、账实相符,保证财务报表提供信息的真实、可靠和客观。

(二)信息内容完整

企业在列报当期财务报表时,凡规定对外财务报表的种类和数量,必须按照规定的格式和方法逐一编报,内容必须填列齐全、完整,不得漏填、漏报,更不能任意改变报送的内容。

报表规定项目无法包含的内容,如会计政策的变动、会计方法的改变等,可以利用附表、附注以及其他形式加以说明。在遵循完整性的同时,注重重要性原则及可比信息的列报,以提高报表使用者的判断与决策能力。

(三)编制披露及时

会计信息的使用价值具有很大的时效性。因此,财务报表应在保证质量的前提下,按照规定的期限和程序,及时编制完毕,并如期报送相关部门,以满足报表使用者对财务报表资料的需要,及时了解单位报告期内财务状况经营成果和现金流量等信息,以保证信息的决策有用性。

第二节　资产负债表

资产负债表是指反映企业在某一特定日期财务状况的会计报表。它反映企业在某一特定日期所拥有或控制的经济资源总量及其结构、所承担的现时义务和所有者对净资产的要求权。

一、资产负债表的内容和格式

资产负债表是以“资产＝负债＋所有者权益”这一会计等式为理论依据，按照一定的分类标准和顺序，把企业一定时日的资产、负债和所有者权益各项目予以适当排列后编制而成的。

通过资产负债表，可以了解企业经济资源的构成情况和资产规模、企业负债的金额和种类，以及企业所有者权益的构成内容。通过对资产负债表的有关项目进行计算和分析，还可以了解企业的资本结构、变现能力、偿债能力和资金周转能力，以及企业财务状况的变动趋势。编制资产负债表时，应列明报表名称、编表单位名称、编制日期和金额计量单位等事项。资产负债表的主体和核心部分，即资产、负债和所有者权益的内容，其基本结构一般参照会计等式的模式，采用“账户式”左右对称的格式，左方反映资产，右方反映负债和所有者权益。资产金额总计与负债及所有者权益金额总计要相等，保持平衡。

资产负债表中的资产项目，一般按流动性的大小分为流动资产和非流动资产两个部分。流动性大、变现能力强的列在前面，流动性小、变现能力弱的列在后面；表中的负债项目，包括流动负债和长期负债，一般按偿还期的长短进行排列，偿还期短的列在前面，偿还期长的列在后面；表中的所有者权益项目，包括投入资本和留存收益，则按照其永久性的大小排列，永久性大的列在前面，永久性小的列在后面。

企业资产负债表的内容和格式见表 8－1。

表 8－1 资产负债表 会企 01 表

编制单位：海翔公司 2020 年 12 月 30 日 单位：元

资　产	期末余额	年初余额	负债和所有者权益（或股东权益）	期末余额	年初余额
流动资产			流动负债		
货币资金		1 406 300	短期借款		300 000
交易性金融资产		15 000	交易性金融负债		
衍生金融资产			衍生金融负债		
应收票据		246 000	应付票据		200 000
应收账款		299 100	应付账款		953 800
预付款项		100 000	预收款项		
其他应收款		5 000	合同负债		1 000
存货		2 580 000	应付职工薪酬		110 000
合同资产			应交税费		36 600
持有待售资产			其他应付款		50 000
一年内到期的非流动资产			持有待售负债		
其他流动资产		100 000	一年内到期的非流动负债		1 000 000
流动资产合计		4 751 400	其他流动负债		
非流动资产			流动负债合计		2 651 400
债权投资			非流动负债		

续表

资　产	期末余额	年初余额	负债和所有者权益（或股东权益）	期末余额	年初余额
其他债权投资			长期借款		600 000
长期应收款			应付债券		
长期股权投资		250 000	其中：优先股		
其他权益工具投资		0	永续债		
其他非流动金融资产			长期应付款		
投资性房地产			预计负债		
固定资产		1 100 000	递延收益		
使用权资产			递延所得税负债		
在建工程		1 500 000	其他非流动负债		
生产性生物资产		0	非流动负债合计		600 000
油气资产		0	负债合计		3 251 400
无形资产		600 000	所有者权益（或股东权益）		
开发支出			实收资本（或股本）		4 000 000
商誉			其他权益工具		
长期待摊费用			其中：优先股		
递延所得税资产			永续债		
其他非流动资产		200 000	资本公积		1 000 000
非流动资产合计		3 650 000	减：库存股		
			其他综合收益		
			盈余公积		100 000
			未分配利润		50 000
			所有者权益合计		5 150 000
资产总计		8 401 400	负债和所有者权益（或股东权益）总计		8 401 400

二、资产负债表的编制方法

为了反映企业财务状况的变动情况，资产负债表的各项目都要求填列“年初数”和“期末数”。其中，“年初数”栏内各项数字，应根据上年末资产负债表“期末数”栏内所列数字填列。如果本年度资产负债表项目的名称和内容与上年度项目有变化，则应将上年年末资产负债表各项目的名称和数字按照本年度的规定进行调整，填入本表相关项目“年初数”栏内。

资产负债表中的“期末数”栏的数据资料，可以按以下几种方法进行填列：

1. 根据总账科目余额直接填列

资产负债表中的大部分项目，可以直接根据有关总账科目的期末余额填列。例如，“应收票据”“交易性金融资产”“短期借款”“应付票据”“长期待摊费用”“递延所得税资产”“应付职工薪酬”“应交税费”“递延所得税负债”“应付债券”“实收资本”“盈余公积”“资本公积”。

2. 根据总账科目余额计算填列

资产负债表中的某些项目，需要根据若干个总账科目的期末余额计算填列。例如，“货币资金”项目，根据“库存现金”“银行存款”和“其他货币资金”三个总分类科目的余额合计数填列。“其他应收款”项目，根据“其他应收款”“应收股利”“应收利息”等科目余额合计数填列。

3. 根据明细账科目余额分析计算填列

资产负债表中的某些项目，需要根据明细账科目的期末余额分析后填列。这主要是针对“应收账款”“预收账款”“应付账款”和“预付账款”四个项目。在企业不设“预付账款”和“预收账款”科目，而将预付和预收的款项分别记入“应付账款”科目的借方和“应收账款”科目的贷方的情况下，应分别各个明细科目的余额进行具体分析计算填列。

如“应收账款”项目，需要根据“应收账款”和“预收账款”两个科目所属相关明细科目的期末借方余额，减去“坏账准备”后计算填列；“预收账款”项目，需要根据“应收账款”和“预收账款”两个科目所属相关明细科目的期末贷方余额计算填列。同样地，“应付账款”项目，需要根据“应付账款”和“预付账款”两个科目所属相关明细科目的期末贷方余额计算填列；“预付账款”项目，需要根据“应付账款”和“预付账款”两个科目所属相关明细科目的期末借方余额计算填列。

4. 根据总账科目余额减去备抵项目后的净额填列

从稳健原则出发，企业资产要计提资产减值损失。如“固定资产”项目，应当根据“固定资产”科目的期末余额减去“累计折旧”“固定资产减值准备”等备抵科目余额后的净额填列；“无形资产”项目，应当根据“固定资产”科目的期末余额减去“累计摊销”“无形资产减值准备”等备抵科目余额后的净额填列；成本法下的“投资性房地产”项目，应当根据“投资性房地产”科目的期末余额减去“投资性房地产累计折旧”“投资性房地产减值准备”等备抵科目余额后的净额填列；“在建工程”“长期股权投资”等项目，应当根据“在建工程”“长期股权投资”等科目的期末余额减去“在建工程减值准备”“长期股权投资减值准备”等备抵科目余额后的净额填列；“应收账款”项目，应当根据“应收账款”科目的期末余额减去“坏账准备”科目余额后的净额填列等。

5. 根据总账科目和明细科目余额分析填列

有些项目，需要分析总账科目和明细科目余额后再计算填列。如“1 年内到期的长期借款”，就应该从“长期借款”项中扣除，并单独列示。

6. 综合运用上述填列方法分析填列

资产负债表中的“存货”项目，需要根据“原材料”“库存商品”“委托加工物资”“周转材料”“材料采购”“在途物资”“发出商品”“材料成本差异”等总账科目期末余额的分析汇总数，再减去“存货跌价准备”科目余额后的净额填列。

课堂讨论题 2

企业编制的资产负债表中最后一个项目——“未分配利润”项目，如何填列？

现简要举例说明资产负债表的编制方法,这里只列举一些常见项目的填列,更加详细和完整的资产负债表的编制,将在后续课程中学习。

课堂讨论题 3

所有企业编制的对外会计报表,要求有统一的(　　)。

A. 格式　　B. 内容　　C. 编制要求　　D. 报表数量

E. 信息详细程度

例 1 海翔公司 2020 年 12 月 31 日部分科目的期末余额如表 8—2 所示。资产负债表期初项目余额如表 8—1 所示,适用的所得税税率为 25%。另外,应收账款明细科目显示借方余额为 820 000 元,明细科目贷方余额为 20 000 元;预付账款明细科目借方余额为 110 000 元,明细科目贷方余额为 10 000 元。

表 8—2　　海翔公司 2020 年 12 月 31 日部分科目的期末余额　　单位:元

科目名称	期末借方余额	期末贷方余额
库存现金	6 000	
银行存款	140 000	
其他货币资金	20 000	
交易性金融资产	300 000	
应收票据	450 000	
应收账款	800 000	
坏账准备		40 000
预付账款	100 000	
其他应收款	4 000	
应收股利	50 000	
材料采购	12 000	
原材料	150 000	
周转材料	5 000	
库存商品	250 000	
材料成本差异		15 000
长期股权投资	200 000	
其他权益工具投资	10 000	
债权投资	40 000	
投资性房地产	50 000	
固定资产	5 000 000	
累计折旧		1 000 000

续表

科目名称	期末借方余额	期末贷方余额
固定资产减值准备		600 000
工程物资	50 000	
在建工程	350 000	
无形资产	700 000	
累计摊销		200 000
开发支出	30 000	
递延所得税资产	120 000	
短期借款		35 000
应付票据		40 000
应付账款		750 000
预收账款		
应付职工薪酬		90 000
应交税费		100 000
应付利息		40 000
应付股利		50 000
其他应付款		80 000
长期借款		800 000
递延所得税负债		20 000
股本		3 000 000
资本公积		300 000
盈余公积		500 000
留存收益——未分配利润		1 177 000
合　计	8 837 000	8 837 000

根据上述资料，编制海翔公司2020年12月31日资产负债表，如表8—3所示。

表8—3　　**资产负债表(局部)**　　会企01表

编制单位：海翔公司　　2020年12月31日　　单位：元

资　产	期末余额	年初余额	负债和所有者权益（或股东权益）	期末余额	年初余额
流动资产			流动负债		
货币资金	166 000	1 406 300	短期借款	35 000	300 000
交易性金融资产	300 000	15 000	交易性金融负债		0
衍生金融资产		0	衍生金融负债		0

续表

资　产	期末余额	年初余额	负债和所有者权益（或股东权益）	期末余额	年初余额
应收票据	450 000	246 000	应付票据	40 000	200 000
应收账款	780 000	299 100	应付账款	760 000	953 800
预付款项	110 000	100 000	预收款项	20 000	
其他应收款	54 000	5 000	合同负债		1 000
存货	402 000	2 580 000	应付职工薪酬	90 000	110 000
合同资产		0	应交税费	100 000	36 600
持有待售资产		0	其他应付款	170 000	50 000
一年内到期的非流动资产			持有待售负债		0
其他流动资产		100 000	一年内到期的非流动负债		1 000 000
流动资产合计	2 262 000	4 751 400	其他流动负债		
非流动资产			流动负债合计	1 215 000	2 651 400
债权投资	40 000	0	非流动负债		
其他债权投资		0	长期借款	800 000	600 000
长期应收款		0	应付债券		
长期股权投资	200 000	250 000	其中：优先股		
其他权益工具投资	10 000	0	永续债		
其他非流动金融资产		0	长期应付款		
投资性房地产	50 000	0	预计负债		
固定资产	3 400 000	1 100 000	递延收益		
使用权资产		0	递延所得税负债	20 000	
在建工程	400 000	1 500 000	其他非流动负债		
生产性生物资产		0	非流动负债合计	1 160 000	600 000
油气资产		0	负债合计	2 035 000	3 251 400
无形资产	500 000	600 000	所有者权益（或股东权益）		
开发支出	30 000	0	实收资本（或股本）	3 000 000	4 000 000
商誉		0	其他权益工具		
长期待摊费用		0	其中：优先股		
递延所得税资产	120 000	0	永续债		
其他非流动资产		200 000	资本公积	300 000	1 000 000

续表

资　产	期末余额	年初余额	负债和所有者权益（或股东权益）	期末余额	年初余额
非流动资产合计	4 750 000	3 650 000	减:库存股		
			其他综合收益		
			盈余公积	500 000	100 000
			未分配利润	1 177 000	50 000
			所有者权益合计	4 977 000	5 150 000
资产总计	7 012 000	8 401 400	负债和所有者权益（或股东权益）总计	7 012 000	8 401 400

第三节　利润表

利润表是反映企业在一定会计期间的经营成果的报表。利润表通过一定的表格来反映企业的经营成果。不同于资产负债表的静态，利润表是一个动态平衡的报表，反映的是一段时间内企业的盈亏情况。

一、利润表的内容和格式

利润表是一张动态的财务报表，它根据“收入－费用＝利润”这一等式关系，依据一定的标准和步骤，将企业一定会计期间的收入、费用等损益各项目予以适当编排计算而成。通过利润表，可以了解企业的收入、成本、费用的发生情况，分析企业净利润（或亏损）的实现及构成情况，评价和考核企业的盈利能力和经营效率，分析企业未来的成长性。

按照编制报表的步骤不同，利润表常见的格式有单步式和多步式两种。单步式利润表是将本期各项收入的合计数与本期各项成本、费用的合计数相减后，经过一步就计算出本期利润的编表方法。多步式利润表是按利润构成的主次进行分段，从核心业务到非核心业务，经过多个步骤计算编制的。企业通常采用多步式利润表的方式进行编制。

多步式利润表的内容和格式如表 8－4 所示。

表 8－4　　**利润表**　　会企 02 表

编制单位：××　　2020 年　　单位：元

	本期金额	上期金额
一、营业收入		
减：营业成本		
税金及附加		
销售费用		
管理费用		
研发费用		

续表

	本期金额	上期金额
财务费用		
其中：利息费用		
利息收入		
资产减值损失		
信用减值损失		
加：其他收益		
投资收益（损失以“－”号填列）		
其中：对联营企业和合营企业的投资收益		
净敞口套期收益（损失以“－”号填列）		
公允价值变动收益（损失以“－”号填列）		
资产处置收益（损失以“－”号填列）		
二、营业利润（亏损以“－”号填列）		
加：营业外收入		
减：营业外支出		
三、利润总额（亏损总额以“－”号填列）		
减：所得税费用		
四、净利润（净亏损以“－”号填列）		
（一）持续经营净利润（净亏损以“－”号填列）		
（二）终止经营净利润（净亏损以“－”号填列）		
五、其他综合收益的税后净额		
（一）不能重分类进损益的其他综合收益		
1. 重新计量设定受益计划变动额		
2. 权益法下不能转损益的其他综合收益		
3. 其他权益工具投资公允价值变动		
4. 企业自身信用风险公允价值变动		
……		
（二）将重分类进损益的其他综合收益		
1. 权益法下可转损益的其他综合收益		
2. 其他债权投资公允价值变动		
3. 金融资产重分类计入其他综合收益的金额		
4. 其他债权投资信用减值准备		
5. 现金流量套期储备		

续表

	本期金额	上期金额
6. 外币财务报表折算差额		
……		
六、综合收益总额		
七、每股收益		
（一）基本每股收益		
（二）稀释每股收益		

二、利润表的编制方法

（一）净利润的计算步骤

在编制多步式利润表的过程中，往往要经过三个步骤计算净利润：

1. 营业利润的计算

营业利润，按营业收入（主营业务收入、其他业务收入）减去营业成本（主营业务成本、其他业务成本）、税金及附加、销售费用、管理费用、财务费用、资产减值损失、信用减值损失，再加减资产处置损益、公允价值变动收益、其他收益、投资收益后计算得到。

2. 利润总额的计算

本期实现的利润或发生的亏损总额，是在营业利润的基础上加上营业外收入，减去营业外支出后计算得出的。

3. 净利润的计算

利润总额减去所得税费用，计算得出本期净利润或净亏损。

4. 每股收益的计算

普通股或潜在普通股已公开交易的企业，以及正处于公开发行普通股或潜在普通股过程中的企业，还应当在利润表中列示每股收益信息，包括基本每股收益和稀释每股收益两项指标。

（二）利润表各栏目的填列方法

为了反映企业本期以及本年度累计实现的收入、费用和利润情况，利润表一般都要求设置“本期金额”和“上期金额”两栏。

利润表“本期金额”栏反映各项目的本期实际发生数，“上期金额”栏根据上期利润表“本期金额”栏所列数据填列。利润表各项目的“本期金额”，都是根据损益类科目的发生额直接填列的。下面介绍几个主要项目的填制方法：

1. “营业收入”项目

该项目反映企业经营主要业务和其他业务所确认的收入总额。该项目应根据“主营业务收入”和“其他业务收入”科目的本期发生额净额分析填列。

2.“营业成本”项目

该项目反映企业经营主要业务发生和其他业务发生的实际成本。该项目应根据“主营业务成本”和“其他业务成本”账户的发生净额分析填列。

3.“税金及附加”项目

该项目反映企业经营主要业务应负担的税金,如消费税、城市维护建设税、资源税、教育费附加及房产税、土地使用税、车船使用税、印花税等相关税费。该项目应根据“税金及附加”账户的发生净额分析填列。

4.“销售费用”项目

该项目反映企业为促进产品销售发生的费用,如企业在销售商品的过程中发生的运输费、保险费、展览费和广告费,以及为销售本企业商品而专设的销售机构的职工薪酬、业务费等经营费用。该项目应根据“销售费用”账户的发生净额分析填列。

5.“管理费用”项目

该项目反映企业为组织和管理企业的生产经营所发生的费用。例如,企业的董事会和行政管理部门在企业的经营管理中发生的,或者应由企业统一负担的公司经费、工会经费、待业保险费、劳动保险费、董事会费、聘请中介机构费、咨询费、诉讼费、业务招待费、企业税费、无形资产摊销、职工教育经费、研究支出等。该项目应根据“管理费用”账户的借方发生净额填列。

6.“财务费用”项目

该项目反映企业在筹集和调度生产经营所需资金等而发生的费用。例如,利息支出(减利息收入)、汇兑损失(减汇兑收益)以及相关的手续费等。该项目应根据“财务费用”账户的借方发生净额填列。

7.“资产减值损失”“信用减值损失”项目

“资产减值损失”项目反映企业各项资产发生的减值损失。例如,计提的应收账款的坏账准备、存货跌价准备、固定资产与无形资产的减值损失等。该项目应根据“资产减值损失”账户的借方发生净额填列。

“信用减值损失”项目,反映企业各项金融工具减值准备所形成的预期信用损失。例如,计提的应收账款的坏账准备、债权投资的预期信用损失准备,应根据“信用减值损失”科目的借方发生额填列。

8.“公允价值变动净收益”项目

该项目反映企业按照相关准则规定应当计入当期损益的资产或负债公允价值变动金额收益。例如,交易性金融资产当期公允价值的变动额,应根据“公允价值变动损益”账户的贷方发生净额填列;如为净损失,以“—”号填列。

9.“投资净收益”项目

该项目反映企业以各种方式对外投资所取得的收益扣除损失后的净额。如为净损失,以“—”号填列。该项目应根据“投资损益”账户的贷方发生净额填列。

10.“营业利润”项目

该项目反映企业实现的营业利润。如为亏损,本项目以“—”号填列。

11.“营业外收入”“营业外支出”“资产处置收益”项目

“营业外收入”“营业外支出”项目,反映与企业的生产经营活动没有直接关系的各项收入与支出。例如,固定资产盘亏、固定资产毁损报废净收益或净损失、罚款收入或支出、债务重组损失、非常损失等,应根据“营业外收入”与“营业外支出”科目的贷方发生额和借方发生额填列。

“资产处置收益”项目,反映企业非流动资产如固定资产、无形资产等形成的处置净收益或净损失,应根据“资产处置收益”科目填列。

12.“利润总额”项目

该项目反映企业实现的利润总额。如为亏损总额,本项目以“—”号填列。

13.“所得税费用”项目

该项目反映企业根据资产负债表债务法确认的应从本期利润总额中扣除的所得税费用。该项目应根据“所得税费用”账户的借方发生额填列。

14.“净利润”项目

该项目反映企业实现的净利润。如为亏损,本项目以“—”号填列。

15.“其他综合收益的税后净额”项目

该项目反映企业根据企业会计准则规定,未在损益中确认的各项利得和损失扣除所得税影响后的净额。

16.“综合收益总额”项目

该项目反映企业净利润与其他综合收益的合计金额。

17.“每股收益”项目

该项目包括基本每股收益和稀释每股收益两项指标,反映普通股或潜在普通股已公开交易的企业以及正处于公开发行普通股或潜在普通股过程中的企业的每股收益信息。

三、利润表编制实例

海翔公司 2020 年 12 月利润表科目余额如表 8—5 所示,举例说明利润表的编制。

表 8—5　　利润表科目余额

编制单位:海翔公司　　2020 年 4 月　　单位:元

科目名称	借方发生额	贷方发生额
主营业务收入		1 000 000
其他业务收入		250 000
主营业务成本	700 000	
其他业务成本	50 000	
税金及附加	2 000	
销售费用	20 000	
管理费用	150 000	
研发费用	7 100	
财务费用	41 500	
其中:利息费用	51 500	
利息收入		10 000

续表

科目名称	借方发生额	贷方发生额
资产减值损失	30 000	
信用减值损失	900	
其他收益		500
投资收益		30 000
资产处置收益		20 000
公允价值变动收益		1 000
营业外收入		50 000
营业外支出	19 700	
所得税费用	85 300	
不能转损益的其他综合收益		5 000

根据上述资料编制海翔公司的利润表，如表 8—6 所示。

表 8—6 **利润表(局部)** 会企 02 表

编制单位：海翔公司 2020 年度 单位：元

	本期金额	上期金额
一、营业收入	1 250 000	
减：营业成本	750 000	
税金及附加	2 000	
销售费用	20 000	
管理费用	150 000	
研发费用	7 100	
财务费用	41 500	
其中：利息费用	51 500	
利息收入	10 000	
资产减值损失	—30 000	
信用减值损失	—900	
加：其他收益	500	
投资收益(损失以“—”号填列)	30 000	
其中：对联营企业和合营企业的投资收益		
净敞口套期收益(损失以“—”号填列)		
公允价值变动收益(损失以“—”号填列)	1 000	
资产处置收益(损失以“—”号填列)		

续表

	本期金额	上期金额
二、营业利润(亏损以"－"号填列)	280 000	
加:营业外收入	50 000	
减:营业外支出	19 700	
三、利润总额(亏损总额以"－"号填列)	310 300	
减:所得税费用	85 300	
四、净利润(净亏损以"－"号填列)	225 000	
(一)持续经营净利润(净亏损以"－"号填列)		
(二)终止经营净利润(净亏损以"－"号填列)		
五、其他综合收益的税后净额		
(一)不能重分类进损益的其他综合收益	5 000	
……		
(二)将重分类进损益的其他综合收益		
六、综合收益总额	230 000	
七、每股收益		
(一)基本每股收益		
(二)稀释每股收益		

第四节 现金流量表

现金流量表是以现金为基础编制的、反映企业在一定会计期间有关现金和现金等价物的流入和流出的财务报表。

一、现金流量表的分类

现金流量表是以现金为基础编制的财务状况变动表,是企业财务报告的重要组成部分。对外编制现金流量表的目的是为了弥补资产负债表和利润表的不足。现金流量表以广义的现金概念为编制基础,它是指现金及现金等价物。现金包括库存现金以及可以随时用于支付的存款,如银行存款及其他货币资金等,不能随时用于支付的存款不属于现金。现金等价物是指企业持有的期限短、流动性强、易于转换为已知金额现金、价值变动风险很小的投资。

从本质上看,现金流量表就是采用收付实现制确认损益,将权责发生制下的盈利信息调整为收付实现制下的现金流量信息,便于信息使用者了解企业净利润的质量,弥补了资产负债表和利润表信息的不足。

从内容上看,现金流量表被划分为经营活动、投资活动和筹资活动三个部分,每类活动又分为各个具体项目，这些项目从不同角度反映企业业务活动的现金流入与流出，弥补了资产负债表和利润表提供信息的不足。

编制现金流量表，可以为财务报表使用者提供企业在一定会计期间现金和现金等价物流入和流出的信息，以了解和评价企业现金流量的影响因素，评价企业的支付能力、偿债能力和周转能力，预测企业未来现金流量，为其决策提供有力依据。

除了上述内容，现金流量还会受到其他因素的影响。因此，需要列示影响现金流量的其他因素，如外币交易与汇率变动对现金流量的影响、购买和处置子公司及其他营业单位、不涉及现金的投资与筹资活动的表述等。

二、现金流量表的基本格式及编制

现金流量表的格式和具体项目内容见表 8—7。

企业的现金流量表分为现金流量表本表和现金流量表附注两个部分，分别披露不同目的和内容的现金流量信息。

《企业会计准则》规定，在现金流量表本表部分，要求按直接法披露企业经营活动的现金流量；在现金流量表附注部分，应当按间接法披露企业经营活动的现金流量。这种按本表与附注分别表达企业现金流量的目的，是为了更加完整地披露现金流量信息。

（一）现金流量表本表披露的信息与格式

本表部分要求企业采用直接法披露经营活动的现金流量，同时揭示企业投资活动与筹资活动的现金流量。具体如表 8—7 所示。

表 8—7　××公司现金流量表（本表部分）

2020 年度　单位：元

项　目	本期金额	上期金额
一、经营活动产生的现金流量		
销售商品、提供劳务收到的现金		
收到的税费返还		
收到的其他与经营活动有关的现金		
经营活动现金流入小计		
购买商品、接受劳务支付的现金		
支付给职工以及为职工支付的现金		
支付的各项税费		
支付的其他与经营活动有关的现金		
经营活动现金流出小计		
经营活动产生的现金流量净额		
二、投资活动产生的现金流量		
收回投资所收到的现金		

续表

项　目	本期金额	上期金额
取得投资收益所收到的现金		
处置固定资产、无形资产和其他长期资产收回的现金净额		
处置子公司及其他营业单位收到的现金净额		
收到的其他与投资活动有关的现金		
投资活动现金流入小计		
购建固定资产、无形资产和其他长期资产支付的现金		
投资所支付的现金		
取得子公司及其他营业单位支付的现金净额		
支付的其他与投资活动有关的现金		
投资活动现金流出小计		
投资活动产生的现金流量净额		
三、筹资活动产生的现金流量		
吸收投资所收到的现金		
其中：子公司吸收少数股东投资收到的现金		
取得借款收到的现金		
收到的其他与筹资活动有关的现金		
筹资活动现金流入小计		
偿还债务支付的现金		
分配股利、利润或偿付利息支付的现金		
其中：子公司支付给少数股东的股利、利润		
支付的其他与筹资活动有关的现金		
筹资活动现金流出小计		
筹资活动产生的现金流量净额		
四、汇率变动对现金及现金等价物的影响		
五、现金及现金等价物净增加额		
加：期初现金及现金等价物余额		
六、期末现金及现金等价物余额		

(二)现金流量表附注披露的信息与格式

现金流量表附注披露部分要求按间接法披露经营活动现金流量以及不涉及当期现金收支，但影响企业财务状况或在未来可能影响企业现金流量的重大投资和筹资活动，其格式如表 8－8 所示。

表 8—8　　××公司现金流量表(补充资料部分)

2020 年度　　单位:元

补充资料		
1. 将净利润调节为经营活动现金流量:		
净利润		
加:资产减值准备		
固定资产折旧、油气资产折耗、生产性生物资产折旧		
无形资产摊销		
长期待摊费用摊销		
处置固定资产、无形资产和其他长期资产的损失(收益以“—”号填列)		
固定资产报废损失(收益以“—”号填列)		
公允价值变动损失(收益以“—”号填列)		
财务费用(收益以“—”号填列)		
投资损失(收益以“—”号填列)		
递延所得税资产减少(增加以“—”号填列)		
递延所得税负债增加(减少以“—”号填列)		
存货的减少(增加以“—”号填列)		
经营性应收项目的减少(增加以“—”号填列)		
经营性应付项目的增加(减少以“—”号填列)		
其他		
经营活动产生的现金流量净额		
2. 不涉及现金收支的重大投资和筹资活动:		
债务转为资本		
一年内到期的可转换公司债券		
融资租入固定资产		
3. 现金及现金等价物净变动情况:		
现金的期末余额		
减:现金的期初余额		
加:现金等价物的期末余额		
减:现金等价物的期初余额		
现金及现金等价物净增加额		

三、现金流量表项目的填列方法

在我国，现金流量表以直接法编制，但在补充资料中还单独按照间接法反映经营活动现金流量的情况。直接法通常以利润表中的营业收入为起算点，调整与经营活动有关项目的增减变动，然后计算经营活动的现金流量。直接法提供了企业经营活动现金流量的详细信息，有助于评价企业未来的现金流量。

间接法是以本期利润为起算点，调整不涉及现金的收入、费用、营业外收支等有关项目的增减变动，据此计算经营活动的现金流量。间接法提供了企业利润与现金流量之间的关系，有助于评价企业未来创造现金流量的能力。

课堂讨论题 4

作为一家上市公司，其年报应该公开披露的会计报表包括(　　)。

A. 资产负债表　　B. 利润表　　C. 现金流量表　　D. 股东权益变动表

E. 工资费用分配表

第五节　所有者权益变动表

一、所有者权益的内容

所有者权益变动表是指反映构成所有者权益各组成部分当期增减变动情况的报表。所有者权益变动表应当全面反映一定时期所有者权益变动的情况，不仅包括所有者权益总量的增减变动，还包括所有者权益增减变动的重要结构性信息，特别是要反映直接计入所有者权益的利得和损失，让报表使用者准确理解所有者权益增减变动的根源。

在所有者权益变动表中，企业至少应当单独列示反映下列信息的项目：(1)净利润；(2)直接计入所有者权益的利得和损失项目及其总额；(3)会计政策变更和差错更正的累积影响金额；(4)所有者投入资本和向所有者分配利润等；(5)提取的盈余公积；(6)实收资本或股本、资本公积、盈余公积、未分配利润的期初和期末余额及其调节情况。

二、所有者权益变动表的格式和填列方法

为了清楚地表明构成所有者权益各组成部分当期的增减变动情况，所有者权益变动表应当以矩阵的形式列示。一方面，列示导致所有者权益变动的交易或事项；另一方面，按照所有者权益各组成部分及其总额列示交易或事项对所有者权益的影响。此外，企业还需要就各项目再分为“本年金额”和“上年金额”两栏分别填列。

(一)“上年金额”栏的填列方法

所有者权益变动表中“上年金额”栏内各项数字，应根据上年度所有者权益变动表“本年金额”栏内所列数字填列。

(二)“本年金额”栏的填列方法

所有者权益变动表“本年金额”栏内各项数字一般应根据“实收资本(或股本)”“资本公积”“盈余公积”“利润分配”“库存股”“以前年度损益调整”科目的发生额分析填列。

所有者权益变动表的具体格式如表 8—9 所示。

表 8—9 **所有者权益变动表** 会企 04 表

编制单位:大地股份有限公司 2020 年度 单位:元

项目	本年金额						上年金额					
	实收资本(或股本)	资本公积	减:库存股	盈余公积	未分配利润	所有者权益合计	实收资本(或股本)	资本公积	减:库存股	盈余公积	未分配利润	所有者权益合计
一、上年年末余额	5 000 000	0	0	100 000	50 000	5 150 000						
加:会计政策变更												
前期差错更正												
二、本年年初余额	5 000 000	0	0	100 000	50 000	5 150 000						
三、本年增减变动金额(减少以“—”号填列)												
(一)净利润					225 000	225 000						
(二)直接计入所有者权益的利得和损失												
1. 其他权益工具投资公允价值变动净额												
2. 权益法下被投资单位其他所有者权益变动的影响												
3. 与计入所有者权益项目相关的所得税影响												
4. 其他												
上述(一)和(二)小计												
(三)所有者投入和减少资本												
1. 所有者投入资本												
2. 股份支付计入所有者权益的金额												
3. 其他												
(四)利润分配												
1. 提取盈余公积				24 770.4	—24 770.4	0						
2. 对所有者(或股东)的分配					—32 215.85	—32 215.85						
3. 其他												
(五)所有者权益内部结转												

续表

项　目	本年金额						上年金额					
	实收资本（或股本）	资本公积	减:库存股	盈余公积	未分配利润	所有者权益合计	实收资本（或股本）	资本公积	减:库存股	盈余公积	未分配利润	所有者权益合计
1. 资本公积转增资本（或股本）												
2. 盈余公积转增资本（或股本）												
3. 盈余公积弥补亏损												
4. 其他												
四、本年年末余额	5 000 000	0	0	124 770.4	190 717.75	5 315 488.15						

重要术语

财务报表——以企业日常会计核算资料为依据，以货币为计量单位，按规定的格式和内容编制的，总括反映会计主体在特定日期财务状况和某一会计期间经营成果、现金流量和权益变动等会计信息的书面文件，是企业财务报告的主要组成部分。

外部报表——根据《企业会计准则》和相关规定必须定期向外部信息使用者提供的，有统一的格式、内容和编制要求的财务报表，主要包括资产负债表、利润表、现金流量表和所有者权益（股东权益）变动表。

内部报表——根据企业内部管理需要，自行设计、填制的向管理层和各责任部门提供的没有统一规定的格式、内容等的对内财务报表。

年报——也称为年终决算报表，是每年年末编制的，全面反映会计主体全年财务状况、经营成果及其分配、现金流量等方面信息的报表。

资产负债表——反映企业在某一特定日期财务状况的会计报表。它反映企业在某一特定日期所拥有或控制的经济资源、所承担的现时义务和所有者对净资产的要求权。

利润表——反映企业在一定会计期间的经营成果的会计报表。

现金流量表——反映企业在一定会计期间现金和现金等价物流入和流出的报表。从编制原则上看，现金流量表按照收付实现制原则编制，将权责发生制下的盈利信息调整为收付实现制下的现金流量信息，便于信息使用者了解企业净利润的质量。从内容上看，现金流量表被划分为经营活动、投资活动和筹资活动三个部分。

现金及现金等价物——现金是指企业库存现金以及可以随时用于支付的存款。不能随时用于支付的存款不属于现金。现金等价物是指企业持有的期限短、流动性强、易于转换为已知金额现金、价值变动风险很小的投资。

所有者权益变动表——反映构成所有者权益各组成部分当期增减变动情况的报表。所有者权益变动表应当全面反映一定时期所有者权益变动的情况，特别是要反映直接计入所有者权益的利得和损失。

复习思考题

1. 简述财务报表的意义和编制要求。
2. 企业的财务报表体系包括哪些基本财务报表?
3. 简述资产负债表的内容和结构。
4. 如何填制企业的资产负债表项目?
5. 简述利润表的内容和结构。
6. 如何填制利润表项目?
7. 简述现金流量表的结构和内容。
8. 简述所有者权益变动表的含义。

自我测试题

一、单项选择题

1. 反映企业在某一特定日期的财务状况的财务报表是(　　)。

A. 资产负债表　　B. 利润表
C. 所有者权益变动表　　D. 现金流量表

2. 定期向外部信息使用者提供的财务报表,不包括(　　)。

A. 资产负债表　　B. 管理费用明细表
C. 所有者权益变动表　　D. 现金流量表

3. 根据若干个总账科目的期末余额计算填列的项目是(　　)。

A. 交易性金融资产　　B. 应付账款
C. 固定资产　　D. 货币资金

4. 可以根据总分类账余额直接填列的资产负债表项目是(　　)。

A. 应付账款　　B. 管理费用　　C. 应收账款　　D. 应付职工薪酬

5. 企业年末的未分配利润资料可以通过(　　)科目取得。

A."本年利润"　　B."利润分配"
C."未分配利润"　　D."本年利润"和"未分配利润"

6. 下列不影响营业利润的项目是(　　)。

A. 财务费用　　B. 投资收益　　C. 资产减值损失　　D. 营业外支出

7. 引起现金流量净额变动的项目是(　　)。

A. 将现金存入银行　　B. 用银行存款购买1个月到期的债券
C. 用固定资产抵偿债务　　D. 用银行存款清偿20万元的债务

8. 下列各项中,属于企业经营活动中产生的现金流量是(　　)。

A. 销售商品收到现金　　B. 取得借款收到的现金
C. 分配股利支付的现金　　D. 取得投资收益收到的现金

二、多项选择题

1. 利润表的营业收入项目包括(　　)。

A. 主营业务收入　B. 营业外收入　C. 其他业务收入　D. 预收收入

2. 资产负债表中的“存货”项目包括(　　)。

A. 原材料　B. 生产成本　C. 库存商品　D. 材料采购

3. 根据明细分类账余额分析计算填列的项目是(　　)。

A. 应付账款　B. 预付账款　C. 应交税费　D. 应付职工薪酬

4. 不在资产负债表中反映的项目包括(　　)。

A. 所得税费用　B. 未分配利润　C. 实收资本　D. 税金及附加

5. 编制财务报表的基本要求包括(　　)。

A. 数字真实　B. 内容完整　C. 对应关系明确　D. 编报及时

6. 下列各项中,应记入资产负债表“应收账款”项目的有(　　)。

A.“应收账款”科目所属明细科目的借方余额

B.“应收账款”科目所属明细科目的贷方余额

C.“预收账款”科目所属明细科目的借方余额

D.“预收账款”科目所属明细科目的贷方余额

7. 下列各项中,应作为资产负债表中资产列报的有(　　)。

A. 库存商品　B. 受托代销商品

C. 融资租入固定资产　D. 经营租入固定资产

8. 下列各项中,应包括在资产负债表“存货”项目的有(　　)。

A. 材料成本差异　B. 委托加工物资　C. 生产成本　D. 制造费用

三、判断题

1. 所有的财务报表都应该有统一的格式、内容和编制要求。(　　)

2. 资产负债表是一张动态的财务报表。(　　)

3. 利润表中的净利润数额与资产负债表中“未分配利润”项目的期末数相等。(　　)

4. 财务报表按其报送对象,可分为单位财务报表、汇总财务报表和合并财务报表。(　　)

5. 我国财务报表的中期报告是指半年报。(　　)

6. 根据《小企业会计准则》的规定,可以由小企业自行选择是否编制利润表。(　　)

练习题

习题一

一、目的:练习利润表的编制。

二、资料:天天公司 2020 年度部分科目的本年累计发生额如表 8—10 所示。

表 8—10　　**天天公司 2020 年度部分科目的本年累计发生额**　　单位:元

科目名称	借方发生额	贷方发生额
主营业务收入		600 000
其他业务收入		80 000
主营业务成本	420 000	
其他业务成本	50 000	
税金及附加	10 000	
销售费用	40 000	
管理费用	35 000	
研发费用	25 000	
财务费用:其中利息费用(25 000)	20 000	
资产减值损失	100 000	
信用减值损失	20 000	
公允价值变动净收益		9 000
资产处置收益		1 000
投资收益		110 000
营业外收入		40 000
营业外支出	20 000	
所得税费用	25 000	

三、要求:根据上述资料,编制天天公司 2020 年度的利润表,如表 8—11 所示。

表 8—11　　**利润表**　　会企 02 表

编制单位:天天公司　　2020 年　　单位:元

	本期金额	上期金额
一、营业收入		
减:营业成本		
税金及附加		
销售费用		
管理费用		
研发费用		
财务费用		
其中:利息费用		
利息收入		
资产减值损失		

续表

	本期金额	上期金额
信用减值损失		
加:其他收益		
投资收益(损失以"—"号填列)		
其中:对联营企业和合营企业的投资收益		
净敞口套期收益(损失以"—"号填列)		
公允价值变动收益(损失以"—"号填列)		
资产处置收益(损失以"—"号填列)		
二、营业利润(亏损以"—"号填列)		
加:营业外收入		
减:营业外支出		
三、利润总额(亏损总额以"—"号填列)		
减:所得税费用		
四、净利润(净亏损以"—"号填列)		
(一)持续经营净利润(净亏损以"—"号填列)		
(二)终止经营净利润(净亏损以"—"号填列)		
五、其他综合收益的税后净额	略	
(一)不能重分类进损益的其他综合收益		
(二)将重分类进损益的其他综合收益		
六、综合收益总额		
七、每股收益		
(一)基本每股收益		
(二)稀释每股收益		

习题二

一、目的:练习资产负债表项目的填制。

二、资料:天天公司 2020 年 12 月 31 日部分科目的余额如表 8—12 所示。

表 8—12　　天天公司 2020 年 12 月 31 日部分科目的余额　　单位:元

科目名称	借方余额	贷方余额	科目名称	借方余额	贷方余额
库存现金	5 000		短期借款		140 000
银行存款	60 000		应付账款		15 000
其他货币资金	5 000		——E 公司		25 000

续表

科目名称	借方余额	贷方余额	科目名称	借方余额	贷方余额
交易性金融资产	20 000		——F公司	10 000	
应收账款	31 200		预收账款		10 000
——A公司	41 200		——X公司		22 000
——B公司		18 000	——Y公司	12 000	
——M公司	8 000				
预付账款	9 000		其他应付款		
——C公司	29 000		应付职工薪酬		13 000
——D公司		20 000	应交税费		80 000
坏账准备		5 000			
其他应收款	12 800		应付股利		20 000
原材料	65 000		实收资本		300 000
生产成本	10 000		资本公积		60 000
库存商品	60 000		盈余公积		30 000
存货跌价准备		6 000			
固定资产	430 000		利润分配		35 000
累计折旧		21 000			
固定资产减值准备		79 000			

三、要求：根据上述资料，计算2020年12月31日资产负债表中货币资金、应收账款、预收账款、存货、应付账款、预付账款、固定资产等项目及所有者权益的金额。

习题三

一、目的：练习利润表的编制。

二、资料：同第四章习题四中艾米公司2020年11月的业务资料。

三、要求：根据第四章习题四损益类科目的资料，编制艾米公司2020年11月的利润表简表。

第九章　账务处理程序和财务信息系统

本章学习指南

本章是在学习会计凭证、会计账簿和会计报表的基础上，将各种凭证和账簿进行结合，寻求适合的结合方式和处理过程，以期保证工作质量和提高工作效率。通过本章学习，要求了解账务处理程序的含义，熟悉常用的账务处理程序类别，掌握常用账务处理程序的特点、基本程序和适用性。

账务处理程序是指从填制会计凭证、登记账簿到编制会计报表的过程中有关记账和产生会计信息的步骤和方法。常用的账务处理程序包括记账凭证账务处理程序、科目汇总表账务处理程序和汇总记账凭证账务处理程序。记账凭证账务处理程序是基本的账务处理程序，其他账务处理程序都是在此基础上演变和发展形成的。每种账务处理程序都有其特点和适用性，在实际工作中，各个企业要根据实际情况选择账务处理程序。记账凭证账务处理程序的特点是根据原始凭证或原始凭证汇总表编制记账凭证，然后直接根据记账凭证逐笔登记总分类账。科目汇总表账务处理程序的特点是根据科目汇总表登记总分类账，最大限度地简化了总分类账的登记工作。汇总记账凭证账务处理程序的特点是定期根据汇总记账凭证登记总分类账。

随着会计应用软件的日益成熟和普及，实际工作中选择使用会计应用软件的企业也日益普遍，具体的账务处理过程已经设定，不再需要人工操作，但了解不同账务处理程序的特点对通用软件程序的个性化有着指导意义。因此，这里仅简要介绍不同账务处理程序的特点、基本程序和适用性，不再举例说明。

随着市场经济的发展，企业间的竞争日趋激烈。企业如何建立先进的管理机制，选择最适合自身发展的信息管理系统来加强企业管理，是企业面临的挑战和机遇。ERP 系统在信息的即时性、信息的集成性、管理的前瞻性以及在改变企业资金管理模式和业绩评价方法的改进方面有着很大的优势。

第一节　账务处理程序的意义和种类

一、账务处理程序的含义

账务处理程序也称会计核算组织形式，是指从填制会计凭证、登记账簿到编制会计报表的过程中有关记账和产生会计信息的步骤和方法。它是以账簿体系为核心，把会计凭证、会计账簿、会计报表三大会计核算环节有机结合记账程序和记账方法所形成的完整的会计核算体系。

在实际工作中，由于各个企业的经济业务性质、规模大小不同，会计核算的复杂程度各异，企业设置的会计凭证种类、格式，会计账簿的种类、格式及相互之间的关系，以及企业记账程序和方法也不尽相同，从而形成了不同的账务处理程序。

科学、合理地选择适用于本单位的账务处理程序，对于有效组织会计核算，提高企业会计工作质量和工作效率，正确、及时地提供会计信息，具有重要意义。在确定企业账务处理程序时，企业首先必须遵守国家统一的会计规范，以保证会计提供的财务信息口径一致，具有可比性；在遵守国家统一的会计规范的前提下，要充分考虑企业生产经营活动的特点和规模的大小，根据经济管理的要求设置会计凭证、会计账簿和会计报表，根据实际情况，选择最适合本企业特点的账务处理程序，以保证会计核算的质量，及时、完整地提供本单位经济活动情况的会计信息。同时，要坚持提高会计核算质量和简化核算相结合的原则，在保证会计核算质量的前提下，尽可能地简化核算手续，节约核算工作的人力和物力，提高会计工作效率。

二、账务处理程序的种类

尽管各个企业的情况不同，采用的账务处理程序不同，但都必须遵循“凭证—账簿—会计报表”这一基本模式。这个基本模式要求企业将一定时期内发生的全部经济业务，从编制会计凭证开始，按照一定的步骤和方法进行整理、归类、记录和汇总，登记会计账簿，直至编制会计报表，提供完整的会计信息。从会计凭证到编制报表所进行的账务处理程序和步骤，组成了会计循环中账务处理的具体内容。

会计循环中账务处理的基本内容如下：

(1)分析经济业务的内容，确定会计事项及其对会计要素的影响；

(2)编制会计分录(填制和审核会计凭证)；

(3)根据原始凭证和会计分录登记有关账簿，包括现金日记账、银行存款日记账、明细分类账、总分类账；

(4)按照权责发生制原则，编制期末账项调整的会计分录，并登记入账；

(5)计算各账户余额，编制试算平衡表；

(6)结清损益类账户，编制有关会计分录，并登记入账；

(7)结出全部账户的本期发生额及期末余额；

(8)根据账簿记录编制会计报表。

针对不同企业，对相关业务的记账程序和方法也不尽相同，从会计凭证到编制报表所进行的账务处理程序和步骤也不同。常用的账务处理程序主要有记账凭证账务处理程序、科目汇总表账务处理程序和汇总记账凭证账务处理程序。

第二节　记账凭证账务处理程序

一、记账凭证账务处理程序的特点

记账凭证账务处理程序是直接根据记账凭证逐笔登记总分类账的一种账务处理程序。其特点是：先对企业发生的会计事项全部根据原始凭证或原始凭证汇总表编制记账凭证，然后直接根据记账凭证逐笔登记总分类账，记账凭证成为登记总分类账的直接依据。

采用记账凭证账务处理程序，通常需要设置库存现金日记账、银行存款日记账、总分类账和明细分类账。其中，库存现金日记账和银行存款日记账一般均采用三栏式；总分类账也采用三栏式，并按账户分别开设账页；明细分类账则可根据各单位的实际情况分别选择三栏式、多栏式或数量金额式。

二、记账凭证账务处理程序的基本步骤

(1)根据原始凭证编制原始凭证汇总表(在相同业务较多时采用)。

(2)根据原始凭证或原始凭证汇总表编制记账凭证。

(3)根据收款凭证、付款凭证逐笔登记现金日记账和银行存款日记账。

(4)根据原始凭证或原始凭证汇总表和记账凭证逐笔登记各明细分类账。

(5)根据记账凭证逐笔登记总分类账。

(6)期末，库存现金日记账、银行存款日记账和明细分类账的余额，分别与有关总分类账的余额核对相符。

(7)期末，根据总分类账和明细分类账的记录编制会计报表。

记账凭证账务处理程序如图 9—1 所示。

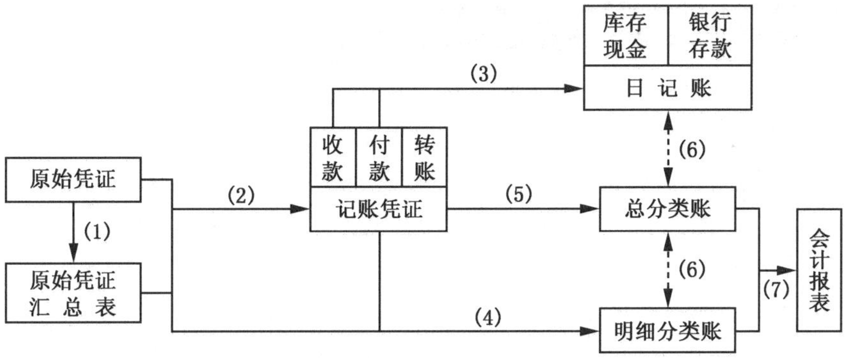

图 9—1　记账凭证账务处理程序

三、记账凭证账务处理程序的优、缺点及适用范围

记账凭证账务处理程序简单明了，易于理解。而且，根据记账凭证逐笔登记总分类账，使得总分类账可以较详细、全面地反映核算单位的经济业务情况。但与此同时，登记总分类账根据记账凭证逐笔登记，登记账簿的工作量较大。因此，这种账务处理程序适用于规模较小、经济业务量较少的企业。

记账凭证账务处理程序是基本的账务处理程序，其他账务处理程序都是在此基础上演变和发展形成的。

第三节 科目汇总表账务处理程序

一、科目汇总表账务处理程序的特点

科目汇总表账务处理程序又称记账凭证汇总表账务处理程序，它是根据记账凭证定期编制科目汇总表，然后根据科目汇总表登记总分类账的一种账务处理程序。其特点是，先根据记账凭证定期编制科目汇总表，并以科目汇总表作为登记总分类账的依据。

科目汇总表即记账凭证汇总表，是根据收款凭证、付款凭证和转账凭证填制的。根据企业经济业务的多少和复杂程度，科目汇总表可以每天填制，也可以定期填制。填制时，在“会计科目”一栏内填入核算使用的所有账户名称，然后加计一定期间记账凭证中记载的各账户的借方发生额和贷方发生额，并将合计数填入科目汇总表中相应账户的“借方金额”栏和“贷方金额”栏内。科目汇总表能够总括地反映企业某一日期或某一时期各账户的借方、贷方发生额，其格式如同试算平衡表中的“本期发生额”栏。根据借贷记账规则，如果没有记账的错误，“借方金额”与“贷方金额”的合计数应该相等。经过试算平衡之后，可以根据科目汇总表的数据登记总分类账。

科目汇总表账务处理程序是在记账凭证账务处理程序的基础上，通过增设科目汇总表而形成的。为了便于编制科目汇总表，记账凭证可以采用单项记账凭证的形式。

二、科目汇总表账务处理程序的基本步骤

(1)根据原始凭证编制原始凭证汇总表。

(2)根据原始凭证或原始凭证汇总表填制记账凭证。

(3)根据收款凭证、付款凭证逐笔登记库存现金日记账和银行存款日记账。

(4)根据原始凭证或原始凭证汇总表、记账凭证逐笔登记明细分类账。

(5)根据记账凭证填制科目汇总表。

(6)根据科目汇总表登记总分类账。

(7)月末，库存现金日记账、银行存款日记账的余额和各种明细分类账的余额应分别与对应的总分类账户的余额核对相符。

(8)月末，根据总分类账和明细分类账的资料编制会计报表。

科目汇总表账务处理程序如图9—2所示。

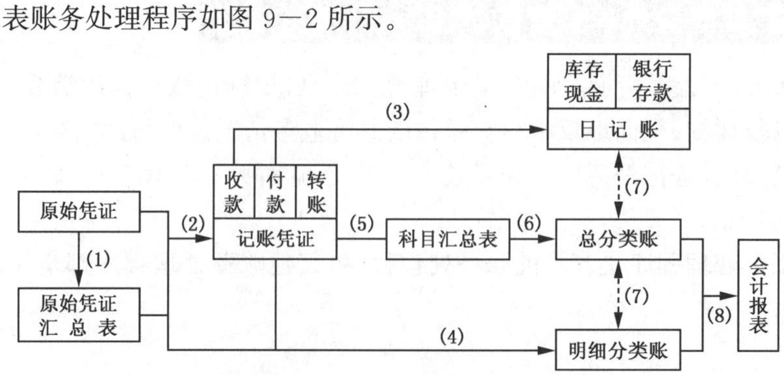

图9—2 科目汇总表账务处理程序

三、科目汇总表账务处理程序的优、缺点及适用范围

科目汇总表账务处理程序简单明了，易于理解。根据记账凭证定期编制科目汇总表并据以登记总分类账，最大限度地简化了总分类账的登记工作。而且，利用科目汇总表的试算平衡，可以减少登记总分类账的差错。其缺点是：科目汇总表不能反映经济业务的账户对应关系，无法反映经济业务的来龙去脉，也不利于检查账簿记录的账目。科目汇总表账务处理程序适用于规模较大、经济业务较多的企业。

第四节 汇总记账凭证账务处理程序

一、汇总记账凭证账务处理程序的特点

汇总记账凭证账务处理程序是根据记账凭证定期编制汇总记账凭证，并据以登记总分类账的一种账务处理程序。其特点是：首先根据原始凭证或原始凭证汇总表编制记账凭证，然后定期根据记账凭证分别编制汇总收款凭证、汇总付款凭证和汇总转账凭证，再根据汇总记账凭证登记总分类账。

采用汇总记账凭证账务处理程序时，不仅要填制记账凭证，同时还要填制汇总记账凭证。汇总记账凭证是根据记账凭证编制的，与记账凭证的格式相似，汇总记账凭证也有专用凭证和通用凭证两种格式可供选择。采用专用汇总记账凭证时，现金、银行存款的汇总收款凭证，应分别以“库存现金”“银行存款”账户的借方来设置；涉及现金、银行存款之间的业务，只需要分别以“库存现金”“银行存款”账户的贷方设置，编制汇总付款凭证即可；汇总转账凭证则应按照除“库存现金”“银行存款”账户外的每一账户的贷方设置。

二、汇总记账凭证账务处理程序的基本步骤

(1)根据原始凭证编制原始凭证汇总表。

(2)根据原始凭证或原始凭证汇总表填制记账凭证。

(3)根据收款凭证、付款凭证逐笔登记库存现金日记账和银行存款日记账。

(4)根据原始凭证或原始凭证汇总表、记账凭证逐笔登记明细分类账。

(5)根据收款凭证编制汇总收款凭证，根据付款凭证编制汇总付款凭证，根据转账凭证编制汇总转账凭证。

(6)根据汇总收款凭证、汇总付款凭证和汇总转账凭证登记总分类账。

(7)月末，库存现金日记账、银行存款日记账的余额和各种明细分类账的余额应分别与对应的总分类账户的余额核对相符。

(8)月末，根据总分类账和明细分类账的资料编制会计报表。

汇总记账凭证账务处理程序如图 9—3 所示。

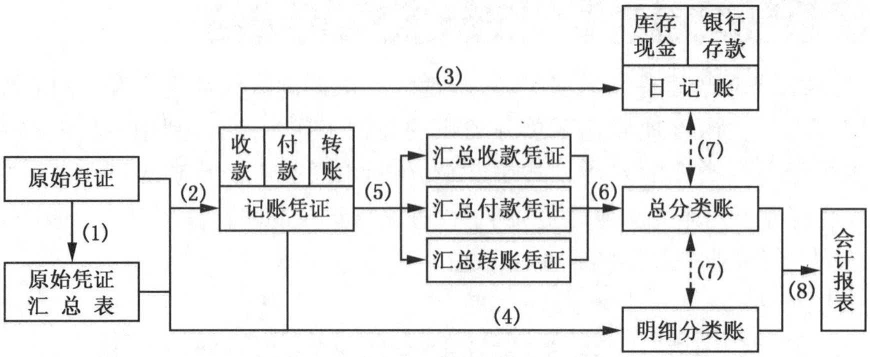

图 9—3　汇总记账凭证账务处理程序

三、汇总记账凭证账务处理程序的优、缺点及适用范围

汇总记账凭证是根据记账凭证编制的，能充分反映经济业务各账户的对应关系，反映经济业务的来龙去脉。而且，汇总记账凭证账务处理程序也简化了总分类账的登记工作。其缺点是：转账凭证较多时，编制汇总转账凭证的工作量较大，而且按每一贷方科目编制汇总转账凭证，不利于会计核算的分工。汇总记账凭证账务处理程序适用于规模较大、经济业务复杂的企业。

课堂讨论题 1

在采用记账凭证账务处理程序和汇总记账凭证账务处理程序时，它们登记(　　)的依据是相同的。

A. 会计报表　　B. 明细分类账

C. 总分类账　　D. 库存现金日记账、银行存款日记账

E. 记账凭证

第五节　ERP 系统在会计核算与财务管理中的应用

上述简要介绍了不同账务处理程序的特点和基本程序。但随着会计应用软件的日益成熟和普及，实际工作中选择使用会计应用软件的企业也日益普遍，具体的账务处理过程已经设定，不再需要人工操作，但了解不同账务处理程序的特点，对通用软件程序的个性化有着指导意义。

在实践中，大部分企业已经实现了会计信息的电子化处理，选择了适合企业特点的财务应用软件。也有越来越多的企业在会计核算与财务管理中选择了应用 ERP 系统，以使企业的决策建立在科学的基础之上，提升管理的效率和效果。ERP 是著名信息咨询公司 Gartner Group 于 20 世纪 90 年代提出来的概念，经过若干年的发展，逐渐成为一种成熟的企业管理思想和管理模式，被称为下一代企业级信息系统。

成功地应用 ERP 系统可以将其作为一种企业信息管理和经营管理的良好平台，也是企业提升管理水平的机会。这里仅简要介绍 ERP 系统及其应用，为企业财务软件的选择和账务处理程序的调整提供思路。

一、ERP 系统的特点

ERP（Enterprise Resource Planning，简称 ERP）是由美国的 Gartner Group 公司在 20 世纪 90 年代初提出的，是在 MRP（Manufacturing Resource Planning，简称 MRP）的基础上发展起来的一个较完整的集成化管理信息系统，是计算机硬件和软件技术一体化的企业资源管理系统，是管理与技术的结合体，也是一套将财会、分销、制造、人力资源等业务功能有效集成的应用软件系统。

随着人类社会进入信息时代，信息技术的飞速发展加快了制造企业现代化与信息化的进程。此时，以 ERP 为代表的管理信息系统成为企业信息化技术的重要体现。ERP 的管理思想与技术经历了 30 多年的发展变革，从物料需求计划（MRP）到制造资源计划（MRPⅡ），再进一步发展到企业资源计划（ERP），逐渐成熟。

20 世纪 60 年代早期的 MRP 是基于物料库存计划管理的生产管理系统。70 年代，MRP 经过发展，形成了闭环的 MRP 生产计划与控制系统，开始基于产品结构的物料需求组织生产，根据产品完工日期和产品结构规定生产计划，从而解决了库存物料订货与组织生产问题。80 年代初，基于企业经营目标制定生产计划，围绕物料转化组织制造资源，实现按需、按时进行生产。从一定意义上讲，MRPⅡ系统实现了物流、信息流与资金流在企业管理方面的集成。90 年代以来，MRPⅡ经过进一步发展和完善，形成了 ERP 系统，更加面向全球市场，功能更为强大，所管理的企业资源更多，支持全局角度进行经营与生产计划，是企业综合的集成经营管理系统。ERP 在全球发展的 30 多年间，企业的管理发生了巨大的变化，这种变化尤其体现在企业的财务管理中。

随着国外企业流程再造以及企业资源计划系统思想和技术的传入，我国企业财务的重心也从核算型转为管理型，为了实现企业内业务处理一体化，做到资金流、物流和信息流的统一，形成一个实时的、动态的管理系统，ERP 也成为我国一部分企业的选择。但在具体应用过程中会出现各种问题，能够真正全面实施 ERP 系统的企业并不多。

经济的迅速发展，给企业参与市场竞争带来了新的机遇，也对其传统的财务管理提出了挑战，迫切需要进行财务管理创新。为了适应全球经济一体化，我国很多企业开始重视企业管理，并逐步应用企业管理软件——ERP 系统。

二、ERP 系统在会计核算中的应用

实践证明，ERP 系统在会计核算中的应用，能够保证核算的统一性，提高财务数据的正确性。

无论是什么组织形式的企业，会计核算的主要内容都是记录、核算、反映和分析资金在企业经济活动中的变动过程及其结果。从物理层面看，ERP 的会计核算可以分模块进行，如总账模块、应收账款模块、应付账款模块、现金管理模块、固定资产核算模块和工资核算模块等。总账模块是财务管理系统的核心。

财务核算是财务管理的基础，财务核算主要包括账务处理和财务报表等内容，统一的核算口径和核算方法对最终财务报表的准确性提供保证，但有时由于财务人员经验判断、人为操作、工作交接等问题的影响，会发生核算上的偏差，导致报表略有失真。ERP 的出现及时解决了这一问题，财务核算所需的业务信息全部由前端业务模块产生，在日常核算中财务根据业务发生的数据生成会计信息，对于同一业务会根据设置的统一规则进行统一核算，不受人为因素影响，从而保证核算的统一性，提高财务数据的正确性，为企业管理者更好地做出决策提供了及时、可靠的财务信息。

三、ERP 系统在财务管理中的应用

财务管理的功能主要是基于会计核算的数据，再加以分析，从而进行相应的预测、管理和控制活动。ERP 系统中的财务管理模块改善了企业会计核算和财务管理的业务流程，已经完成了从事后财会信息的反映，到财务管理信息处理，再到多层次、一体化的财务管理支持，增强了企业资金管理水平。ERP 系统在财务管理中的应用主要体现在能够通过系统轻松提取数据，增强了财务分析功能，复杂的财务分析可以利用系统进行多角度的分析，为决策者提供有利的经营决策信息，从而帮助决策者做出更快、更科学的决策。

四、ERP 系统在成本管理中的应用

成本管理是财务管理工作中的重点，现代成本管理需要一个能协调地计划、监控和管理企业各种成本发生的全面集成化系统。ERP 系统能够确保企业成本控制的及时性。从操作环节模拟手工记账开始到管理环节，信息管理系统应用的深度和广度都得到了前所未有的拓展，产生了质的飞跃。财务人员可以跟踪了解原料采购、生产再造、发出销售的整个物流情况，而且伴随着每一个作业做出相应的反应，及时监控，保障了成本的准确、实时核算。财务信息化不仅大大简化了原有的流程，极大地提高了效率，而且能够及时监控并分析，不断优化成本，大大提高了成本的控制力度。

五、ERP 系统在预算管理中的应用

预算管理侧重于财务计划、控制、分析和预测，强调事前计划、事中控制和事后反馈，并支持企业从销售计划、生产计划、采购计划、费用计划、资金计划、损益计划、资产负债计划的全面预算编制过程。各管理层可以通过 ERP 系统及时了解预算的执行情况，为及时做出预算调整和修订提供决策依据。由信息化提供的平台，可以使企业根据历史数据，合理、准确地做好各业务、各产品、各部门、各费用科目的预算工作，并做到按月分解和及时调整，根据当月的实际发生费用与预算进行比较，及时控制费用支出，提高资金使用率，最大限度地降低可控费用，从而降低产品成本，提高经济效益。

六、ERP 系统在我国应用的前景

采用 ERP 系统，信息的即时性、信息的集成性、管理的前瞻性以及在改变企业资金管理模式和业绩评价方法的改进方面有着巨大优势。

ERP 系统在财务管理中的不足也比较突出，主要体现在系统维护成本高，查找差错比较

耗时，员工培训成本高。当然，最突出的是随着企业导入ERP系统，大多数财务信息都由前端业务进行数据输入，会计信息随着前端业务的输入审核，自动生成凭证，记入明细账和总账，并自动生成报表。也就是说，ERP系统取代了原先传统会计人员进行的会计核算工作，直接导致一部分财务人员将面临失业的危机。但从另一个角度看，ERP系统的导入，实质上是将企业的财务重心由基础核算转变为分析管理，因此，对财务人员的核算要求转变为管理要求，促使财务人员能力的提高和观念的转变。

随着市场经济的飞速发展，企业间的竞争日趋激烈，一个优秀的企业必须有一个先进的管理机制，ERP系统利用先进的信息技术，体现了先进的管理理念。因此，如何利用ERP系统这种企业资源管理模式，建立管理模型，改造业务流程，有效整合企业资源，全面提高企业的管理水平，努力实现企业价值最大化的目标，是每个企业必须面临的挑战和机遇。

重要术语

账务处理程序——从填制会计凭证、登记账簿到编制会计报表的过程中有关记账和产生会计信息的步骤和方法，是以账簿体系为核心，把会计凭证、会计账簿、会计报表三大会计核算环节有机结合记账程序和记账方法所形成的完整的会计核算体系。

记账凭证账务处理程序——对企业发生的会计事项，全部根据原始凭证或原始凭证汇总表编制记账凭证，然后直接根据记账凭证逐笔登记总分类账的一种账务处理程序。

科目汇总表账务处理程序——又称记账凭证汇总表账务处理程序，是根据记账凭证定期编制科目汇总表，然后根据科目汇总表登记总分类账的一种账务处理程序。

汇总记账凭证账务处理程序——定期根据记账凭证分别编制汇总收款凭证、汇总付款凭证和汇总转账凭证，并根据汇总记账凭证登记总分类账的一种账务处理程序。

ERP——在制造资源计划的基础上发展起来的一个较完整的集成化管理信息系统，是计算机硬件和软件技术一体化的企业资源管理系统，是管理与技术的结合体，也是一套将财会、分销、制造、人力资源等业务功能有效集成的应用软件系统。

复习思考题

1. 什么是账务处理程序？常见的账务处理程序有哪些？
2. 企业应该如何根据实际情况选择合适的账务处理程序？
3. 简要说明记账凭证账务处理程序的特点、优点、缺点和适用性。
4. 简要说明科目汇总表账务处理程序的特点、优点、缺点和适用性。
5. 简要说明汇总记账凭证账务处理程序的特点、优点、缺点和适用性。
6. 企业如何根据自己的需要选择合理、有效的会计应用软件？
7. ERP系统在财务核算和财务管理方面的优势如何体现？

自我测试题

一、单项选择题

1. 记账凭证账务处理程序登记总分类账的直接依据是(　　)。

A. 记账凭证　　B. 原始凭证

C. 记账凭证汇总表　　D. 原始凭证汇总表

2. 企业最基本的账务处理程序是(　　)。

A. 记账凭证账务处理程序　　B. 科目汇总表账务处理程序

C. 汇总记账凭证账务处理程序　　D. 分类账账务处理程序

3. 科目汇总表账务处理程序和汇总记账凭证账务处理程序的最大区别是登记(　　)的依据不同。

A. 汇总记账凭证　　B. 明细分类账　　C. 总分类账　　D. 记账凭证

4. 科目汇总表账务处理程序的最大缺点是(　　)。

A. 账户对应关系不明确　　B. 记账工作量大

C. 适用性差　　D. 核算过程复杂

5. 填制汇总转账凭证时,要按照(　　)设置。

A. 每个账户的借方

B. 除“库存现金”“银行存款”账户外的每个账户的贷方

C. 每个账户的贷方

D. 除“库存现金”“银行存款”账户外的每个账户的借方

二、多项选择题

1. 企业常用的账务处理程序有(　　)。

A. 记账凭证账务处理程序　　B. 科目汇总表账务处理程序

C. 汇总记账凭证账务处理程序　　D. 分类账账务处理程序

2. 记账凭证账务处理程序登记总分类账的直接依据是(　　)。

A. 收款凭证　　B. 付款凭证　　C. 原始凭证　　D. 转账凭证

3. 采用科目汇总表账务处理程序编制会计报表的依据是(　　)。

A. 总分类账　　B. 明细分类账　　C. 科目汇总表　　D. 记账凭证

4. 汇总记账凭证账务处理程序登记总分类账的依据是(　　)。

A. 汇总收款凭证　　B. 汇总付款凭证　　C. 原始凭证汇总表　　D. 汇总转账凭证

5. 在记账凭证核算形式下,登记明细分类账的依据是(　　)。

A. 收款凭证　　B. 付款凭证

C. 转账凭证　　D. 原始凭证或原始凭证汇总表

三、判断题

1. 在实际工作中,企业只需要充分考虑生产经营活动的特点和规模,即可确定账务处理

程序。（　）

2. 账务处理程序是指从填制会计凭证、登记账簿到结账的过程中有关记账和产生会计信息的步骤和方法。（　）

3. 记账凭证账务处理程序可以详细、全面地反映核算单位的经济业务情况，而且登记账簿的工作量小，易于理解。（　）

4. 在采用科目汇总表账务处理程序时，记账凭证的编制可以采用单项记账凭证的形式。（　）

5. 在采用汇总记账凭证账务处理程序时，要同时填制记账凭证和汇总记账凭证。（　）

第十章　会计工作的组织

本章学习指南

为了保证会计工作顺利进行，不断提高会计工作的质量，必须科学地组织会计工作，以充分发挥会计在经济管理中的作用。《会计法》中有专门条款指出会计工作的管理体制、会计人员的职权任免、会计机构的职责等内容，它是正确组织会计工作的依据和准绳。

会计工作组织的内容，主要包括会计机构的设置、会计人员的配备、会计法规的制定与执行以及会计档案的保管等。对会计机构的设置和会计人员的配备以及对统一会计规范的执行等，都要结合本单位的实际情况和具体要求来组织会计工作。

第一节　会计工作组织的内容及原则

会计工作的组织包括会计机构的设置、会计人员的配备和会计法规的制定与执行以及会计档案的保管。科学、合理地组织会计工作，对提高会计工作质量、实现会计目标，具有重要意义。

一、会计工作组织的原则

1. 以规范会计管理、提高会计工作的质量和效率为目标

会计工作是一项严密、细致的综合性经济管理工作，涉及面广，业务环节流程多，工作技能要求高。因此，要做好会计工作，提高会计工作的质量，就必须重视会计工作的组织，科学、合理地组织会计工作，充分发挥会计在经济管理中的作用。

《会计法》中有专门条款规定会计工作的管理体制、会计人员的职权任免、会计机构的职责等内容，它是正确组织会计工作的依据和准绳。根据《会计法》规定，由国务院财政部门统一管理全国的会计工作，地方各级人民政府的财政部门管理本地区的会计工作，各事业等单位组织会计工作必须符合国家会计工作的统一要求。因此，会计工作要按照“统一领导，分级管理”的原则建立会计工作的管理体制。在完善会计管理制度的同时，要以提高会计工作的效率和质量为目标。

2. 与本单位的特点和规模相适应

在实际工作中，每个会计主体的组织形式不同，经济活动范围、经营规模和业务内容不同，对会计管理和信息的要求也千差万别，因此，对会计机构的设置和会计人员的配备以及对统一会计规定的执行等，都要结合本单位的实际情况和具体要求，科学地组织会计工作，保证会计核算和会计管理工作的有序和高效。

3. 协调与其他经济管理工作的关系

会计工作是经济管理工作的重要组成部分，有其独立的工作内容、管理制度和工作范围，具有很强的综合性和政策性。但其会计对象的原始数据资料却主要来源于其他经济管理部门，与其他经济管理工作有着十分密切的联系，这就需要与其他经济管理部门形成既分工又协作的关系。因此，在组织会计工作时，要与其他各项管理工作相互配合、相互协调，充分发挥会计参与经营决策的职能，为企业实现战略目标提供财务支持。

二、会计工作组织的形式

如前所述，会计部门应该与业务部门、其他管理部门配合协作。如何进行分工，涉及会计工作组织形式的选择。企业应该根据经营规模大小、业务繁简程度以及其他内部组织机构的设置情况，确定合理、科学的会计工作组织形式。

对于独立核算单位的会计工作组织形式，一般分为集中核算组织形式和非集中核算组织形式两种。

集中核算就是把整个单位的会计工作主要集中在会计部门进行，单位内部的其他部门和下属单位只对其发生的经济业务填制原始凭证或原始凭证汇总表，定期送交会计部门，由会计部门填制记账凭证，登记有关账簿，编制会计报表。采取集中核算可以减少核算层次、节约费用，但不利于内部有关部门及时利用会计资料分析和解决问题。

非集中核算又称为分散核算，是将会计工作分散在各有关部门进行，会计部门主要从事登记总账和一部分明细账、计算产品的全部成本、编制会计报表等工作，而把与内部各部门业务有关的明细分类核算工作分散在各有关部门进行。实行非集中核算，有利于各部门、车间及时利用会计资料进行分析和考核，但会增加核算层次，并使核算费用增加。一个单位的会计工作组织，要按照经营管理的需要选择合适的核算形式。

第二节　会计机构

会计机构是直接从事、组织和领导会计工作的职能部门。建立和健全会计机构，配备一定数量和具有职业道德的高素质专业人员，是加强会计工作、保证会计工作顺利进行的重要条件。

一、会计机构的设置

会计机构是处理会计业务工作的专职机构。企业、事业单位和主管部门一般都要设置独立的会计机构。各单位要根据会计业务特点和管理要求，遵循以下原则，设置会计机构：

1. 独立设置会计机构

一般来说，大中型企业和具有一定规模的行政事业单位以及财务收支数额较大、经济业务活动较多的社会团体及其他经济组织，都应该设置独立会计机构。在一些规模大、会计业务复杂且业务量大的单位，可根据“统一领导，分级管理”的原则，在单位内部设置各级、各部门的会计组织，规模大的如集团公司、大型企业、事业部等可以设置财务管理公司、财务部、财务处等机构；一些规模小、会计业务简单的单位，可以设置财务处、财务科等。

2. 不单独设置会计机构，但配备专职会计人员

对于不具备单独设置会计机构的单位，如规模较小、财务收支数额不大、经济业务活动简单的企业、机关、事业单位和个体经商户等，可以不设置独立会计机构，但可以将会计业务并入其他职能部门，配备专职会计人员，并指定会计主管人员或分管领导，以保证会计工作的正常进行和会计工作的质量。

3. 对既不具备设置会计机构和配备会计人员条件，又不配备专职会计人员的单位，应该根据财政部发布的《代理记账管理暂行办法》，委托有资质的、从事会计代理记账业务的中介机构代理记账，以满足其记账、算账、报账的要求。

二、会计机构的岗位职责

各企业、行政事业单位、机关团体及其他经济组织根据需要设置的会计机构，按其核算内容，可分为独立核算单位和非独立核算单位。

1. 独立核算单位会计机构的岗位职责

独立核算单位的会计机构的特点是：单独设置会计机构和配备会计人员；具有一定的资金，在银行单独开户，独立经营，计算盈亏；具有完整的凭证、账簿和报表系统；定期编制会计报表。因此，其岗位职责包括：

第一，各级会计机构要接受上级管理机构以及国家财政、税务和审计等部门的指导与监督，并按规定向这些部门报送会计报表。

第二，会计机构主要负责组织、领导和监督所属单位的会计工作，它们的主要任务是：根据国家统一会计法规、制度的要求，制定本系统适用的会计法规、制度的实施细则。

第三，审核并批复所属单位上报的会计报表，同时汇总编制本系统的汇总会计报表；检查和指导所属单位的会计工作，帮助其解决工作中的问题。

第四，总结并组织、交流所属单位会计工作的先进经验；核算本单位与财政机关以及上下级之间有关款项缴拨的会计事项等。

2. 非独立核算单位的岗位职责

非独立核算单位，又称为报账单位。它的主要岗位职责相对比较简单，主要包括两个方面：一是进行日常原始凭证的填制和整理工作，并将汇总资料报送给上级单位核算；二是将其收入全部上缴上级单位，并向上级单位办理所有发生支出的报销业务。

由于是非独立核算单位，其本身不需要独立计算盈亏，因此也不需要编制会计报表。

> **课堂讨论题 1**
>
> 如何结合企业的实际情况设立会计机构？

第三节 会计人员

设置合理的会计机构是提供一个发挥会计管理作用的平台，真正要做好会计工作，关键在于会计人员的配备。在建立和健全会计机构的同时，是否配备了具备执业资格的会计人员，会计人员的专业知识、执业判断能力和会计人员的职业道德等素质，直接决定了会计工作的质量和效率，决定了会计管理在企业发展中的作用。

为了充分发挥会计人员的积极性，使全体会计人员更好地完成工作任务，《会计法》和有关《会计人员管理条例》等法规中，也对会计人员的职责与权限、专业职务、任免和奖惩等都做了明确的规定。

一、会计人员的主要职责

按照中华人民共和国国务院颁发的《会计人员职权条例》，对会计人员的主要职责做了具体的规定，归纳起来，其主要职责包括以下几个方面：

(1)做好会计核算工作，根据规定，对发生的经济业务进行连续、系统、全面的确认、计量和核算，及时、准确地提供真实可靠的会计信息是会计人员最基本的职责。

(2)实行会计监督，维护国家财政方针、政策、制度和法律；参与预测、决策，考核计划、预算的执行情况。会计人员应该认真编制并严格执行财务预算，遵守各项收入制度、费用开支范围和开支标准，分清资金渠道，合理使用资金，提高企业资金效率；并根据财务信息定期检查、分析财务计划、预算的执行情况，挖掘增收节支的潜力，作为考核管理业绩和受托责任的履行情况的依据。

(3)拟订本单位办理会计事务的具体办法和各项规定，如材料收发保管制度、国家资产使用保管制度及其他会计工作。

二、会计人员的权限

为了使会计人员完成其职责，国家赋予会计人员一定的权限。《会计人员职权条例》中规定会计人员的主要权限包括：

(1)有权要求本单位的有关部门、人员认真执行国家批准的计划、预算，遵守国家法律及财经纪律和财务会计制度，如有违反，会计人员有权拒绝付款、拒绝报销或拒绝执行，并向本单位领导报告。

(2)对于弄虚作假、徇私舞弊、欺骗上级等违法乱纪行为，会计人员必须拒绝执行，并向本单位领导或上级有关部门报告。

(3)有权参与本单位编制计划、制订定额、签订合同等工作，并参加有关经营管理会议；会计人员有权提出有关财务开支和经济效益方面的问题和意见。

(4)有权监督、检查本单位有关部门的财务收支、资金使用和财产保管、收发、计量、检验等情况。有关部门要提供资料，如实反映情况。

《会计人员职权条例》中还明确规定，各级领导和有关人员要支持会计人员行使工作权限。如果有人对坚持原则的会计人员反映的情况进行刁难、阻挠或打击报复，上级机关要查明情况，严肃处理。

三、会计人员职业道德

会计人员职业道德是指会计人员在其特定的会计工作中各种行为规范的总和。它是一般社会道德在其职业生活中的特殊要求，带有明显的行业特征。根据《会计基础工作规范》的要求，会计人员职业道德主要包括以下几个方面：

(一)爱岗敬业

会计人员应当热爱本职工作，这是做好所有工作的基础。会计岗位的特殊性，决定了会计人员必须有高度的责任感和纪律性，严格遵守财经法规和核算规程，树立良好的职业品质和职业道德。只有热爱自己的工作，才会有动力努力钻研业务，不断提高自己的专业知识和执业判断能力，使自己的知识和技能适应所从事工作的要求，并努力提高工作效率和工作质量。

(二)熟悉财经法规，依法办事

会计人员应当按照会计法律、法规和《会计准则》的规定，依据规定的程序和要求，正确处理本单位的生产经营和日常管理业务，保证所提供的会计信息合法、真实、准确、及时、完整；能够运用掌握的会计信息和会计方法，为改善单位内部管理、提高经济效益提供财务支持；在面临压力和诱惑时，要依法办事。

(三)客观、公正

会计人员在办理会计事务时，要坚持实事求是、客观公正的原则。这是会计人员遵守职业道德最重要的评价标准。会计人员的首要职责就是客观、公正地反映和记录经济业务的具体内容，如果对经济业务的处理不能遵循客观性原则，那就是做假账、错账，据此提供的会计信息就失去了决策有用性的意义，甚至误导信息使用者的决策。尤其是在对一些特殊会计事项处理和会计方法进行选择时，更加需要正确行使自己的职权，强化自身的品德修养和职业道德。

(四)保守秘密

会计人员应当保守本单位的商业秘密。除法律规定和单位领导人同意外，不能私自向外界提供或者泄露单位的会计信息。会计部门是一个综合的管理机构，与其他管理部门之间有着密切的联系，会计信息涵盖了一个企业从资金筹集、对外投资、物资采购、产品生产、市场销售到利润分配的每一个环节，所涉及的成本管理、利润构成、投资决策、营销策略乃至员工的薪酬制度等会计信息和企业预算管理资料都属于企业的秘密，不能擅自对外公布和透露。

第四节 会计规范体系

会计是一项综合性的经济管理工作，必须做到有法可依、有章可循。而且，要实现会计的基本目标，其途径主要有两条：一是制定财务会计规范，通过财务会计规范来制约会计信息提供者的行为，保证财务会计信息质量；二是通过独立于会计信息提供者和使用者之外的第三者(如注册会计师)的审计监督来确保会计信息的质量。而会计师事务所的审计监督也要以财务会计规范为标准来判断企业会计信息的质量。因此，需要通过企业会计规范来约束会计行为，以保证会计工作的顺利进行。

会计规范作为指导会计工作的行为准则，也必须随着所处的环境和时代的发展变化作相应的调整。会计法规是制约企业财务会计工作的专门法律、法规、准则和制度的总称。它是以一定的会计理论为基础，根据国家的财经方针、政策，将会计工作所应遵循的各项原则和方法用法规的形式确定的会计实务工作指南，是制约企业财务会计工作的专门法律、法规、准则和制度的总称。企业会计规范的制定和实施往往与其实行的法律体制有密切关系。但在其对会计事务的制约方面，又分不同的层次。

一、会计法律规范

会计法规是指由国家制定或认可，并由国家强制实施的有关会计工作的法律、条例、规则和制度的总称。就内容来说，会计法规可以分为两部分：一部分是国家为管理会计工作而专门制定的法律、法规、制度；另一部分不是直接针对会计工作和会计行为，而是针对企事业单位的经济活动制定的有关法规。

我国会计的基本法律规范有《会计法》《注册会计师法》《合同法》《公司法》等。其中，《会计法》是指导会计工作的根本法，是制定其他会计规范的依据，是以会计行为为规范对象的专门法律，是我国有关会计工作的根本大法。它是会计工作的最高层次的规范，但从法律层面看，我国法律对会计行为的规范并不仅限于《会计法》。

《会计法》于 1985 年颁布，于同年 5 月 1 日起施行。1993 年及 1999 年分别进行了二次修订。《会计法》涉及我国会计工作的各个领域，包括总则、会计核算、公司企业会计核算的特别规定、会计监督、会计机构和会计人员、法律责任和附则，共七章五十二条，原则性地制约了我国会计工作的主要方面，包括《会计法》制定的目的、会计核算和会计监督的对象、会计工作的管理权限、会计机构的设置和会计人员的职责与权限以及相关的法律责任等。近期，财政部会计司正在组织和修订新的《会计法》，新修订的修改稿内容与原《会计法》相比，更加明确财政部门的会计主管权限，保护会计人员的合法权益，突出完善会计责任制度和违法问责机制等方面的改革。

其他的如《注册会计师法》《审计法》《税法》《证券法》《票据法》《合同法》以及《公司法》等相关专业法律，也从不同方面对企业会计行为做出了法律上的规定，它们共同构成了会计法律规范的第一个层次。

二、财务会计报告条例

国务院颁布的会计工作条例是会计规范的第二个层次。

为了规范企业财务会计报告，保证财务会计报告的真实和完整，2000 年 6 月 21 日，国务院发布了第 287 号令《企业财务会计报告条例》。这是我国有关财务会计报告的行政法规。该条例共 6 章、46 条，对企业财务会计报告的构成、编制、对外提供及法律责任等问题作出了说明。

三、《企业会计准则》

《企业会计准则》是进行会计工作的规范，是评价会计工作质量的准绳。它被认为是制定会计核算制度和组织会计核算工作的基本规范，是进行会计处理、编制财务报告的指南和标准。

综观世界各国的会计准则现状，会计准则都由权威部门负责制定和修改，用于指导和规范会计工作，具有很强的约束力。我国会计准则由财政部负责制定和修改。

在实际工作中，对会计工作有直接指导意义的是《企业会计准则》。《企业会计准则》是制订会计核算制度和组织会计核算工作的基本规范，是进行会计处理、编制财务报告的指南和标准。随着中国经济体制改革和社会体制改革的深入发展，为了适应市场经济和对外开放的需要，1992 年，我国颁布了《企业会计准则——基本准则》，从而使我国会计工作与国际接轨拉开了序幕，随后进行了一系列的会计法规和会计制度的研究和探索。归纳起来，我国会计共经历了三次重大改革：一是 1993 年的“两则两制”改革，二是 2001 年的“统一会计制度”改革，三是 2006 年的“新企业会计准则体系”改革。

随着我国国际地位的变化、世界经济一体化的进程以及加入 WTO，企业会计理论和实践的国际化趋同日益迫切。2006 年 2 月，财政部召开会计准则体系发布会，正式发布了新企业会计准则体系，并规定新的企业会计准则体系从 2007 年 1 月 1 日起在所有上市公司率先执行。这是我国会计理论与会计实践发展中的一个重要里程碑，标志着我国会计已经真正步入了国际化的轨道。

《企业会计准则》包括 1 项基本准则、38 项具体准则和准则应用指南。

2006 年 2 月 15 日颁布的《企业会计准则——基本准则》共 11 章、50 条，规范了我国会计工作最基本的各个方面，为制定具体会计准则提供了概念框架。

具体会计准则是按照基本会计准则的要求，根据经济环境和规范会计实务的需要，对企业的基本经济业务和特殊经济业务或会计事项的处理方法和程序的具体规定，是对具体交易或者事项进行会计处理的规范，包括基本业务准则、特殊业务准则、特殊行业基本业务准则和有关财务报表的准则等共计 38 项。

应用指南是对具体准则的一些重点和难点问题做出的操作性规定；解释公告是随着《企业会计准则》的贯彻实施，就实务中遇到的实际问题而对准则做出的具体解释。准则应用指南则为准则的理解和全面执行提供了操作方法和应用技术的指导。

在实际工作中，这套准则主要针对大中型企业和上市公司。有相当部分小企业的会计机构不是很健全，会计人员素质相对较低，各项管理制度较不规范，有欠健全，其执行《企业会计制度》的难度也是不言而喻的。因此，2011 年 10 月财政部正式发布了《小企业会计准则》，于 2013 年 1 月 1 日起在小企业范围内施行，原《小企业会计制度》同时废止。制定《小企业会计准则》是健全企业会计标准体系、规范小企业会计行为的重要制度基础。按照我国企业会计改革的总体框架，《企业会计准则——基本准则》适用于在中华人民共和国境内设立的所有企业；《企业会计准则》和《小企业会计准则》是基本准则框架下的两个子系统，分别适用于大中型企业和小企业。

2011 年颁布的《小企业会计准则》适用于在中华人民共和国境内依法设立的、符合《中小企业划型标准规定》所规定的小型企业标准的企业。符合上述标准的小企业，可以执行《小企业会计准则》，也可以执行《企业会计准则》。

2011 年颁布的《小企业会计准则》分 10 章，共计 90 条，由总则、资产、负债、所有者权益、收入、费用、利润及利润分配、财务报表、附则和两个附录组成。其中，附录 1 为会计科目、主要账务处理和财务报表，附录 2 为《企业会计准则》与《小企业会计准则》会计科目转换对照表。

从会计规范的发展过程可以看到，会计规范不可能一成不变，而是不断地进行修订和完善。目前，我国的企业会计准则体系就处于一个全面修订、完善、研究的过程中。例如，为了深入研究我国企业会计准则体系实施的问题及其解决方案，2018 年财政部会计司发出了征询意向公告，希望聘请咨询机构开展研究。主要内容包括几个方面：一是分析研究业务模式发展对企业会计准则的影响，对如何在企业会计准则建设中加以规范提出具体对策。二是借鉴国际经验，跟踪研究并翻译国际财务报告准则概念框架，研究提出国际概念框架修订对我国的影响和在我国的适用性，并对我国基本准则修订提出政策建议。三是系统梳理我国企业会计准则项目间相互关联和彼此影响，对进一步规范企业会计准则体系体例、提升准则体系的一致性和协调性提出对策建议。四是全面梳理我国现有会计准则，为提高我国企业会计准则的科学性和适用性、有序推进企业会计准则的修订和完善提出有关对策。五是及时跟踪研究国际财务报告准则的最新进展，为我国参与有关国际财务报告准则制定提供技术支持和反馈意见，并对有关国际财务报告准则对我国的影响和在我国的适用性提出建议。

企业会计规范的建立和健全，是会计核算以及会计信息披露规范化的根本保证。

四、内部会计管理制度

从广义的角度看，会计制度是进行会计工作所应遵循的规则、方法、程序的总称，包括人员管理制度和会计核算制度等。对于会计核算制度，我国基本上采用的是分行业、分所有制的会计制度，直到 2000 年 12 月，财政部颁布了统一的企业会计制度，包括《企业会计制度》《金融保险企业会计制度》《小企业会计制度》以及《行政事业单位会计制度》四大部分，具体包括总制度、会计科目和会计报表两个部分，以及诸如会计事项分录举例等附录，为会计人员对具体业务的会计处理提供了业务指导。

随着我国会计准则体系的进一步完善，会计核算制度已慢慢退出历史舞台。但企业内部的会计管理制度，在加强会计日常核算工作、会计分析、会计检查及优化财务信息披露方面，同样发挥着重要的作用。一般情况下，企业应设置以下会计管理制度：

（一）内部稽核制度

按照《会计法》和《会计基础工作规范》的要求，为了对会计资料进行再次审核，防止和减少会计工作差错的出现，确保会计信息的真实、准确，企业制订内部稽核制度。在会计机构内部，必须指定一位业务精通、责任心强、熟悉各种法规、素质具备的人担当稽核工作，对已经审核的经济业务、原始凭证、记账凭证、会计账簿、会计报表和其他会计资料进行审查，防止会计差错，保证会计信息的真实、准确和内容完整。稽核人员不得由出纳兼任，对发现的问题、差错应及时向会计主管汇报，并反馈给相关会计人员，及时处理整改。稽核人员对经稽核的会计资料负责。

（二）账务处理程序制度

为提高单位会计信息质量，促进会计基础工作水平，规范会计核算、账簿登记、报表编制等工作，各单位要制订账务处理程序制度。企业应该根据自身的实际情况，按照单位经济活动分析的需要合理设置会计科目；会计核算应当以实际发生的经济业务为依据，选择合理的会计处理方法进行核算，保证会计指标的口径一致、相互可比和会计处理方法前后期一致。

（三）原始记录管理制度

原始记录是记录经济业务发生的书面凭据，是会计核算工作的基础，是会计信息的源泉。为了规范原始记录，明确责任，使原始记录能够真实、完整地反映经济业务的本质，提高会计基础工作水平，保证会计信息的真实和完整，各单位要制定原始记录管理制度。

（四）财产清查制度

财产清查是指通过对实物、现金的实地盘点，银行存款和往来款项的核对，确定企业资产实有数额，发现并解决账实不符的一种专门方法，是确保国有资产的安全、防止资产流失的重要保障措施。各单位必须制定财产清查制度，明确财产清查的范围、财产清查期限、清查办法和程序，并组成财产清查小组对清查结果进行处理与考核。

（五）财务收支审批制度

财务收支管理是企业管理中的重要环节，是企业管理的核心工作。企业要实现财务收支目标，必须完善和规范审批行为，进行事前控制，各单位必须制定《财务收支审批制度》，对财务收支审批人员授权制、财务收支审批人员权限及范围、财务收支审批程序进行规范和监督。

（六）成本费用核算制度

成本费用核算是反映生产经营过程中实际耗费的基本手段，是实现成本费用全过程控制的重要环节。成本核算的正确与否，直接影响着财务成果的计算。为了进一步规范成本费用核算，企业应制定成本费用核算制度。

其他的会计管理制度包括《财务会计分析制度》《重大经济事项监管制度》及《会计电算化岗位责任制度》等，都从不同侧面对利用会计、统计、业务核算及计划等资料，对企业的生产及经营管理情况进行检查、分析和总结，加强对外投资、担保、借款、资产处置、大额资金调度、其他重大经济事项的监督和管理，适应企业管理规范化、信息化的需要。

课堂讨论题 3

结合企业的具体情况，在实际工作中，你经常涉及的会计内部管理制度包括（　　）。

A.《会计法》　　B.《企业会计准则》　　C. 内部稽核制度

D. 成本费用核算制度　　E. 财务收支审批制度　　F. 原始记录管理制度

G. 内部稽核制度　　H. 账务处理程序制度

第五节　会计档案

会计档案是指单位在进行会计核算等过程中接收或形成的，记录和反映单位经济业务事项的，具有保存价值的文字、图表等各种形式的会计资料，包括通过计算机等电子设备形成、传输和存储的电子会计档案。为了加强会计档案管理，有效保护和利用会计档案，单位应当加强会计档案管理工作，建立和完善会计档案的收集、整理、保管、利用和鉴定销毁等管理制度，采取可靠的安全防护技术和措施，保证会计档案的真实、完整、可用、安全。

一、会计档案的范围

以下会计资料应纳入归档范围：

(1)会计凭证：原始凭证，记账凭证。

(2)会计账簿：总账、明细账、日记账、固定资产卡片及其他辅助性账簿。

(3)财务会计报告：月度、季度、半年度、年度财务会计报告。

(4)其他会计资料：银行存款余额调节表、银行对账单、纳税申报表、会计档案移交清册、会计档案保管清册、会计档案销毁清册、会计档案鉴定意见书及其他具有保存价值的会计资料。

单位可以利用计算机、网络通信等信息技术手段管理会计档案。同时满足下列条件的，单位内部形成的属于归档范围的电子会计资料可仅以电子形式保存，形成电子会计档案：

(1)形成的电子会计资料来源真实有效，由计算机等电子设备形成和传输；

(2)使用的会计核算系统能够准确、完整、有效接收和读取电子会计资料，能够输出符合国家标准归档格式的会计凭证、会计账簿、财务会计报表等会计资料，设定了经办、审核、审批等必要的审签程序；

(3)使用的电子档案管理系统能够有效接收、管理、利用电子会计档案，符合电子档案的长期保管要求，并建立了电子会计档案与相关联的其他纸质会计档案的检索关系；

(4)采取有效措施，防止电子会计档案被篡改；

(5)建立电子会计档案备份制度，能够有效防范自然灾害、意外事故和人为破坏的影响；

(6)形成的电子会计资料不属于具有永久保存价值或者其他重要保存价值的会计档案。

二、会计档案的保管和移交

单位会计管理机构按照归档范围和归档要求，负责定期将应当归档的会计资料整理立卷，编制会计档案保管清册。当年形成的会计档案，在会计年度终了后，可由单位会计管理机构临时保管 1 年，再移交单位档案管理机构保管。因工作需要确需推迟移交的，应当经单位档案管理机构同意。单位会计管理机构临时保管会计档案最长不超过 3 年。

单位会计管理机构在办理会计档案移交时，应当编制会计档案移交清册，并按照国家档案管理的有关规定办理移交手续。纸质会计档案移交时，应当保持原卷的封装。电子会计档案移交时应当将电子会计档案及其元数据一并移交，且文件格式应当符合国家档案管理的有关规定。特殊格式的电子会计档案应当与其读取平台一并移交。单位档案管理机构接收电子会计档案时，应当对电子会计档案的准确性、完整性、可用性、安全性进行检测，符合要求的才能接收。

会计档案的重要程度不同，其保管期限也有所不同。各种会计档案的保管根据其特点，分为永久和定期两类。定期档案的保管期限分为 10 年和 30 年两种。会计档案的保管期限，从会计年度终了后的第一天算起。《会计档案管理办法》规定了我国企业和其他组织等会计档案的保管期限，具体保管期限参见书后附录二“企业和其他组织会计档案的保管期限”。

会计档案保管期满需要销毁时，由本单位档案管理部门提出销毁意见，会同财务会计部门共同鉴定和审查，编造会计档案销毁清册。

电子会计档案的保管期限必须在 30 年以上，其中会计科目与年度和月度汇总数据必须永久保存，明细账、记账凭证及其他数据资料在 30 年后可根据需要决定存毁。

各单位应妥善保管会计数据的备份软盘，备份软盘应贴上保护标签并用印章或封条签封，或由专人保管。备份软盘应装在保护封套和包装盒中，存放在安全、洁净、防热、防潮、防磁的场所，并定期进行转储。硬盘和正式备份软盘不得随便乱放和外借。

档案人员应负责档案库房的档案完整和安全。会计数据的备份软盘及自行开发源程序的备份分放在三个地点以上，应根据数据量和硬盘空间的大小情况，每隔半年或一年清理一次硬盘，以提高机器的利用率和运行速度，没有做过备份的硬盘数据不得清理删除，可以存放在档案室或财务室。档案应及时按要求整理后才能入库。

单位应当严格按照相关制度利用会计档案，在进行会计档案查阅、复制、借出时履行登记手续，严禁篡改和损坏。单位保存的会计档案一般不得对外借出。确因工作需要且根据国家有关规定必须借出的，应当严格按照规定办理相关手续。

会计人员工作调动或者因故离职，必须将本人所经管的会计工作全部移交给接替人员。应当编制移交清册，列明应当移交的会计凭证、会计账簿、会计报表、印章、现金、有价证券、支票簿、发票、文件、其他会计资料和物品等内容；实行会计电算化的单位，从事该项工作的移交人员还应当在移交清册中列明会计软件及密码、会计软件数据磁盘（磁带等）及有关资料、实物等内容。会计人员办理交接手续，必须由监交人负责监交。移交人员对所移交的会计凭证、会计账簿、会计报表和其他有关资料的合法性、真实性承担法律责任。

课堂讨论题 4

会计档案的内容包括（　　）。

A. 存储在磁盘上的会计文件　　B. 会计凭证　　C. 会计账簿

D. 财务会计报告　　E. 会计软件及密码

重要术语

集中核算——把整个单位的会计工作主要集中在会计部门进行的核算模式。单位内部的其他部门和下属单位只对其发生的经济业务填制原始凭证或原始凭证汇总表，定期送交会计部门，由会计部门填制记账凭证，登记有关账簿，编制会计报表。

非集中核算——又称为分散核算，是将会计工作分散在各有关部门进行，会计部门主要从事登记总账和一部分明细账、计算产品的全部成本、编制会计报表等工作，而把与内部各部门业务有关的明细分类核算工作分散在各有关部门进行的核算模式。

复习思考题

1. 会计工作组织包括哪些方面？
2. 组织会计工作应遵循哪些原则？
3. 根据《会计人员职权条例》的规定，会计人员的主要权限包括哪些内容？
4. 结合单位经营管理的需要，如何选择适合的核算形式？
5. 我国会计人员有哪些分类？其职责和权限如何？
6. 根据《会计基础工作规范》的要求，会计人员职业道德主要包括哪些方面？
7. 电子会计档案应符合哪些条件？
8. 会计档案移交时应注意哪些方面？

自我测试题

一、多项选择题

1. 会计工作组织的内容，主要包括（　　）。
A. 会计机构的设置　　B. 会计人员的配备
C. 会计规范的制订与执行　　D. 会计档案的保管
2. 组织会计核算工作、进行会计处理的基本会计规范是（　　）。
A.《会计法》　　B.《企业会计准则》
C.《小企业会计准则》　　D. 会计人员管理条例
3. 对于独立核算单位的会计工作组织形式，一般分为（　　）。
A. 集中核算组织形式　　B. 分项核算形式
C. 汇总核算形式　　D. 非集中核算组织形式
4. 企业会计准则体系包括（　　）。
A. 基本会计准则　　B. 具体会计准则　　C. 会计制度　　D. 准则应用指南
5. 对企业会计行为在法律上做出了规定的会计法律规范包括（　　）。
A.《会计法》　　B.《注册会计师法》《审计法》《证券法》
C.《行政诉讼法》　　D.《税法》《票据法》《合同法》《公司法》
6. 具体会计准则是对具体交易或者事项进行会计处理的规范，包括（　　）。
A.《基本业务准则》　　B.《特殊业务准则》
C.《特殊行业基本业务准则》　　D.《财务报表准则》

二、判断题

1. 会计人员具备必要的专业知识和专业技能以后，就可以一直从事会计工作。（　　）
2. 在一些规模小、会计业务简单的单位，可以不单独设置会计机构，而在其他有关机构中配备会计人员，也可以委托任何会计代理机构代理记账。（　　）
3. 企业的所有财务报告都需要永久保存。（　　）

4. 财政部规定从2007年1月1日起率先执行新企业会计准则体系的是国有控股公司和所有上市公司。 ( )

5. 2011年颁布的《小企业会计准则》由总则、资产、负债、所有者权益、收入、费用、利润及利润分配、财务报表、附则和两个附录组成。 ( )

6.《小企业会计准则》附录1的内容为会计科目、主要账务处理和财务报表。 ( )

7.《小企业会计准则》适用于在中华人民共和国境内依法设立的、符合《中小企业划型标准规定》所规定的小型企业标准的企业。 ( )

8. 符合《中小企业划型标准规定》所规定的小型企业标准的企业,可以执行《小企业会计准则》,也可以执行《企业会计准则》。 ( )

9. 所有总账和明细账的保管期限均为30年。 ( )

10. 会计档案移交清册和会计档案保管清册的保管期限是永久。 ( )

附录一 《小企业会计准则》和《小企业会计制度》科目对比表

《小企业会计准则》			《小企业会计制度》		
一、资产类			一、资产类		
1	1001	库存现金	1	1001	现金
2	1002	银行存款	2	1002	银行存款
3	1012	其他货币资金	3	1009	其他货币资金
4	1101	短期投资	4	1101	短期投资
			5	1102	短期投资跌价准备
5	1121	应收票据	6	1111	应收票据
6	1122	应收账款	8	1131	应收账款
7	1123	预付账款			
8	1131	应收股利	7	1121	应收股息
9	1132	应收利息			
10	1221	其他应收款	9	1133	其他应收款
			10	1141	坏账准备
11	1401	材料采购			
12	1402	在途物资	11	1201	在途物资
13	1403	原材料	12	1211	材料
14	1404	材料成本差异			
			13	1231	低值易耗品
15	1405	库存商品	14	1243	库存商品
16	1407	商品进销差价	15	1244	商品进销差价
17	1408	委托加工物资	16	1251	委托加工物资
18	1411	周转材料			
19	1421	消耗性生物资产			
			17	1261	委托代销商品
			18	1281	存货跌价准备
			19	1301	待摊费用

续表

《小企业会计准则》			《小企业会计制度》		
一、资产类			一、资产类		
20	1501	长期债券投资	21	1402	长期债权投资
21	1511	长期股权投资	20	1401	长期股权投资
22	1601	固定资产	22	1501	固定资产
23	1602	累计折旧	23	1502	累计折旧
24	1604	在建工程	25	1603	在建工程
25	1605	工程物资	24	1601	工程物资
26	1606	固定资产清理	26	1701	固定资产清理
27	1621	生产性生物资产			
28	1622	生产性生物资产累计折旧			
29	1701	无形资产	27	1801	无形资产
30	1702	累计摊销			
31	1801	长期待摊费用	28	1901	长期待摊费用
32	1901	待处理财产损溢			
二、负债类			二、负债类		
33	2001	短期借款	29	2101	短期借款
34	2201	应付票据	30	2111	应付票据
35	2202	应付账款	31	2121	应付账款
36	2203	预收账款			
37	2211	应付职工薪酬	32	2151	应付工资
			33	2153	应付福利费
38	2221	应交税费	35	2171	应交税费
39	2231	应付利息			
40	2232	应付利润	34	2161	应付利润
			36	2176	其他应交款
41	2241	其他应付款	37	2181	其他应付款
42	2401	递延收益			
			38	2191	预提费用
			39	2201	待转资产价值
43	2501	长期借款	40	2301	长期借款

续表

《小企业会计准则》			《小企业会计制度》		
二、负债类			**二、负债类**		
44	2701	长期应付款	41	2321	长期应付款
三、所有者权益类			**三、所有者权益类**		
45	3001	实收资本	42	3101	实收资本
46	3002	资本公积	43	3111	资本公积
47	3101	盈余公积	44	3121	盈余公积
48	3103	本年利润	45	3131	本年利润
49	3104	利润分配	46	3141	利润分配
四、成本类			**四、成本类**		
50	4001	生产成本	47	4101	生产成本
51	4101	制造费用	48	4105	制造费用
52	4301	研发支出			
53	4401	工程施工			
54	4403	机械作业			
五、损益类			**五、损益类**		
55	5001	主营业务收入	49	5101	主营业务收入
56	5051	其他业务收入	50	5102	其他业务收入
57	5111	投资收益	51	5201	投资收益
58	5301	营业外收入	52	5301	营业外收入
59	5401	主营业务成本	53	5401	主营业务成本
60	5402	其他业务成本	55	5405	其他业务支出
61	5403	税金及附加	54	5402	主营业务税金及附加
62	5601	销售费用	56	5501	营业费用
63	5602	管理费用	57	5502	管理费用
64	5603	财务费用	58	5503	财务费用
65	5711	营业外支出	59	5601	营业外支出
66	5801	所得税费用	60	5701	所得税

附录二　企业和其他组织会计档案的保管期限

序号	档案名称	保管期限	备　注
一	会计凭证		
1	原始凭证	30 年	
2	记账凭证	30 年	
二	会计账簿		
3	总账	30 年	
4	明细账	30 年	
5	日记账	30 年	
6	固定资产卡片		固定资产报废清理后保管 5 年
7	其他辅助性账簿	30 年	
三	财务会计报告		
8	月度、季度、半年度财务会计报告	10 年	
9	年度财务会计报告	永久	
四	其他会计资料		
10	银行存款余额调节表	10 年	
11	银行对账单	10 年	
12	纳税申报表	10 年	
13	会计档案移交清册	30 年	
14	会计档案保管清册	永久	
15	会计档案销毁清册	永久	
16	会计档案鉴定意见书	永久	

自我测试题参考答案

第一章

一、单项选择题

1. A	2. B	3. C	4. D	5. C	6. B
7. B	8. B	9. D	10. B	11. A	12. C

二、多项选择题

1. ABD	2. ABD	3. ABCD	4. AC	5. ABC	6. ABCD
7. AB	8. ABC	9. ABCD	10. CD		

三、判断题

1. 错	2. 错	3. 错	4. 错	5. 错	6. 对
7. 错	8. 错	9. 错	10. 错		

第二章

一、单项选择题

1. C	2. D	3. B	4. D	5. C	6. B
7. B	8. D	9. B	10. C		

二、多项选择题

1. ABC	2. ABCD	3. ABCD	4. ABD	5. ACD	6. AD
7. ACD	8. BCD	9. ABD	10. ACD		

三、判断题

1. 对	2. 错	3. 错	4. 错	5. 错	6. 对
7. 错	8. 对	9. 错	10. 错		

第三章

一、单项选择题

1. C	2. C	3. C	4. D	5. C	6. C
7. A	8. B				

二、多项选择题

1. ACD	2. ABCD	3. ABC	4. ACD	5. AC	6. BC
7. ABD	8. ACD	9. ABC	10. ABCD		

三、判断题

1. 错	2. 错	3. 错	4. 对	5. 错	6. 错
7. 对	8. 错	9. 对	10. 对		

第四章

一、单项选择题

1. B	2. D	3. C	4. B	5. D

二、多项选择题

1. BC	2. ABD	3. ABC	4. ABC	5. ACD

三、判断题

1. 错	2. 错	3. 错	4. 错	5. 错

第五章

一、单项选择题

1. D	2. B	3. B	4. D	5. D

二、多项选择题

1. ACD	2. AC	3. ABC	4. BC	5. ABCD

三、判断题

1. 错	2. 错	3. 错	4. 错	5. 错

第六章

一、单项选择题

1. A　2. B　3. B　4. C　5. D

二、多项选择题

1. ABC　2. ABD　3. ABC　4. ABCD　5. BCD

三、判断题

1. 错　2. 错　3. 错　4. 对　5. 错

第七章

一、单项选择题

1. D　2. C　3. A　4. C　5. A

二、多项选择题

1. BCD　2. AC　3. BCD　4. BCD　5. BCD

三、判断题

1. 错　2. 对　3. 错　4. 对　5. 错

第八章

一、单项选择题

1. A　2. B　3. D　4. D　5. B　6. D
7. D　8. A

二、多项选择题

1. AC　2. ABCD　3. AB　4. AD　5. ABD　6. AC
7. AC　8. ABC

三、判断题

1. 错　2. 错　3. 错　4. 错　5. 错　6. 错

第九章

一、单项选择题

1. A	2. A	3. C	4. A	5. B

二、多项选择题

1. ABC	2. ABD	3. AB	4. ABD	5. ABCD

三、判断题

1. 错	2. 错	3. 错	4. 对	5. 对

第十章

一、多项选择题

1. ABCD	2. BC	3. AD	4. ABD	5. ABD	6. ABCD

二、判断题

1. 错	2. 对	3. 错	4. 错	5. 对	6. 对
7. 对	8. 对	9. 对	10. 错		

练习题参考答案

第一章

习题一

单位:元

项　目	收付实现制		权责发生制	
	收　入	费　用	收　入	费　用
支付上月的水电费 5 000 元		5 000		
收到上月的销售收入 50 000 元	50 000			
预付下半年的房屋租金 36 000 元		36 000		
本月应付办公费用 2 000 元				2 000
支付本季度借款利息 24 000 元		24 000		8 000
本月分摊已付的财产保险费 6 000 元				6 000
预收销货款 20 000 元	20 000			
通过银行转账支付本月工资 10 000 元		10 000		10 000
销售产品一批,售价 80 000 元,其中通过银行收到货款 10 000 元	10 000		80 000	
合　计	80 000	75 000	80 000	26 000

第二章

习题一

1. 资产、负债和所有者权益各项目名称及其金额如下:

单位:元

资　产	金　额	负债及所有者权益	金　额
库存现金	500	短期借款	3 000
银行存款	120 000	应付账款	5 000
交易性金融资产	13 000	应付票据	8 000

续表

资　产	金　额	负债及所有者权益	金　额
应收账款	4 000	应交税费	4 000
存货	12 500	长期借款	20 000
投资性房地产	250 000	负债合计	40 000
固定资产	300 000	所有者权益	
		实收资本	600 000
		本年利润	60 000
		所有者权益合计	660 000
资产总计	700 000	负债及所有者权益总计	700 000

2. 根据上述项目，企业的资产来源于两个方面，有多少资产，就有多少权益，资产合计数与权益合计数相等。企业的权益可分为债权人权益即负债，以及所有者权益。

习题二

1. 安雅公司 2020 年 11 月 30 日资产、负债和所有者权益各项目名称及其金额如下：

序号	项目内容	金额(百元)	资产类项目	负债类项目	所有者权益类项目
1	生产车间用房屋	192 000	固定资产		
2	向银行借入的短期借款	18 000		短期借款	
3	运输用汽车	60 000	固定资产		
4	生产用机器设备	21 000	固定资产		
5	行政管理用房屋	109 000	固定资产		
6	库存现金	1 000	库存现金		
7	存在银行的存款	89 000	银行存款		
8	支付租借包装物的押金	1 000	其他应收款		
9	尚未缴纳的税金	2 000		应交税费	
10	尚未收取的甲客户货款	16 000	应收账款		
11	库存原材料及辅助材料	10 000	原材料		
12	库存修理用备件	1 200	库存商品		
13	库存产成品	58 800	库存商品		
14	仓库中的自制半成品	1 500	库存商品		
15	未完工的在产品	4 500	库存商品		
16	仓库用房屋	30 000	固定资产		
17	应付给购货单位的款项	11 000		应付账款	
18	公司发行的债券	200 000		应付债券	

续表

序号	项目内容	金额(百元)	资产类项目	负债类项目	所有者权益类项目
19	应收销售给乙客户的货款	6 000	应收账款		
20	国家投入资本	1 600 000			实收资本
21	企业提取的盈余公积	20 000			盈余公积
22	未分配利润	50 000			未分配利润
23	从二级市场购入的准备赚取差价的股票投资	60 000	交易性金融资产		
24	已经出租的办公楼	800 000	投资性房地产		
25	对子公司的股权投资	440 000	长期股权投资		
	金额合计		1 901 000	231 000	1 670 000

2. 根据安雅公司资产、负债和所有者权益各项目的情况,资产总额为 1 901 000 元,负债总额为 231 000 元,所有者权益总额为 1 670 000 元,负债与所有者权益合计数为 1 901 000 元,资产与权益的合计数相等。

习题三

业务编号	资产	负债	所有者权益	费用	收入和利得	业务类型
(1)	300 000		300 000			资产和所有者权益同时增加
(2)	8 000	8 000				资产和负债同时增加
(3)	+150 000 −150 000					一种资产转化成另一种资产,总额不变
(4)		+4 000 −4 000				应付账款减少,应付票据增加,一项负债转化成另一项负债
(5)	−20 000			+20 000		资产减少,费用增加,最终会导致所有者权益减少
(6)	−3 000	−3 000				资产与负债同时减少
(7)	+50 000				+50 000	资产和收入同时增加,最终会导致所有者权益增加
(8)	−3 000		−3 000			资产和所有者权益减少
(9)			+23 000 −23 000			一种所有者权益转化成另一种所有者权益,总额不变
(10)	+7 000				+7 000	处置收到资产和营业外收入同时增加,并导致所有者权益增加

第三章

习题一

A. 14 000　B. 17 000　C. 50 000　D. 7 000　E. 74 000　F. 5 000　G. 3 500　H. 13 300

习题二

(1)借:库存现金 500
　　贷:银行存款 500
(2)借:原材料 130 000
　　贷:银行存款 130 000
(3)借:银行存款 100 000
　　贷:实收资本 100 000
(4)借:应付账款 5 000
　　贷:银行存款 5 000
(5)借:银行存款 7 500
　　贷:应收账款 7 500
(6)借:其他应收款 600
　　贷:库存现金 600
(7)借:生产成本 12 000
　　贷:原材料 12 000
(8)借:固定资产 20 000
　　贷:银行存款 20 000
(9)借:短期借款 15 000
　　贷:银行存款 15 000
(10)借:管理费用 420
　　库存现金 180
　　贷:其他应收款 600

习题三

1. 会计分录。
(1)借:原材料——甲材料 15 000
　　贷:应付账款——A公司 15 000
(2)借:原材料——乙材料 40 000
　　贷:应付账款——B公司 40 000
(3)借:原材料——甲材料 30 000
　　贷:应付账款——C公司 30 000
(4)借:生产成本 35 000
　　贷:原材料——甲材料 20 000
　　　　　——乙材料 15 000
(5)借:应付账款——A公司 23 000
　　　　——B公司 27 000
　　贷:银行存款 50 000

2. 平行登记。

将上述期初余额和本月发生额记入“应付账款”“原材料”总分类账户和所属有关明细分类账户,如下表所示。

原材料总分类账

账户名称:原材料　　　　单位:元

2020年		凭证号码	摘　要	借　方	贷　方	借或贷	余　额
月	日						
6	1		月初余额			借	80 000
	4	1	购入材料	15 000		借	95 000
	8	2	购入材料	40 000		借	135 000
	9	3	购入材料	30 000		借	165 000
	13	4	生产领用材料		35 000	借	130 000
	30		本月合计	85 000	35 000	借	130 000

原材料明细分类账

账户名称:甲材料　　　　数量单位:千克
金额单位:元

2020年		凭证号码	摘　要	收　入			发　出			结　余		
月	日			数量	单价	金额	数量	单价	金额	数量	单价	金额
6	1		月初余额							6 000	5	30 000
	4	1	购入材料	3 000	5	15 000				9 000	5	45 000
	9	3	购入材料	6 000	5	30 000				15 000	5	75 000
		4	生产领用				4 000	5	20 000	11 000	5	55 000
			本月合计	9 000		45 000	4 000		20 000	11 000	5	55 000

账户名称:乙材料　　　　数量单位:千克
金额单位:元

2020年		凭证号码	摘　要	收　入			发　出			结　余		
月	日			数量	单价	金额	数量	单价	金额	数量	单价	金额
6	1		月初余额							5 000	10	50 000
	8	2	购入材料	4 000	10	40 000				9 000	10	90 000
	13	4	生产领用				1 500	10	15 000	7 500	10	75 000
6	30		本月合计	4 000		40 000	1 500		15 000	7 500	10	75 000

应付账款总分类账

账户名称:应付账款　　　　单位:元

2020年		凭证号码	摘　要	借　方	贷　方	借或贷	余　额
月	日						
6	1	1	月初余额			贷	60 000

续表

2020年		凭证号码	摘　要	借　方	贷　方	借或贷	余　额
月	日						
	4	2	购料欠款		15 000	贷	75 000
	8	3	购料欠款		40 000	贷	115 000
	23	4	偿还欠款	50 000		贷	65 000
	13		本月合计	50 000	55 000	贷	65 000

应付账款明细分类账

账户名称:A公司　　　　单位:元

2020年		凭证号码	摘　要	借　方	贷　方	借或贷	余　额
月	日						
6	1		月初余额			贷	20 000
	4	1	购料欠款		15 000	贷	35 000
	23	5	偿还欠款	23 000		贷	12 000
6	30		本月合计	23 000	15 000	贷	12 000

账户名称:B公司　　　　单位:元

2020年		凭证号码	摘　要	借　方	贷　方	借或贷	余　额
月	日						
6	1		月初余额			贷	40 000
	8	2	购料欠款		40 000	贷	80 000
	23	4	偿还欠款	27 000		贷	53 000
6	30		本月合计	27 000	40 000	贷	53 000

现将平行登记汇总,如下表所示:

单位:元

总账账户	明细账户	期初余额	借方发生额	贷方发生额	期末余额
原材料	甲材料	30 000	45 000	20 000	55 000
	乙材料	50 000	40 000	15 000	75 000
	合　计	80 000	85 000	35 000	130 000
应付账款	A公司	20 000	23 000	15 000	12 000
	B公司	40 000	27 000	40 000	53 000
	合　计	60 000	50 000	55 000	65 000

平行登记的结果，总分类账户的期初余额、期末余额和本期借、贷方发生额，应分别与各明细分类账户的期初余额、期末余额和本期借、贷方发生额的合计数相等。利用这种相等关系，可以检查总分类账户和明细分类账户的登记是否正确、完整。

第四章

习题一

1. 会计分录。

(1)借:银行存款	600 000	
贷:实收资本(或股本)		600 000
(2)借:固定资产	100 000	
贷:实收资本		100 000
(3)借:银行存款	60 000	
贷:短期借款		60 000
(4)借:银行存款	50 000	
贷:长期借款		50 000
(5)借:固定资产	43 200	
应交税费——应交增值税(进项税额)	5 200	
贷:银行存款		48 400

2. 借:财务费用 300

　　贷:应付利息 300

习题二

1. 会计分录。

(1)借:材料采购——A 材料	40 000	
应交税费——应交增值税(进项税额)	5 200	
贷:银行存款		45 200
(2)借:材料采购——B 材料	30 000	
应交税费——应交增值税(进项税额)	3 900	
贷:银行存款		33 900
(3)借:材料采购——A 材料	2 000	
——B 材料	1 000	
贷:银行存款		3 000
(4)借:原材料——A 材料	42 000	
——B 材料	31 000	
贷:材料采购——A 材料		42 000
——B 材料		31 000

2. 登记“材料采购”总账和明细分类账。

“材料采购”总分类账

账户名称：“材料采购” 单位：元

2020年		凭证号码	摘 要	借 方	贷 方	借或贷	余 额
月	日						
12			月初余额			借	0
		1	购入A材料	40 000		借	40 000
		2	购入B材料	30 000		借	70 000
		3	支付采购费用	3 000		借	73 000
		4	结转采购成本		73 000	借	73 000
			本月合计	73 000	73 000	借	0

“材料采购”明细分类账

材料名称：A材料 单位：元

2020年		凭证号码	摘 要	借 方					贷 方
月	日			买价	运杂费	其他	……	合 计	
	1		期初余额					0	
	略		购入2 000千克	40 000				40 000	
			分摊采购费用		2 000			2 000	
			结转采购成本						42 000
			本期发生额	40 000	2 000			42 000	42 000

材料名称：B材料 单位：元

2020年		凭证号码	摘 要	借 方					贷 方
月	日			买价	运杂费	其他	……	合 计	
	1		期初余额					0	
	略		购入1 000千克	30 000				30 000	
			分摊采购费用		1 000			1 000	
			结转采购成本						31 000
			本期发生额	30 000	1 000			31 000	31 000

3. 采购费用分配率$=\frac{3\ 000}{2\ 000+1\ 000}=1$(元/千克)

A材料应分摊的运杂费＝1×2 000＝2 000(元)

B材料应分摊的运杂费＝1×1 000＝1 000(元)

材料采购成本计算表

材料名称	单位	重量	单价(元)	买价(元)	运杂费(元)	分配率	总成本(元)	单位成本(元)
A	千克	2 000	20	40 000	2 000	1	42 000	21
B	千克	1 000	30	30 000	1 000	1	31 000	31
合　计		3 000	—	70 000	3 000	—	73 000	—

习题三

1. 会计分录。

(1)借:生产成本——甲产品　32 000
　　　　　　——乙产品　35 000
　　制造费用　1 000
　　贷:原材料　68 000

(2)借:生产成本——甲产品　22 800
　　　　　　——乙产品　21 550
　　制造费用　10 000
　　贷:应付职工薪酬　54 350

(3)借:制造费用　1 400
　　贷:库存现金　1 400

(4)借:制造费用　1 600
　　贷:银行存款　1 600

(5)借:制造费用　2 375
　　贷:累计折旧　2 375

(6)借:制造费用　2 000
　　贷:其他应付款　2 000

制造费用分配率 $=\frac{18\ 375}{3\ 675}=5$

甲产品应负担的制造费用=1 600×5=8 000(元)

乙产品应负担的制造费用=2 075×5=10 375(元)

(7)借:生产成本——甲产品　8 000
　　　　　　——乙产品　10 375
　　贷:制造费用　18 375

(8)借:库存商品——甲产品　62 800
　　　　　　——乙产品　60 000
　　贷:生产成本——甲产品　62 800
　　　　　　　　——乙产品　60 000

2. 编制产品生产成本计算表。

生产成本明细账

产品名称:甲产品 单位:元

摘　要	直接材料	直接人工	制造费用	合　计
月初在产品成本				0
材料费用分配表	32 000			32 000
人工费用分配表		22 800		22 800
制造费用分配表			8 000	8 000
合　计	32 000	22 800	8 000	62 800
月末在产品成本	0	0	0	0
完工产品成本 200 件	32 000	22 800	8 000	62 800
单位成本	160	114	40	314

产品名称:乙产品 单位:元

摘　要	直接材料	直接人工	制造费用	合　计
月初在产品成本				0
材料费用分配表	35 000			35 000
人工费用分配表		21 550		21 550
制造费用分配表			10 375	10 375
合　计	35 000	21 550	10 375	66 925
月末在产品成本	5 000	800	1 125	6 295
完工产品成本 100 件	30 000	20 750	9 250	60 000
单位成本	300	207.5	92.5	600

月末,根据计算结果编制产品生产成本计算表。

产品生产成本计算表

单位:元

成本项目	甲产品(200 件)		乙产品(100 件)	
	总成本	单位成本	总成本	单位成本
直接材料	32 000	160	30 000	300
直接人工	22 800	114	20 750	207.5
制造费用	8 000	40	9 250	92.5
合　计	62 800	314	60 000	600

习题四

1. 会计分录。

(1)借:银行存款 282 500

　　贷:主营业务收入 250 000

　　　　应交税费——应交增值税(销项税额) 32 500

(2)借:应收账款	271 200	
贷:主营业务收入		240 000
应交税费——应交增值税(销项税额)		31 200
(3)借:银行存款	282 500	
贷:应收账款		282 500
(4)借:销售费用	70 000	
贷:银行存款		70 000
(5)借:主营业务成本——甲产品	75 000	
——乙产品	100 000	
贷:库存商品——甲产品		75 000
——乙产品		100 000
(6)借:管理费用	3 800	
库存现金	200	
贷:其他应收款		4 000
(7)借:财务费用	20 000	
应付利息	40 000	
贷:银行存款		60 000
(8)借:银行存款	30 000	
贷:营业外收入		30 000
(9)借:营业外支出	50 000	
贷:银行存款		50 000
(10)借:管理费用	1 200	
贷:银行存款		1 200
(11)借:主营业务收入	490 000	
营业外收入	30 000	
贷:本年利润		520 000
借:本年利润	320 000	
贷:主营业务成本		175 000
销售费用		70 000
管理费用		5 000
财务费用		20 000
营业外支出		50 000
(12)借:所得税费用	40 000	
贷:应交税费——应交所得税		40 000
借:本年利润	40 000	
贷:所得税费用		40 000
借:本年利润	160 000	
贷:利润分配——未分配利润		160 000
(13)借:利润分配——计提的法定盈余公积	16 000	
贷:盈余公积——法定盈余公积		16 000
(14)借:利润分配——应付利润	8 000	
贷:应付利润		8 000

借:应付利润 8 000
　　贷:银行存款 8 000
(15)借:应交税费——应交所得税 40 000
　　贷:银行存款 40 000
2. 计算公司利润总额和利润净额。
利润总额=520 000－320 000=200 000(元)
利润净额=200 000－40 000=160 000(元)

第五章

习题一

(1)借:材料采购——甲材料 10 000
　　应交税费——应交增值税(进项税额) 1 300
　　贷:应付账款 11 300
(2)借:材料采购——甲材料 1 700
　　贷:应付账款 1 700
　借:原材料——甲材料 11 700
　　贷:材料采购——甲材料 11 700
(3)借:应付账款 13 000
　　贷:银行存款 13 000
(4)借:预付账款 40 000
　　贷:银行存款 40 000
(5)借:材料采购——乙材料 30 000
　　应交税费——应交增值税(进项税额) 3 900
　　贷:预付账款 33 900
(6)借:银行存款 6 100
　　贷:预付账款 6 100
(7)借:生产成本——A 产品 10 000
　　　　——B 产品 5 000
　　制造费用 1 000
　　管理费用 800
　　销售费用 200
　　贷:原材料——甲材料 9 000
　　　　——乙材料 8 000
(8)借:管理费用 5 000
　　贷:银行存款 5 000
(9)借:应付职工薪酬 500 000
　　贷:银行存款 500 000
(10)借:交易性金融资产 50 000
　　贷:其他货币资金 50 000
(11)借:应收股利 6 000

贷:投资收益		6 000
(12)借:银行存款	6 000	
贷:应收股利		6 000
(13)借:银行存款	100 000	
无形资产	800 000	
贷:股本		50 000
资本公积——股本溢价		850 000
(14)借:库存现金	500	
贷:其他应收款		500
(15)借:库存现金	600	
贷:营业外收入		600
(16)借:应付职工薪酬	4 000	
贷:库存现金		4 000
(17)借:固定资产	31 100	
应交税费——应交增值税(进项税额)	3 900	
贷:银行存款		35 000
(18)借:银行存款	200 000	
贷:股本		10 000
资本公积——股本溢价		190 000
(19)借:应收账款	226 000	
贷:主营业务收入		200 000
应交税费——应交增值税(销项税额)		26 000
借:主营业务成本——A 产品	100 000	
贷:库存商品——A 产品		100 000
(20)借:银行存款	226 000	
贷:应收账款		226 000

习题二

(1)借:应收账款	1 130 000	
贷:主营业务收入		1 000 000
应交税费——应交增值税(销项税额)		130 000
借:主营业务成本——甲产品	300 000	
贷:库存商品——甲产品		300 000
(2)借:银行存款	200 000	
贷:短期借款		200 000
(3)借:银行存款	1 130 000	
贷:应收账款		1 130 000
(4)借:材料采购——A 材料	40 000	
应交税费——应交增值税(进项税额)	5 200	
贷:银行存款		45 200

(5)借:管理费用　3 800
　　库存现金　200
　　贷:其他应收款　4 000

(6)借:生产成本——甲产品　40 000
　　制造费用　2 000
　　管理费用　200
　　贷:原材料　42 200

(7)借:生产成本——甲产品　60 000
　　制造费用　30 000
　　管理费用　80 000
　　贷:应付职工薪酬　170 000

(8)借:生产成本——甲产品　8 400
　　制造费用　4 200
　　管理费用　11 200
　　贷:应付职工薪酬　23 800

(9)借:管理费用　40 000
　　贷:银行存款　40 000

(10)借:制造费用　2 000
　　贷:银行存款　2 000

(11)借:制造费用　800
　　管理费用　2 800
　　贷:银行存款　3 600

(12)借:制造费用　6 000
　　管理费用　12 000
　　销售费用　2 000
　　贷:累计折旧　20 000

(13)借:生产成本——甲产品　45 000
　　贷:制造费用　45 000

(14)借:银行存款　22 600
　　贷:其他业务收入　20 000
　　　应交税费——应交增值税(销项税额)　2 600
　借:其他业务成本　14 000
　　贷:原材料　14 000

(15)借:银行存款　20 000
　　贷:营业外收入　20 000

(16)借:营业外支出　1 000
　　贷:银行存款　1 000

(17)借:营业外支出　50 000
　　贷:银行存款　50 000

(18)借:管理费用　10 000
　　其他应付款　20 000
　　贷:银行存款　30 000

(19)借:库存商品——甲产品 80 000
　　贷:生产成本——甲产品 80 000

(20)借:税金及附加 12 000
　　贷:应交税费——应交消费税 12 000

(21)借:财务费用 1 000
　　应付利息 2 000
　　贷:银行存款 3 000

(22)借:主营业务收入 1 000 000
　　其他业务收入 20 000
　　营业外收入 20 000
　　贷:本年利润 1 040 000

(23)借:本年利润 540 000
　　贷:主营业务成本 300 000
　　　其他业务成本 14 000
　　　税金及附加 12 000
　　　销售费用 2 000
　　　管理费用 160 000
　　　财务费用 1 000
　　　营业外支出 51 000

(24)借:所得税费用 200 000
　　贷:应交税费——应交所得税 200 000
　借:本年利润 200 000
　　贷:所得税费用 200 000

(25)借:利润分配 60 000
　　贷:盈余公积 60 000

第六章

习题一

普通日记账

第　　页

单位:元

年		凭证编号		摘　要	会计科目	借方金额	贷方金额	过　账
月	日	字	号					
		银收		取得借款	银行存款	40 000		√
略					长期借款		40 000	√
		银付		支付所得税	应交税费	8 000		√
					银行存款		8 000	√
		转		购买股票	交易性金融资产	500 000		√
					其他货币资金		500 000	√

续表

年		凭证编号		摘　要	会计科目	借方金额	贷方金额	过　账
月	日	字	号					
		银付		发放职工薪酬	应付职工薪酬	90 000		√
					银行存款		90 000	√
		转		发放现金股利	应收股利	16 000		√
					投资收益		16 000	√
		银收		发放现金股利	银行存款	16 000		√
					应收股利		16 000	√
		转		购进材料,款项未付	材料采购	10 000		√
					应交税费	1 300		√
					应付账款		11 300	√
		银付		支付材料运费	材料采购	1 000		√
					银行存款		1 000	√
		转		材料验收入库	原材料	11 000		√
					材料采购		11 000	√
		银付		购买专利技术	无形资产	20 000		√
					银行存款		20 000	√
		转		领用材料	生产成本	40 000		√
					制造费用	1 000		√
					管理费用	500		√
					原材料		41 500	√
		银付		偿还应付账款	应付账款	11 300		√
					银行存款		11 300	√
		银付		支付水电费	制造费用	3 000		√
					管理费用	5 000		√
					银行存款		8 000	√
		银收		销售产品,款项已收	银行存款	45 200		√
					主营业务收入		40 000	√
					应交税费		5 200	√
		转		结转成本	主营业务成本	32 000		√
					库存商品		32 000	√
		现付		购买办公用品	管理费用	400		√
					库存现金		400	√
		转		计提工资	生产成本	60 000		√
					制造费用	10 000		√
					管理费用	20 000		√
					应付职工薪酬		90 000	√

续表

年		凭证编号		摘　要	会计科目	借方金额	贷方金额	过　账
月	日	字	号					
		银收		收回应收账款	银行存款	20 000		√
					应收账款		20 000	√
		转		销售产品,款项未收	应收账款	22 600		√
					主营业务收入		20 000	√
					应交税费		2 600	√
		转		结转成本	主营业务成本	12 000		√
					库存商品		12 000	√
		银付		偿还欠款	应付账款	20 000		√
					银行存款		20 000	√
		银收		接受投资	银行存款	100 000		√
					无形资产	800 000		√
					股本		30 000	√
					资本公积		870 000	√
								√
				合　计				

习题二

一、会计分录:

(2)借:应收账款　45 200
　　贷:主营业务收入　40 000
　　　应交税费——应交增值税(销项税额)　5 200

(3)借:原材料　60 500
　　应交税费——应交增值税(进项税额)　7 800
　　贷:应付账款　67 800
　　　库存现金　500

(4)借:银行存款　45 200
　　贷:应收账款　45 200

(5)借:应付账款　22 600
　　贷:银行存款　22 600

(6)借:应付账款　67 800
　　贷:银行存款　67 800

(7)借:应收账款　67 800
　　贷:主营业务收入　60 000
　　　应交税费——应交增值税(销项税额)　7 800

(8)借:原材料　30 000
　　应交税费——应交增值税(进项税额)　3 900
　　贷:应付账款　33 900

(9)借:库存现金 2 000
　　贷:银行存款 2 000
(10)借:原材料 10 000
　　应交税费——应交增值税(进项税额) 1 300
　　贷:应付账款 11 300
(11)借:银行存款 44 000
　　贷:应收账款 44 000
(12)借:应收账款 22 600
　　贷:主营业务收入 20 000
　　　应交税费——应交增值税(销项税额) 2 600
(13)借:原材料 21 000
　　应交税费——应交增值税(进项税额) 2 600
　　贷:银行存款 23 600
(14)借:银行存款 22 600
　　贷:应收账款 22 600
(15)借:销售费用 5 000
　　贷:银行存款 5 000
(16)借:原材料 40 000
　　应交税费——应交增值税(进项税额) 5 200
　　贷:应付账款 45 200
(17)借:应收账款 90 400
　　贷:主营业务收入 80 000
　　　应交税费——应交增值税(销项税额) 10 400
(18)借:管理费用 2 600
　　贷:库存现金 2 600

注:特种日记账的格式参照教材。

第七章

习题一

银行存款余额调节表

2020 年 11 月 30 日　　单位:元

项　目	金　额	项　目	金　额
企业银行存款日记账余额	100 000	银行对账单余额	90 000
加:银行已收、企业未收的账项	3 000	加:企业已收、银行未收的账项	16 000
减:银行已付、企业未付的账项	5 000	减:企业已付、银行未付的账项	8 000
调节后的余额	98 000	调节后余额	98 000

习题二

1. 借:原材料——甲材料	600	
贷:待处理财产损溢——待处理流动资产损溢		600
2. 借:待处理财产损溢——待处理流动资产损溢	1 130	
贷:原材料		1 000
应交税费——应交增值税(进项税额转出)		130
3. 借:待处理财产损溢——待处理固定资产损溢	60 000	
累计折旧	20 000	
贷:固定资产		80 000
4. 借:待处理财产损溢——待处理流动资产损溢	10 000	
贷:库存商品——甲产品		10 000
5. 借:待处理财产损溢——待处理流动资产损溢	1 800	
贷:库存现金		1 800
6. 借:待处理财产损溢——待处理流动资产损溢	600	
贷:管理费用		600
7. 借:管理费用	1 130	
贷:待处理财产损溢——待处理流动资产损溢		1 130
8. 借:营业外支出——盘亏损失	60 000	
贷:待处理财产损溢——待处理固定资产损溢		60 000
9. 借:其他应收款	7 000	
营业外支出——盘亏损失	3 000	
贷:待处理财产损溢——待处理流动资产损溢		10 000
10. 借:其他应收款	1 000	
贷:待处理财产损溢——待处理流动资产损溢		1 000

第八章

习题一

天天公司 2020 年度利润表

编制单位:天天公司　　2020 年　　单位:元

	本期金额	上期金额
一、营业收入	680 000	
减:营业成本	470 000	
税金及附加	10 000	
销售费用	40 000	
管理费用	35 000	
研发费用	25 000	
财务费用	20 000	

续表

	本期金额	上期金额
其中：利息费用	25 000	
利息收入	5 000	
资产减值损失	100 000	
信用减值损失	20 000	
加：其他收益	0	
投资收益(损失以“—”号填列)	110 000	
其中：对联营企业和合营企业的投资收益		
净敞口套期收益(损失以“—”号填列)		
公允价值变动收益(损失以“—”号填列)	9 000	
资产处置收益(损失以“—”号填列)	1 000	
二、营业利润(亏损以“—”号填列)	80 000	
加：营业外收入	40 000	
减：营业外支出	20 000	
三、利润总额(亏损总额以“—”号填列)	100 000	
减：所得税费用	25 000	
四、净利润(净亏损以“—”号填列)	75 000	
(一)持续经营净利润(净亏损以“—”号填列)		
(二)终止经营净利润(净亏损以“—”号填列)		
五、其他综合收益的税后净额	略	
(一)不能重分类进损益的其他综合收益		
(二)将重分类进损益的其他综合收益		
六、综合收益总额		
七、每股收益		
(一)基本每股收益		
(二)稀释每股收益		

习题二

货币资金=70 000

应收账款=56 200

预收账款=40 000

存货=129 000

应付账款=45 000
预付账款=39 000
固定资产=330 000
所有者权益=425 000

习题三

艾米公司 2020 年 11 月利润表

编制单位:天天公司　　　　2020 年 11 月　　　　单位:元

项　目	行次(略)	本月数	本年累计数
一、营业收入		490 000	
减:营业成本		175 000	
税金及附加		0	
销售费用		70 000	
管理费用		5 000	
财务费用(收益以"—"号填列)		20 000	
资产减值损失		0	
加:公允价值变动净收益(净损失以"—"号填列)		0	
投资净收益(净损失以"—"号填列)		0	
其中:对联营企业和合营企业的投资收益			
二、营业利润(亏损以"—"号填列)		220 000	
加:营业外收入		30 000	
减:营业外支出		50 000	
其中:非流动资产处置损失		(略)	
三、利润总额(亏损总额以"—"号填列)		200 000	
减:所得税费用		40 000	
四、净利润(净亏损以"—"号填列)		160 000	
五、其他综合收益的税后净额			
六、综合收益总额			
七、每股收益		(略)	
(一)基本每股收益			
(二)稀释每股收益			

参考文献

1. 中华人民共和国财政部:《企业会计准则 2006》,经济科学出版社 2006 年版。

2. 中华人民共和国财政部:《企业会计准则——应用指南》,中国财政经济出版社 2007 年版。

3. 上海市从业资格考试中心:《会计基础》,上海科技教育出版社 2007 年版。

4. 孙铮:《会计学》,上海财经大学出版社 2007 年版。

5. 李海波:《会计学原理》,立信会计出版社 2000 年版。

6. 王俊生:《基础会计学》,中国财政经济出版社 1997 年版。

7. 于长春:《新旧会计准则差异实务导读》,中国财政经济出版社 2007 年版。

8. 中华人民共和国财政部:《小企业会计准则》,经济科学出版社 2012 年版。

9. 朱小英:《中级财务会计》,上海财经大学出版社 2019 年版。